国家社科基金（18CJY055）资助

四川师范大学学术著作出版基金资助

中国金融异化
对全要素生产率的影响

冉芳 谭怡 著

Impact of Financial Alienation on
Total Factor Productivity in China

中国社会科学出版社

图书在版编目（CIP）数据

中国金融异化对全要素生产率的影响 / 冉芳，谭怡
著. -- 北京：中国社会科学出版社，2025.3. -- ISBN
978-7-5227-4924-2

Ⅰ. F249.22

中国国家版本馆 CIP 数据核字第 2025CW2128 号

出 版 人	赵剑英	
责任编辑	王　衡	
责任校对	王　森	
责任印制	郝美娜	

出　　版	中国社会科学出版社	
社　　址	北京鼓楼西大街甲 158 号	
邮　　编	100720	
网　　址	http://www.csspw.cn	
发 行 部	010-84083685	
门 市 部	010-84029450	
经　　销	新华书店及其他书店	

印　　刷	北京明恒达印务有限公司	
装　　订	廊坊市广阳区广增装订厂	
版　　次	2025 年 3 月第 1 版	
印　　次	2025 年 3 月第 1 次印刷	

开　　本	710×1000　1/16	
印　　张	15.75	
字　　数	211 千字	
定　　价	88.00 元	

凡购买中国社会科学出版社图书，如有质量问题请与本社营销中心联系调换
电话：010-84083683

目　　录

第一章 导论

第一节 研究背景和意义

一 研究背景

金融与实体经济的背离已成为全球经济体系的典型特征之一，随着中国经济发展进入新常态，习近平总书记指出中国经济面临"实体经济结构性供需失衡""金融和实体经济的失衡""房地产和实体经济的失衡"三大结构性失衡，中国经济同样面临着显著的"脱实向虚"及金融资源错配问题。同时，随着中国"人口红利"的消失和资本报酬递减现象的出现，中国经济需要从技术进步和体制改革中获得更高效率，以实现经济增长向全要素生产率支撑型模式转变（蔡昉，2013）。金融"脱实向虚"和资源错配不仅蕴含着巨大的金融风险，还会给全要素生产率带来损失而不利于实体经济的健康和可持续发展。

中国经济进入新常态，中国金融与实体经济背离的典型特征是什么，程度如何，同其他代表国家有何异同？金融"脱实向虚"和金融资源错配对全要素生产率的作用机理是什么，会对全要素生产率造成何种程度的影响？厘清这些问题对党的十九大报告中明确提出的"增强金融服务实体经济能力"和党的二十大报告中提出的"深化金融体制改革""守住不发生系统性风险的底线"具有重要意义。本书搭建了从全要素生产率视角分析金融规模和金融资源配置对实体经济影响的理论分析框架，分析金融"脱实向虚"和金融资源错配对全要素生产率的影响机理和效应，探索促进实体经济可持续增长、增强金融服务实体经济能力的政策体系。

二　研究意义

（一）理论意义

第一，本书将系统梳理我国金融异化的事实，揭示了中国金融异化的典型特征，从量和质上研究金融与实体经济的动态效应，有望拓展我国金融与实体经济背离关系的研究视野。

第二，本书从全要素生产率角度探讨金融异化对实体经济产生的负面影响，并通过微观数据实证检验企业金融化、金融资源错配对微观企业效率的影响，拓展了目前以数值模拟为主的研究方法。

（二）现实意义

第一，本书通过理论研究和实证分析，揭示了中国金融异化的典型特征并提出相应的治理政策和措施，有利于厘清当前我国金融风险集聚的根源，为金融机构、实体企业风险管理和政府监管措施制定提供依据。

第二，本书依据金融异化对全要素生产率影响的分析结论，围绕如何推进金融改革和切换实体经济动能以促进全要素生产率的增长提出政策建议，对于推动金融回归服务实体经济本质、促进我国经济增长向高质量转变具有实践指导意义。

第二节　文献综述

一　金融发展对全要素生产率的影响

学术界对金融发展与全要素生产率关系的研究是以金融发展与经济

增长的关系为基础的，从生产率角度进行分析，将全要素生产率作为经济增长的参考指标，分析金融发展与全要素生产率的关系。现有的研究表明，金融发展并非全要素生产率增长的法宝，二者之间的关系较为复杂（Nyasha，2018），不同的金融机构对全要素生产率的影响也是不同的，其中 Arestis（2001）认为银行相较股票市场对全要素生产率的促进作用更明显，而 Deidda（2008）则认为股票市场对全要素生产率的影响更显著。

（一）金融发展与经济增长的关系

金融发展与经济增长的关系是学术界经久不衰的热门话题之一，从二者的理论关系推演到实证检验，国外相关学者展开了较多研究。可追溯到的最早文献是 Bagehot（1873）和 Seterchump（1911）发表的，强调了良好运行的金融系统对经济增长的重要作用；后来 Goldsmith（1969）、McKinnon（1973）等提出金融结构、金融深化理论，对解释金融与经济增长的关系具有重要贡献。关于金融发展对经济增长的作用一直存在广泛争论。

第一，二者理论关系的解释和推演。一方面，Levine（1997）基于前人研究，提出金融体系的五大功能，被学者视为金融发展可以促进经济增长的重要理论基础，Blackburn 和 Hung（1998）、Levine（2005）等进一步从各个角度分析了金融发展对经济增长的促进作用；另一方面，众多学者认为金融是一把"双刃剑"，超出一定范围的金融发展将不利于实体经济发展并诱发金融危机，尤其是 2007 年美国次贷危机后，部分学者开始正视金融脱离实体经济的事实，Mitchell（2010）、Perez（2013）等分析了金融与实体经济背离的风险、金融系统膨胀和独立运行规律，Arcand 等（2015）、Cecchetti 和 Kharroubi（2013）等通过建立信贷约束模型以及改进模型实证检验了金融发展与经济增长的倒"U"形关系。

第二，实证研究的争论和发展。随着实证模型不断丰富，对不同国家样本异质性的考虑也越来越多，已从单调线性函数（Rousseau & Wachtel，2011）发展到非单调变化模型和广义矩估计、半参数检验（Arcand et al.，2015）等运用，再到采用带金融加速器的 DSGE 模型分析宏观经济波动的重要冲击因素（Christiano et al.，2014；Del Negro et al.，2015）。当前，学者对金融发展与经济增长关系的研究出现了新的视角和思路，尤其是在金融危机后，学者更加关注金融与实体经济的协调发展（Ductor & Grechyna，2015）。例如，将实体经济的不同部门进行分解并分别研究金融发展带来的影响，在模型中引入技术创新等变量研究金融发展对全要素生产率的影响（Omri et al.，2015）；从金融摩擦产生的错配对企业生产率和宏观政策产生的冲击（Moll，2014；Midrigan & Xu，2014；Chang & Velasco，2017）方面展开研究，进一步探索金融发展与实体经济增长间的内在机制。

国内相关研究，一方面，继承了马克思的虚拟资本理论，分析虚拟经济和实体经济的关系，并进一步分析金融脱离实体经济的命题（成思危，1999；刘骏民，2000；伍超明，2004；王爱俭，2003，2006；吴晓求，2006；刘珺等，2010；叶祥松等，2012；陆岷峰，2013；张小波，2021）。另一方面，越来越多的学者对中国金融发展同经济增长的关系进行了实证检验，金融发展对经济增长有促进作用（卢峰和姚洋，2004；赵勇和雷达，2010；姚耀军，2012；李健和卫平，2015）；金融发展对经济发展存在显著的抑制作用（陈启清和贵斌威，2013），并且也有学者通过门限模型等实证检验出我国金融发展与经济增长的非线性关系（黄智淋和董志勇，2013；杨友才，2014），讨论金融是否存在"超发展"（黄宪和黄彤彤，2017）。学者也从生产率角度进行分析，将全要素生产率作为经济增长的参考指标，分析了金融发展与全要素生产率的关系（张军和金煜，2005；赵勇和雷达，2010；王林辉和袁礼，

2014；李健和盘宇章，2017）。同时，国内学者也开始从周期等角度进行分析金融发展与实体经济的动态关系（庄子罐等，2022；王欢和邢天才，2021；苏治等，2017；王国静和田国强，2014；罗文波和安水平，2012）及经济金融化对实体经济的影响（张成思和张步昙，2016），更全面地刻画出金融发展与实体经济的关系。

（二）金融发展对全要素生产率的综合影响

研究金融发展对全要素生产率的综合影响效应更多的是从实证角度对二者的关系进行分析和论证，King 和 Levine（1993）采用跨国数据进行实证分析，得出了金融发展对全要素生产率的显著促进作用。Levine 和 Zervos（1998）采用 40 多个国家的样本，进一步分析了银行中介和股票市场与全要素生产率的关系，研究结果表明，股票市场流动性指标对全要素生产率的增长有显著促进作用，但是，股票市场规模和股票市场波动性对经济增长的作用不大。

后来，更多的学者研究发现金融发展对全要素生产率的影响存在异质性，Rioja 和 Valev（2004）研究表明，金融发展对全要素生产率的影响受各国金融发展水平的影响，在金融发展水平较低的国家，金融发展对全要素生产率的影响不确定；在金融发展水平处于中等的国家，金融发展对全要素生产率有促进作用；在金融水平发展高的国家，金融发展对全要素生产率的促进作用更为显著。Laura（2009）的研究进一步表明，金融发展水平越高的国家，从国外获得投资的能力越强，进而促进了全要素生产率的提升。Omri 等（2015）将实体经济的不同部门进行分解并分别研究金融发展带来的影响，在模型中引入技术创新等变量研究金融发展对全要素生产率的影响。也有部分学者从发达国家和发展中国家金融发展对全要素生产率的影响效应存在差异的角度进行分析，Acemoglu 等（2006）的研究显示，发达国家金融部门对企业的技术创新支持更明显，因此，发达国家金融发展对全要素生产率的作用更为显著，

Rioja 和 Valev（2004）的研究结果也表明，中高收入国家比低收入国家金融发展对全要素生产率的影响更显著。也有学者从金融开放的角度对金融发展与全要素生产率的关系进行分析，Fisher（1998）认为，金融开放可以扩展一国金融体系发挥功能的空间，促进资本配置和分散风险，有利于金融发展促进全要素生产率的增长。Levine（2001）明确了金融开放对全要素生产率促进作用的路径，一方面，国际资本的流动可以提高国内股票市场的流动性；另一方面，外资银行进入会促使国内银行资金配置效率提升。Bekaert 等（2010）采用 96 个国家 1980—2006 年的数据进行实证检验也得出了金融开放对全要素生产率具有促进作用的相关结论。

国内对金融发展与全要素生产率关系的研究较晚，大多是基于全要素生产率与经济高质量增长的关系，其相关研究才逐渐丰富起来。目前，学术界对金融发展与全要素生产率关系的理论研究较少，更多的是从不同角度对二者的关系进行实证分析。

一是金融发展对宏观全要素生产率的影响研究。张军和金煜（2005）、赵勇和雷达（2010）、姚耀军（2012）等的研究结果表明，金融发展对全要素生产率具有正向的促进作用。但也有学者的研究得出了不同的结论，陈刚等（2009）通过对我国 24 个省份的面板数据进行分析，发现股市的发展和银行公共贷款规模的扩大对全要素生产率产生负向影响，而私人部门贷款规模与全要素生产率的关系却不显著；陈启清和贵斌武（2013）、陈启斐和吴建军（2013）则通过对 31 个省份不同年份的面板数据进行分析，均得出了金融发展对全要素生产率的负向作用；李健和盘章宇（2017）的研究结果显示金融发展对全要素生产率增长的影响效应要取决于金融和实体经济各自发展的情况。也有部分学者开始研究国内金融发展对全要素生产率影响的区域差异，廖涵和谢靖（2017）的研究得出金融发展对全要素生产率的影响在部门间与区域间都存在空间溢出效应；黄大为（2021）采用长三角26个城市的2003—2016年的数据，通过空间计量模型研究发现，城市金融发展对自身全要素生产率的增长具有显著的促进作用，但对周边城市的全要素生产率增长产生了负向影响，从机制上看这两种影响效应都来自对技术进步的影响。

二是从微观企业角度分析金融发展对企业全要素生产率的作用。随着宏观方面研究的不断深入，有学者开始研究金融发展对微观企业全要素生产率的影响，罗良文和孙小宁（2020）利用工业企业的微观数据计算了相关的全要素生产率，通过实证检验发展金融规模的扩大和金融效率的提升对工业企业全要素生产率均有促进作用，但是这种促进作用在民营企业、国有企业和外资企业中存在差异。宋敏等（2021）则通过构建地区金融科技指标，利用2011—2018年中国A股上市公司的数据，研究了金融科技对企业全要素生产率的影响效应和作用机制，发展金融科技可以促进企业全要素生产率的提升。

三是从金融新发展角度分析数字金融对全要素生产率的影响效应。随着金融科技的深度融合和数字金融等新业态的不断呈现，国内有越来越多的学者开始研究数字金融新发展对全要素生产率的影响，侯层和李北伟（2020）、冉芳和谭怡（2021）、陈中飞和江康奇（2021）的研究均表明数字金融的发展对全要素生产率的增长具有促进作用。

二 金融错配对全要素生产率的影响

在研究金融发展与经济增长关系时，部分学者重点关注了金融资源错配对全要素生产率的影响，进而通过这样的传导机制最终对国民收入和经济增长产生影响。对于金融资源错配的研究则主要包含部门间金融资源错配（Gollin et al., 2004；Restuccia et al., 2008；Vollrath, 2009）和内部企业间的金融资源错配（Hsieh & Klenow, 2009；Bartelsman et al.，2013）。

较早研究金融错配对全要素生产率影响的代表学者是 Hsieh 和 Kle-
now（2009），他们采用制造业企业的微观数据，测算了中国和印度相较
于美国的潜在资源错配的程度，认为中印两国同美国相比，无论是劳动
力边际产品还是资本边际产品都存在巨大的差距，假设这两个国家的资
本和劳动力错配得到纠正，以使其边际产品能够达到美国的水平，那么
中国的全要素生产率水平可以提高30%—50%，印度则可以提高40%—
60%。Song 等（2011）的研究则从国有部门和非国有部门之间的资本回
报率差异入手，研究了金融资源错配，得出了全要素生产率低下尤其是
发展中国家全要素生产率水平低下是金融资源在微观金融层面错配的结
果。Brandt 等（2013）采用1985—2007 年的数据测算了中国非农经济中
由于资本和劳动力错配导致的全要素生产率的损失，并进一步将总的损
失分解为各省的国有和非国有部门之间的要素扭曲以及部门间的要素扭
曲，结果表明，金融资源错配使中国的非农部门的生产总值平均下降了
20%，国有与非国有部门之间的信贷错配是损失不断增加的重要原因。
他们的研究结论与 Hsieh 和 Klenow（2009）的研究存在差异，一方面体
现为效率损失的程度更低；另一方面体现为非农部门资本和劳动的整体
扭曲和错配的影响是增加的，而 Hsieh 和 Klenow（2009）研究认为，
1997 年以后制造业部门的资源错配的影响是在下降的。出现差异的原因
可能在于前者主要研究的是个体生产者的微观层面的资源错配和扭曲，
而后者研究的是部门之间和区域之间的资源错配。Kim 等（2016）研究
了行业内外的资源流动情况，发现行业内部配置的无效率会导致资源错
配，资源错配带来的全要素生产率的潜在损失每年约为 0.6%。Chuah
（2018）研究了马来西亚的资源配置与全要素生产率的关系，认为资源
从低生产率的公司向高生产率的公司进行重新分配可以促进总生产率的
提升，使该国国内生产总值在 5 年内每年可能增加0.4%—1.3%，该研

究既考虑了部门内部企业之间的资源错配，又认为部门间可能存在更大程度的资源错配。

在金融资源错配对全要素生产率影响的相关研究中，还有学者重点研究了金融摩擦这一因素导致的金融资源错配对全要素生产率产生的影响。比较有代表性的是 Midrigan 和 Xu（2014），他们通过构建动态模型分析了金融摩擦对总生产率的扭曲效应，其作用渠道体现在以下两个方面：一方面，金融摩擦会扭曲企业的进入和技术采用的决策，导致生产率降低；另一方面，金融摩擦使现有企业间会产生资源错配。他们的研究结果显示，现代部门之间的资本错配带来的全要素生产率的损失较小，在5%—10%的范围内，只占整个融资约束带来的效率损失的较小部分，但是金融摩擦带来的企业是否进入现代部门的决策以及技术采用的相关决策等的扭曲会导致全要素生产率的损失进一步加大。Moll（2014）的相关研究表明金融摩擦对总产出和储蓄是没有直接影响的，只是通过生产率产生间接的影响，金融摩擦引发的资本错配能够解释总的生产率损失的25%。Caselli 和 Gennaioli（2013）、Amaral 和 Quintin（2010）基于有限期模型进行分析，发现金融摩擦带来了较大的效率损失。

促进金融发展，减少金融摩擦，减少或消除资源错配，促进经济高质量发展，是中国实现高质量发展转型过程中金融改革的核心内容。国内学者开始意识到金融摩擦诱发的资源错配成为全要素生产率下降的因素，也开始出现相关的研究。国内学者从企业规模、所有制结构、经济周期和政府干预等多个角度研究了我国的金融资源错配情况以及由此对生产率增长带来的影响（Song et al.，2011；Guariglia et al.，2011；张佩和马弘，2012；马光荣和李力行，2014；刘海明和曹廷求，2015；靳来群，2015；Whited & Zhao，2021；林东杰等，2022）。Song 等（2011）的研究结论表明，所有制歧视带来的金融摩擦导致效率更高的中小企业很难获得有效的外部融资，进而产生明显的金融资源错配。Guariglia 等

（2011）发现我国经济的高速增长为企业发展提供了充足的现金流，进而通过实现内部资金积累缓解了企业的借贷约束，有利于企业的持续发展。但是近年来随着外部需求下降、要素价格上涨和市场竞争加剧，微观企业尤其是民营企业的利润和现金流都呈现出下降趋势，如果不扭转当前的金融摩擦和资源错配局面，那么企业发展会受到影响，从而不利于总生产率的提升。马光荣和李力行（2014）主要分析了金融契约效率对微观企业退出的异质性影响，采用1998—2007年我国工业企业数据进行分析，发现地区金融企业效率的提高会降低高效率企业退出概率并促进低效率企业退出，两种路径会共同促进经济的整体资源配置。靳来群（2015）则使用静态的异质性企业模型探讨了微观企业面临的所有制歧视对金融资源错配程度的影响，他采用我国工业企业库的数据测算，相关结论表明部门内部企业间存在的资源错配会使国有企业部门的全要素生产率降低36.98%，而非国有企业则会下降46.59%。如果能够纠正我国所有制歧视带来的资源错配，那么中国的制造业全要素生产率将会增长50%。林东杰等（2022）构建了一个包含国有部门和非国有部门以及金融摩擦在两部门中存在异质性的RBC模型，研究了金融摩擦异质性对全要素生产率、总消费和总产出的影响，数值模拟的研究结果显示：在稳态时，金融摩擦异质性造成的全要素生产率的损失为0.987%—2.577%。在动态的经济中，金融摩擦异质性会加剧金融资源错配程度，并导致额外的配置效率损失和产出损失。

三　文献述评

综上所述，有关金融发展与实体经济关系的研究中，国外的研究起步较早、范围较广，侧重于研究金融市场与实体经济发展之间的相互影响和作用，为系统分析金融与实体经济相互关系的理论研究奠定了坚实基础，在不同的方向上取得了丰硕的研究成果，尤其是发达国家的金融体系及制度建设给我国的经济发展提供了重要的参考，他们较为成熟的实证研究方法和手段同样值得借鉴。同时，随着学者对中国金融发展与经济增长关系的关注，相关的研究也日益丰富，但是仍存在以下不足：第一，缺乏对金融部门整体异化发展的认识和分析，对中国样本的金融异化问题分析较少；第二，大部分学者认同金融发展会通过优化资源配置促进全要素生产率的增长，却较少有学者对这一效应进行实证检验，更多的是采用数值模拟和校准的研究方法去研究金融摩擦和金融扭曲对企业生产率的负面效应。国内相关研究主要是在微观理论尚且不足的情况下选取较为简单的宏观指标来检验金融与实体经济的非协调性，缺乏充分的事实检验金融异化的程度，对金融异化的机理、金融异化对全要素生产率的影响缺乏系统分析和实证检验。因此，本书尝试对中国近年来的金融异化问题进行分析，并且从全要素生产率视角论证其对实体经济增长带来的影响。

第三节　研究方法、研究思路和研究内容

一　研究方法

本书以经济学和金融学等学科的理论知识为基础，在对相关文献和理论进行回顾的基础上，提出本书的研究视角，从金融异化视角去分析我国金融与实体经济关系面临的现实问题，搭建起理论分析框架，并重点论证金融异化对全要素生产率的影响，具体采用以下研究方法。

第一，规范分析与实证分析相结合。在对核心概念进行界定，对金融异化的表现、事实和特征进行梳理的过程中，注重规范分析。在分析中国金融与金融异化现实问题及其对全要素生产率影响的过程中，在规范分析的基础上，更多地强调对相应问题的检验和论证。将本书的研究问题进行了系统梳理，在前人的研究基础上，以相关理论为基础，根据

研究内容，提出相关的理论假设，再运用计量模型和统计方法对研究数据进行分析。

第二，整体研究与重点研究相结合。本书对我国金融异化的现实表现和特征进行分析时着重从整体的角度进行，研究金融异化对全要素生产率产生的影响和作用机制时则采用重点论证的方法。

第三，案例分析和比较分析相结合。在梳理我国金融异化的特征时，既选择国内外有代表性的金融异化案例进行分析，又在此基础上将我国的金融异化与国际情况进行对比分析，梳理出我国金融异化的典型特征。

第四，数理模型法。在分析金融错配给全要素生产率造成的损失时，借鉴 Hsieh 和 Klenow（2009）、Aoki（2012）的研究，将表示要素资源错配的要素价格扭曲引入基本理论模型以扩展 Syrquin 的产出变动分解，探究影响全要素生产率和产出变动的要素资源错配具体情况，属于数理模型方法的应用。

二 研究思路

本书沿着理论梳理、统计分析、规律总结、方法检验、机理剖析、提出对策的思路展开研究（见图 1-1）。

首先，从金融规模和金融配置角度去剖析金融发展，并以此为依据界定金融异化，确定研究的出发点和视角，建立本书的总体分析框架。

其次，立足中国实际国情，用宏观统计数据得出中国金融异化现状，通过中外金融异化的案例对比总结和分析金融异化的异同。

再次，分别从量的层面（金融"脱实向虚"）和质的层面（金融错配）去分析金融异化对全要素生产率的影响。

最后，结合上述分析，从金融体系改革和实体经济结构转型角度提出治理金融异化、促进金融回归实体经济、提升金融服务实体经济效率的政策建议。

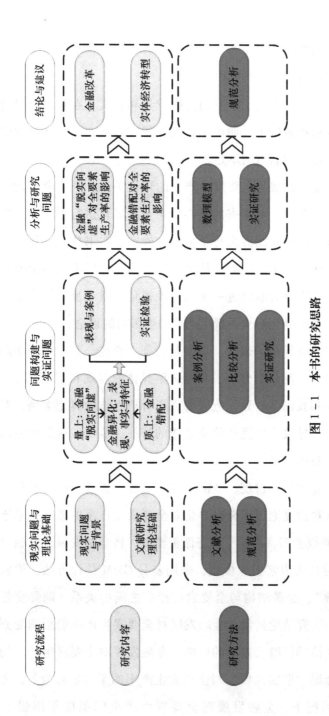

图 1 - 1　本书的研究思路

三 研究内容

本书总共包含七章，具体内容如下。

第一章：导论。介绍了本书的选题背景和意义，在对既有研究文献进行综述和评析的基础上，明确了本书的研究方法、研究思路和研究的基本框架，指出了创新点与不足。

第二章：金融发展与全要素生产率的理论关系。基于金融发展的内涵和理论的相关基础，对本书的核心概念金融异化进行了界定。接着对全要素生产率的内涵和测算进行了分析，确定了本书核心变量全要素生产率的测算方法和基础。然后，从金融发展角度分析了其对全要生产率的理论基础，并以此为基础进一步从宏观视角、微观视角和金融资源配置视角分析了金融异化对全要素生产率产生影响的理论。

第三章：金融异化的表现、事实与特征。首先，基于中国实际，从宏观角度和微观角度分别分析了我国金融异化的表现和事实。其次，通过美国、日本和我国金融异化造成的资产价格泡沫的典型案例，对比和总结出金融异化导致我国资产价格泡沫的特征。最后，对我国金融异化的特征进行了整体分析。

第四章：金融发展过度、"脱实向虚"对全要素生产率的影响：宏观视角。从宏观角度论证了金融异化对全要素生产率的影响，基于我国30个省份的面板数据，构建了动态面板模型，将金融发展、金融"脱实向虚"和金融结构因素引入模型，采用差分GMM估计方法，检验了金融"脱实向虚"、金融结构与全要素生产率之间的关系，阐释变量之间的影响机制。研究结论显示：金融发展对全要素生产率的影响受到金融部门与实体经济部门增长差异的影响，金融发展对全要素生产率的影响显著为正，金融"脱实向虚"对全要素生产率的影响显著为负，考虑二者交互项的情况下，金融发展对全要素生产率的积极作用强于金融

"脱实向虚"的消极作用，暂时掩盖了金融与实体经济非协调发展对全要素生产率的负面影响；金融结构对全要素生产率有促进作用，即资本市场比重的提升和发展有利于提高全要素生产率；金融发展更多的是通过技术进步影响全要素生产率，金融结构主要是通过技术效率影响全要素生产率，金融"脱实向虚"主要是通过技术进步影响全要素生产率。

第五章：金融"脱实向虚"、企业金融化对全要素生产率的影响：微观视角。从微观角度验证了金融异化对全要素生产率的影响，以我国A股非金融上市公司为研究样本，实证检验了企业金融化对企业全要素生产率的影响。研究结果表明：总体来看，企业金融化对企业全要素生产率存在显著的倒"U"形影响。同时，基于异质性进行分样本讨论发现，这种倒"U"形关系在中央国有企业、民营企业和外资企业、东中部地区企业中仍然成立，但在地方国有企业和西部地区企业中不显著。进一步分析发现，金融化对企业全要素生产率的影响具有门槛效应，即存在一个合理的金融化偏离程度以及金融资产投资收益区间，并且在此区间内金融化对全要素生产率的正向影响最大。此外，通过机制分析发现，企业金融化对企业全要素生产率的影响存在流动性供给效应、投融资期限错配效应和实体资本配置效应三条传导路径。

第六章：金融资源错配与全要素生产率损失效应。参考 Aoki (2012)、Hsieh 和 Klenow (2009) 的研究，将所有制、地区及行业差异引入本书基本模型，同时对要素价格相对扭曲系数进行定义，并扩展了 Syrquin 的产出变动分解，以此研究不同所有制、地区和行业分类下要素价格相对扭曲（要素资源错配，主要是金融资源错配）对全要素生产率的减损效应。研究结果表明，整体来看金融资源错配对我国全要素生产率和产出提升仍存在显著负面影响，因此须纠正不同所有制、地区和行业间的资本价格扭曲程度，促进金融资源配置效率的提升。

第七章：结论与金融异化的治理建议。对前文中国金融异化的现实问题以及由此给全要素生产率带来的影响进行总结，提出金融异化的治理建议。

第四节　研究创新与研究展望

本书的主要创新之处在于以下四个方面。

第一，研究视角的创新。金融与实体经济的均衡与协调是经济持续健康发展的重要基石。本书立足全要素生产率增长成为实体经济可持续发展重要动力的现实，针对经济新常态下金融与实体经济关系失衡的新特征，界定金融异化，从全要素生产率的视角去分析金融异化对实体经济的宏微观影响，形成研究的新视角和新框架。

第二，分析金融因素对全要素生产率的影响及机制，充分考虑金融"脱实向虚"的影响并加入了金融结构因素，从理论和实证上厘清宏观层面金融对全要素生产率和实体经济的作用机理。

第三，现有研究主要关注微观层面"脱实向虚"、企业金融化与企业全要素生产率之间的线性关系，本书通过理论与实证分析，明确了两者之间存在非线性关系的可能，试图对相关研究进行扩展补充。考虑到企业金融化对企业全要素生产率的作用可能会受到企业自身条件的影响，采用面板门槛模型，进一步探究基于金融化偏离程度及企业金融资产投资收益异质性条件下金融化对企业全要素生产率的作用强弱变化。进一步从流动性供给效应、投融资期限错配效应和实体资本配置效应这三个角度论证企业金融化影响企业全要素生产率的传导渠道。

第四，通过构建考虑企业异质性的理论模型，将所有制、地区及行业差异引入本书基本模型设定，同时对要素价格相对扭曲系数进行定义，并扩展了 Syrquin 的产出变动分解，从行业、规模和所有者性质多维度的差异性入手，检验金融错配诱发的全要素生产率损失效应。

　　本书基于金融异化的现实问题，重点分析了我国金融异化的事实与特征，基于此，重点论证了金融"脱实向虚"和金融资源错配对全要素生产率的影响效应及作用机理，是对金融异化影响全要素生产率的进一步探讨。但是，随着经济发展阶段的变化和金融制度改革的不断深化，金融异化的表现、程度和影响因素也会发生变化，金融异化对经济高质量发展的影响也会有新的效应和作用机理。因此，如何在动态变化中抓住主要和核心问题，在金融发展影响经济高质量发展的相关问题中进行理论机制和实证检验的完善，并提出合理有效、与时俱进的政策建议，是后续课题可以进一步完善的方向。

第二章 金融发展与全要素生产率的理论关系

金融作为现代经济发展的核心，其对经济发展的重要支持作用受到大部分学者的认同。因此，金融的健康发展对经济增长发挥着重要的作用。新古典增长模型认为，提升全要素生产率是经济增长的重要源泉。那么，金融发展是否促进了全要素生产率的增长呢？现有的理论认为，金融发展可以通过促进储蓄率的提高、提高储蓄—投资转化率以及吸引境外资金等途径，促进经济增长。近年来，金融发展规模不断壮大，金融与实体经济背离已经成为全球经济体系的典型特征，金融体系杠杆作用凸显，金融发展在促进经济增长的同时也产生了越来越多的负面影响，金融发展对全要生产率的影响未必显示出显著的正向影响。有研究表明，金融发展过度和金融体系过度膨胀不仅没有促进经济增长反而挤出了实体经济发展需要的资金（Arand，2012）。尽管金融发展对全要素生产率有重要的影响，但是由于金融发展水平、经济发展阶段以及区域等因素的差异，其得出的结论也存在明显差异。

第一节 金融发展的内涵和理论

金融发展内涵的界定不仅对于把握金融发展过程、理解金融发展对全要素增长率的作用机制、理解相关理论模型的构建和金融发展相关指标的选择，以及对相关实证结论和政策含义的解读有重要意义，同时也是本书研究"金融异化"的内涵及其与实体经济发展关系的重要基础。

一　金融结构视角

有关金融发展的内涵，国外早期的研究者主要是从金融结构的变化进行分析（Goldsmith，1969），并将金融结构定义为"各种金融机构和金融工具的相对规模"。Goldsmith 从金融结构角度去研究，金融发展的贡献主要体现在以下几个方面：一是最早较为全面地提出了金融结构的概念，分析了经济发展过程中不同阶段的金融组织模式，认为金融发展的实质体现在金融结构的变化和进步上，Goldsmith 认为，金融结构最直接的变化就是金融发展的表现，通过研究不同地区或者一个国家的金融结构变化就能够研究和把握该地区和国家的金融发展水平。二是创立了金融相关率、金融中介比例等一些表示金融结构特征的相关指标。三是最早采用实证研究的方法分析和对比了世界主要经济体金融发展的路径。从金融结构去界定金融发展，这一观点比较直观，易于理解和接受，该界定被视为经典并在很长时间内得到广泛的应用。Allen 和 Gale（2000）以 Goldsmith 的研究为基础，将金融体系分为"银行主导型"和"市场主导型"两种结构模式，并对这两种金融结构模式进行了比较分析，认为这两种模式各有优劣，是互补而非替代的关系。基于这一对金融结构的划分衍生出了较多对这两种金融结构孰优孰劣问题的研究，以及关于最优金融结构选择的探讨（Levine，2002；Castro et al.，2015）。国内相关学者也在此基础上对金融结构进行了分析和定义，认为金融结构是经济与金融发展的客观结果，金融结构指的是金融整体中各个部分的规模、组成以及配合的状态（王广谦，2002）。也有学者将金融结构定义为金融体系相关要素的构成、相互关系和数量的比例（白钦先，2005）。由于从金融结构视角分析金融发展的内涵容易量化，从而促使有关金融发展与经济增长关系的研究大量出现（林毅夫等，2009）。同时，在这一金融发展内涵上形成的金融改革观，多主张扩张金融机构、创新和开发金融工具以及提升微观主体效率。

二　金融功能视角

随着金融与经济增长关系研究的不断发展，博迪和莫顿较早提出了"金融功能观"，从一个新的视角推进了对金融发展内涵的界定。两位学者认为，应当从"功能视角"而不是"结构视角"对金融体系进行分析，指出金融体系的不断完善将会有利于实现资源优化配置、资本快速积累和经济可持续发展。根据他们的总结，金融体系具备六项基本功能：第一，支付清算功能，即为商品、劳务和资产交易提供清算的手段；第二，资金融通和细化股权的功能，即金融通过提供各种机制，可以实现资金汇集并将其导向大规模的、物理上无法分割的项目；第三，在时空上为经济资源转移的实现提供渠道，即金融体系可以为经济资源跨时空和跨产业的转移提供方法和机制；第四，风险管理的功能，即金融体系可以为风险控制提供手段和途径；第五，信息提供的功能，即金融体系可以通过利率、汇率等价格信号帮助协调不同经济部门的决策；第六，解决激励问题，金融体系可以帮助存在信息不对称和委托交易的双方解决相关激励问题。

Levine（2002）认为，金融发展是一个整体的概念，体现的是金融体系的整体完善和金融行业的整体进步。从整体概念出发，金融发展不仅代表着金融规模扩张量的增加，还包括金融体系和金融制度不断完善等方面质的改善。并且在后续的研究中，Levine 将金融体系的功能归结为以下五个方面（Levine，2004）：第一，提供项目信息并实现在不同项目间的资金配置；第二，监督投入资金用途并促进公司治理结构改善；

第三，分散和控制风险；第四，动员储蓄；第五，为商品和服务的交易提供便利。他的研究强调金融发展的整体功能，侧重于分析金融发展与经济增长之间的关系，并引导了后续对相关问题的诸多研究。

通过对金融形成和发展过程的梳理，黄达（2003）将金融界定为凡是涉及货币供给、银行与非银行信用、以证券交易为操作特征的投资、商业保险以及以类似形式进行运作的所有交易行为的合集。对金融概念和金融研究范畴的理解，可以从宏观和微观两个层面来分析。从宏观上看，包括货币、信用、利率和汇率等多方面的理论和分析；从微观上看，包括金融机构、金融市场和金融工具，以及它们之间的相互作用和相互渗透。国内从金融功能角度去研究金融发展和经济增长关系的代表性学者白钦先（2006）在吸收国外研究的基础上，提出了金融资源论，强调金融是一种需要合理开发和利用的资源。在此基础上，他将金融功能分为基础功能、核心功能、扩展功能和衍生功能四个层次，其中基础功能包括服务功能和中介功能，核心功能主要是指资产配置功能，扩展功能是指经济调节和风险控制功能，派生功能是指公司治理、信息生产与分配、财富再分配等功能。他还指出，金融功能是在金融与经济相互促进和相互制约中发展的，不断地由简单向复杂演进。

现代经济体系中，金融体系是既包括宏观运行机制又包括微观运行机制的非常庞大的系统。这个系统中包括货币制度规范下的货币流通、金融市场、金融机构、金融制度以及金融调控机制。这个非常复杂的系统从本质上看是从经济学意义上对金融这一范畴更为全面的理解，也是本书将金融和实体经济看作两个相互作用部门的依据，是从全要素生产率视角研究金融与实体经济协调发展关系的重要起点。

三 金融与实体经济关系视角

关于金融与实体经济关系的讨论，理论界存在争议。有观点认为，金融是经济增长的关键；也有观点认为，金融只是对经济发展被动做出反应。从理论框架上，目前学术界对金融与实体经济关系的分析主要从以下几个角度进行展开。

第一，金融是实体经济发展的结果。早期的实体经济中商品和交换发展导致了金融需求的产生，为降低商品经济条件下以物易物的巨大交易成本，货币作为最基本的金融交易工具得以产生。随着实体经济的不断发展，其对金融服务的需求也越来越高，进而促进了金融的进一步发展。Patrick（1966）将金融与实体经济的关系总结为"需求追随"和"供给引导"两种模式。其中，"需求追随"模式强调随着实体经济的发展，经济主体对金融服务的需求也相应地增加，进而导致金融机构、金融工具以及相关的金融服务产生和发展，这里强调的是实体经济的基础地位，认为金融是实体经济发展的结果。

第二，金融发展对实体经济具有促进作用。Goldsmith（1969）提出的金融结构理论、Merton 和 Bodie（1995）等学者提出的金融功能理论从本质上分析的就是金融发展对实体经济的促进作用，Goldsmith 通过分析 35 个国家 100 多年的数据，检验了金融发展与经济增长之间的关系，得出了金融结构的发展对实体经济增长的积极作用，Merton 和 Bodie 则从金融体系的六大功能论证了其对实体经济发展的积极作用。此后，众多学者进一步从多个角度论证了金融发展对实体经济增长的作用。Stiglitz（1997）等根据内生增长理论将金融中介或金融市场纳入内生经济增长模型，把金融创新作为经济增长的内生变量，通过理论和实证分析两个方面证实了金融发展与经济增长之间的确存在确定的因果关系。Levine（1997）通过实证显示出金融发展对经济增长的正向积极作用。Honohan（2004）通过实证检验金融发展同经济增长之间的因果关系是过去多年关于宏观经济研究的重要发现。

第三，金融发展会制约实体经济发展。McKinnon（1973）提出了金融抑制的观点，认为当金融发展受制度束缚、政府对金融体系过多干预，会抑制金融体系的发展，从而导致金融发展滞后于实体经济发展而阻碍经济增长。Graff 和 Karmann（2006）通过利用全球 90 个国家的数据，研究发现金融发展水平过高或者过低都不利于实体经济的增长。Ceccheetti 和 Kharroubi（2012）的研究也表明金融发展并不总是会促进经济增长，当金融发展超出一定范围形成过度发展反而会阻碍经济增长。

第四，金融与实体经济协调发展。随着金融发展过度在越来越多的国家出现，金融发展脱离实体经济而导致的不协调也越来越多。尤其是 2008 年国际金融危机爆发以来，更是引发了金融与实体经济关系的重新思考。金融与实体经济的非协调发展，一方面，金融脱离实体经济发展过度可能造成实体经济企业过度负债，也可能促使金融体系向不具备偿还能力的主体提供金融支持，导致金融系统脆弱性增加的同时也使实体经济部门资源错配严重；另一方面，金融脱离实体经济发展，会使金融部门争夺实体经济增长的资源，金融资源在金融体系内循环严重，进而对实体经济部门发展产生挤出效应（张晓朴和朱太辉，2014）。金融与实体经济的非协调发展无论是对于金融部门还是对于实体经济部门都会产生不利影响（冉芳和张红伟，2016），因而金融与实体经济的协调发展对整个经济的健康发展显得尤为重要。这一观点立足于实体经济发展的基础地位，也是金融服务实体经济的本质要求。金融脱离服务实体经济的本质功能，必然不利于经济的健康发展，尤其会对我国当前经济高质量发展带来重大影响。

四　金融异化的界定

从上述既有的金融内涵和理论可以看出，金融的核心功能是为经济发展提供各方面的服务。随着金融的不断发展，金融部门在为实体经济发展提供服务的同时，也开始为金融部门自身服务，金融部门的运行远超过为实体经济部门提供服务的界限，不断呈现出高度的自我服务和自我运行特征。目前学术界尚没有对金融异化给出统一和完整的内涵界定，但是以"异化"的内涵为基础出现了"金融制度异化""合作金融制度异化""农村合作金融制度异化"等界定，认为农村合作金融制度异化，是指农村合作金融制度受其内部条件和外部环境的共同作用而发生的在结构、特征和功能等方面与其原有宗旨的重大背离（江合宁和吴业男，2010；盛学军和于朝印，2010）。

在此基础上，本书将金融异化界定为金融部门脱离了服务实体经济的本质功能，呈现出金融"自我服务"功能凸显以及与实体经济发展背离的特征，是金融部门在与实体经济部门的竞争关系中对实体经济掠夺性增强、服务性降低的表现，是作为虚拟部分的金融规模不断膨胀的过程。一方面，金融异化在宏观上往往表现为金融部门相对于实体经济部门发展过快，金融过度膨胀，呈现出典型的金融资源"脱实向虚"，反映出来就是金融资源不断在内部集聚和空转、信贷市场膨胀以及资产价格上升等。另一方面，金融异化在微观上表现为全社会在金融部门相对收益更高的情况下，选择放弃实体经济部门投资而过度追求金融投资效益，典型的就是微观企业部门将资源过度投入金融部门，企业金融资产配置比例过高，企业部门资源呈现"脱实向虚"特征，也就是说企业金融化现象明显。此外，宏观和微观层面呈现金融"脱实向虚"的情况下，必然存在金融资源在部门间配置失衡的情况，这种失衡会促进不同企业间的融资链条拉长，作用于企业影子银行化，即金融错配本身也会作用于企业金融化（韩珣和李建军，2020），进而进一步推动"脱实向虚"。因此，本书的金融异化包含两个层面，一是宏微观层面上的金融"脱实向虚"，本质上也是金融资源从规模上看总量充足但服务实体经济效率不高的体现；二是金融资源在不同部门间存在的错配，本质上看也是金融发展在本质上未能充分服务实体经济效率提升的表现。

第二节　全要素生产率内涵和测算

一　全要素生产率的内涵

为了更好地理解全要素生产率，我们首先从生产率本身的概念出发。生产率指的是投入一组生产要素能够获得的产出，可以度量某一类经济单元（如国家、企业甚至车间等）的生产效率。荷兰学者 Tibergen（1942）通过将时间因素引入 C—D 生产函数，开创性地提出了全要素生产率这一概念。而全要素生产率内涵的研究引起学术界关注则始于 Solow（1957），他以新古典增长理论模型为基础，认为全要素生产率是由技术进步、技术效率和管理创新等生产要素贡献之外的因素导致的产出增加，从这一角度看，全要素生产率也称为索洛余值。这一开创性研究使目前全要素生产率已经成为衡量经济增长质量的重要指标之一。Jorgerson 和 Griliches（1967）却提出索洛余值的产生是由于对投入要素测量余值不准确造成的，如果正确测量投入要素，则索洛余值是不存在的。由此可见，关于全要素生产率的内涵和外延的界定，学术界存在一定的争论，并且有关全要素生产率的研究一直在进行。但无论争论如何，全要素生产率（Total Factor Productivity，TFP）也可称为多要素生产率，其核心内涵还是用于客观地衡量生产效率，测度所有可能观测到的要素投入所得到的产出，其本质仍然是生产率，是用来衡量经济单元的生产效率（蔡跃洲和付一夫，2017）。在只有单一要素投入和产出的情况下，生产率的测算即为"投入产出比"。如果将劳动作为唯一的投入要素，那么投入产出率便是劳动生产率。然而，在现实生活中，要素投入不是只有劳动这一要素，那么使用劳动生产率去衡量生产效率就会产生误差。为了更好地度量生产效率，就需要测度所有能观测到的要素投入组合的产出效率，于是关于 TFP 及其相关测算的研究也就丰富起来（Hulten，2000；

Syverson, 2011)。从这一角度看，似乎全要素生产率这一内涵的理论性并不是特别强，后续的相关研究更是去寻求 TFP 合理的测算相关讨论。

二 全要素生产率的测算

依据被考察的经济单元，TFP 增长率的测算主要分为经济体或产业部门等宏观视角的 TFP 增长率测算和企业单元的微观视角的 TFP 增长率测算。由于投入和产出的组合存在不确定性和多样性，TFP 的绝对值其实是较难计算的，经济和数理分析中讨论的多是 TFP 的变化趋势，即 TFP 的测算更多的是测算 TFP 指数或 TFP 的增长率。

从宏观上看，全要素生产率的测算主要起源于索洛余值法（Solow, 1957），索洛将具有希克斯技术中性和规模不变特征的生产函数引入，测度出了"被忽略的因素"，也就是"索洛余值"，用其代表实际的产出增长率和实际的要素投入增长率的差额，代表 FTP 的增长率。后来乔根森进一步将投资理论引入索洛的核算增长框架（Jorgenson, 1963），TFP 增长率的测算相关理论得到进一步丰富。进入 21 世纪后，西方学术界和政策部门普遍接受了以指数理论以及国民收入核算为基础的经济增长相关的核算框架体系。OECD（2001）以手册的形式专门对全要素生产率增长率的测算方法和细节进行了说明，进一步规范了成员国各统计部门的 TFP 增长率测算原则。从 20 世纪 90 年代开始，我国相关学者也积极进行了全要素增长率的相关测算，其主要依据的也是乔根森的增长核算框架，明确区分了基本投入中的资本存量和资本服务（郑玉歆，1998）。有关 TFP 的研究更为丰富，孙琳琳和任若恩（2005）、郭庆旺和贾俊雪（2005）、蔡跃州和付一夫（2017）等展开了相关测算分析。国内学者也开始采用生产前沿面等方法对宏观部门的 TFP 指数进行测算，通常是以区域或企业作为测算单元，在对每个单元的效率和 TFP 指数进行测算的基础上，加权平均后得出整个宏观经济体或者某个部门的 TFP 指数（王志刚等，2006）。

从微观上看，全要素生产率测算侧重于企业生产率的计算。有关企业的全要素生产率的测算更多遵循的是以生产前沿面为基础的测算相对效率的思路。Farrell（1957）从一般厂商多投入多产出的特点出发，采用等产量线即生产前沿面测算了不同厂商的相对投入产出的效率，对企业全要素生产率的测算具有开创性的意义。在生产前沿面的测算方法中，生产前沿面代表了最高技术水平，因此，前沿面上的投入产出组合是最有效率的，那么距离等产量线越近的组合就有越高的相对技术效率。在数学表达上，以生产前沿面为基准的相对效率可以转化为距离函数，由此成为测算全要素生产率指数的基础（Malmquist，1953）。由于距离函数表达式存在差异，生产前沿面全要素生产率指数的测算又分为数据包络分析（Data Envelopment Analysis，DEA）和随机前沿分析（Stochastic Frontier Analysis，SFA）。数据包络分析方法是利用数学规划，把表征相对效率的距离函数的测算转换为对线性规划目标函数求解，将距离函数和 Malmquist 指数相结合就能够测算出不同时点的全要素生产率指数。这种方法不涉及生产函数的具体形式，也不用进行参数估计，因此，该方法又被称为非参数方法（Charnes & Cooper，1962；Charnes et al.，1978；Banker et al.，1984）。随机前沿方法指的是通过随机生产函数来对厂商的生产行为进行刻画，随机生产函数中的随机误差项则被分成两部分，其中，一部分表示各种随机环境因素对生产前沿函数产出影响的对称的误差项，另一部分表示衡量技术非有效性即厂商技术效率即距离函数的单边误项，这种方法下得到的距离函数也可以同 Malmquist 指数相结合测算出 TFP 指数（Aigner et al.，1977）。国内对微观企业全要素生产率的测算起步较晚。谢千里等（2008）采用 1998—2005 年我国规模以上工业企业的数据，利用参数估计方法测算了我国企业层面的全要素生产率。张杰等（2008）则使用江苏省制造业微观企业数据，采用生产函数测算了企业全要素生产率。张杰等（2009）采用 1999—2003 年我国全部国有企业和规模以上非国有企业的统计数据，采用非参数估计方法中的 OP 方法对企业全要素生产率进行了估算。鲁晓东和连玉君（2012）针对企业层面全要素生产率的传统估计方法存在的弊端，从多个角度提出修正的思路，由此形成了基于固定效应、半参数和广义矩等方法的 TFP 估计方法。后来，相关学者以此为基础进行了相关测算（于新亮等，2022）。

第三节　金融发展影响全要素生产率的理论基础

随着金融与经济增长关系研究的深入，在全要素生产率成为衡量经济高质量增长重要标准的今天，金融发展与经济增长的关系不仅在于金融部门为实体经济部门生产和投资提供资金支持、缓解流动性约束等基本功能上；更重要的是，不断完善的金融体系还应该充分发挥资源配置的功能，甄选高效率的、有潜力的优质企业，为推动技术进步和技术效率提升提供金融支持、管理并分散风险，真正促进全要素生产率的提升。

一　动员储蓄促进对技术进步项目的投资

金融发展理论表明，金融体系的基本功能之一就是汇集社会闲散资金，通过动员储蓄进行投资。全要素生产率的提升重要的是依靠技术进步，技术进步离不开大量的资金支持。然而，技术进步和提升面临的主要问题就是不确定性较大，资金需求大而投资风险较高。有效的金融制度和金融体系建设能促进多元化投资发展，实现储蓄动员和资金的优化配置，引导资金流向高风险、高回报的技术创新项目，实现全要素生产率的提升（Acemoglu，1997）。因此，不断完善的金融体系的构建和金融市场化改革的不断深化，有利于搭建多层次的投融渠道，实现储蓄资金流向技术升级项目，促进全要素生产率提升。

二　信息分析和处理提升宏观资源配置效率

技术进步需要大量的资金支持，信息不对称带来的逆向选择和道德风险往往会成为技术进步面临融资约束的主要原因之一。

一方面，掌握资金的潜在投资者与从事技术生产相关行业的资金需求者之间存在明显的信息不对称，技术创新的专业性决定了这种信息不对称相较于其他行业更为显著。技术生产者掌握更多的项目特性和成功概率等专业信息，潜在投资者很难区别项目好坏，为了保证收益，他们只能选择获取比其他项目更高的溢价收益项目，进而不利于技术创新项目获得资金支持。

另一方面，技术创新等投资项目也容易产生事后的道德风险，即技术创新部门在获得融资后可能将低风险项目换成高风险项目，或者技术创新企业的所有者和经营者由于委托代理问题导致将所融资金使用在非技术创新领域。因此，良好的金融体系能够通过规模优势、专业人才优势等进行信息分析和处理，降低投资者和技术创新部门的信息不对称，使技术创新部门能够通过更广泛的渠道和更合理的资金成本获得金融支持，促进金融资源配置效率提升。

三　风险管理帮助技术创新风险分散

技术升级和技术创新相较于其他项目面临着更大的风险，金融体系具有分散风险的功能。

一方面，金融中介可以通过投资组合为资金供给者提供分散风险的服务，降低投资者进行技术投资的整体风险，帮助投资者进行风险收益的合理组合，可见金融体系可以通过降低信息的获取和交易成本为风险交易提供便利、促使风险交易进行和风险分散，通过金融促进经济增长。

　　另一方面，在对技术创新项目进行选择时，企业创新部门面临着较大的需求不确定因素的压力，金融体系通过提供专业的风险分散服务有助于激励企业选择更专业、更先进的，生产效率更高的创新项目进行尝试。随着金融市场的不断发展，直接融资市场的不断丰富和完善，风险投资等对技术创新的作用更为明显，这些投资往往能为一些缺乏资金的具有较好创新理念的高新技术企业提供充足的资金和管理经验，充分发挥金融对高新技术企业的金融支持和合理分散风险的作用，促进企业的成长。

四　监督激励机制促进微观企业治理改善

　　在良好的金融体系下，金融投资者与技术创新部门往往需要签订金融契约，并通过契约实现对投资活动各个环节的监督，这有利于监管和激励技术创新企业的生产活动，促进创新企业治理机制完善，提升投资活动的成功率。金融中介作为资金供给者，通过监督企业可以实现企业治理效率的提升，不仅有利于提高信贷资金配给效率，而且有利于促进资本积累和生产效率的提升（Bencivenga & Smith，1993）。此外，金融中介作为资金供给者与企业签订契约，以此对企业进行监督激励，这种监督激励的成本相较外界其他的监督成本更低，尤其是随着金融市场的不断完善，行业更规范透明这种监督成本则会更低，更有利于促进企业治理改善，实现生产率的提升。

第四节　金融异化影响全要素生产率的相关理论

　　金融的核心是服务实体经济，金融体系的核心功能是引导资金合理流动，实现资源有效配置，促进实体经济增长。但金融体系的配置功能扭曲会导致资源错配，进而对全要素生产率产生消极影响。快速发展的金融部门相对于实体部门会产生更高的租金和吸引力，从而将原来投资于实体部门的资源吸引过来，导致资源无法得到最优配置，进而影响经济增长和经济效率（Bolton & Santos，2011）。这种典型的金融异化对全要素生产率带来的影响。首先，体现为宏观上的"脱实向虚"，金融部门相对于实体部门会吸引更多的劳动力和资本，在金融部门形成空转，而实体部门则由于缺乏足够的人力和货币资本而生产不足，进而影响全要素生产率。其次，由于金融的投资回报率更高，更多从事实体生产的微观企业在追逐收益的理性预期下，也会选择进行更多的金融投资，造成企业金融化水平上升，对企业全要素生产率带来负面影响。最后，金融脱离服务实体经济本质功能，会带来金融资源的错配，造成全要素生产率损失。

一　宏观视角：金融资本循环理论

传统的资本循环理论的分析框架中产业资本包括货币资本、生产资本和商品资本，依次经历购买、生产和消费三个环节。资本循环的形式是多样的，有"货币资本—生产资本—商品资本—货币资本"的形式，也有"生产资本—货币资本—生产资本"的形式，还有"商品资本—货币资本—生产资本"的形式，货币资本、生产资本和商品资本不是孤立的，而是紧密相连的，三种循环有时间上的联系性和空间上的并存性。但是，到20世纪70年代，随着新自由主义经济盛行，经济货币化和金融化突出，在这些国家体现为宏观资本结构的重心由产业资本不可逆地转向金融资本，资本循环的形式表现为金融资本加入传统的资本循环过程。产业资本积累结构发生了金融化转型，表现为"金融资本—产业资本—金融资本"的产业资本被金融资本控制的模式，甚至还有"产业资本—金融资本—金融资本"的金融"脱实向虚"、"金融资本—金融资本"的金融空转等金融资本统治模式。一方面，保证剩余价值生产和扩大再生产所需的时间上的连续性、空间上的并存性等条件被打破，实体经济呈现出有效支付能力不足、有效需求不足的相对过剩。另一方面，随着金融资本脱离产业资本的寄生型渠道，金融资本在自我循环过程中直接创造工资和利润，于是当金融部门的收益率高于实体部门时，大量的货币资金就会继续从实体部门抽离并进入金融市场，不仅会削弱实体经济的持续发展动力，还会降低实体部门的生产率，提高实体部门的经营风险。

金融"脱实向虚"对全要素生产率的影响，在于金融过度发展导致对实体经济发展投资的削弱，实体经济企业创新投入不足，对实体经济发展产生负面影响。尤其是 2008 年国际金融危机后，对金融发展过度和金融"脱实向虚"的负面影响的研究增加，Stiglitz（2010）将金融危机不断发生的原因归结为金融自由化，认为金融体系盲目地自发扩张，缺少政府足够的监管，不但不会发挥金融对经济增长的促进作用，反而会由于过度的金融"脱实向虚"带来严重的金融和经济危机。20 世纪 80 年代以来，世界各主要发达经济体的金融部门都进入了快速发展阶段，其直接后果就是金融资源不停地从实体经济领域流入金融领域，通过金融空转追逐高额利润，流入实体经济部门的资源不足进而出现实体经济"空心化"，带来实体经济部门的萎缩。理论和实践表明，金融部门的过度发展最终会带来实体经济部门投资和资本积累的下降，影响实体经济部门全要素生产率的提升。因此，适度的金融发展是有利于实体经济发展的，但是过度的金融发展会造成金融"脱实向虚"，过度的金融投资会直接挤占实体经济企业部门的资源，带来实体经济企业经营性业务和资金供给的不足，不利于实体经济部门的创新和发展，对全要素生产率带来负面的影响。

二 微观视角："蓄水池"功能与"挤出"效应

金融异化在微观视角主要表现为企业层面"脱实向虚"，企业金融化程度高。微观视角上企业金融化对全要素生产率影响的理论机理体现在"蓄水池"功能和"挤出"效应两个方面。

"预防性储蓄理论"由 Keynes（1936）提出，该理论认为，微观企业持有货币性金融资产，进行金融资产投资的目的是解决在生产经营中可能面临的财务困难。Tobin（1958）和 Miller（1996）提出了"预防性动机"理论，也称为"蓄水池"功能，认为企业持有金融资产的出发点是考虑到非预期冲击对企业发展影响的谨慎性需求。金融资产相对于固定资产，流动性更好、变现能力更强，企业有准备地持有金融资产有利于维持企业的经营发展和风险管理。当企业面临宏观经济波动等外部冲击导致内部财务风险增加时，企业可以将持有的金融资产迅速变现，用来开展主营业务等生产经营活动，满足研发投资等的资金需求，可以起到支持主营业务发展、促进技术创新以及风险对冲的作用。此外，由于实体企业同金融机构之间信息不对称等问题的存在，企业尤其是中小企业的融资难度较大、成本较高，企业持有金融资产有助于在不同的时间节点进行内源融资，降低外部融资规模和总体融资成本，缓解企业的融资约束，促进企业创新和发展。

企业持有金融资产脱离了预防性目的，企业金融化表现为"投机套利"，将原本用于经营性业务的资金投向金融资产，只注重短期利益，而忽略主业的可持续发展，则会不利于企业全要素生产率的提升，对企业全要素生产率提升产生"挤出效应"。金融化投资多与实体挤出、资金"脱实向虚"相关，金融化行为会造成企业实体投资下降，同时金融化投资收益与实体投资之间存在反向关系。在主业投资成本较高、主业投资报酬率较低且回报周期长的背景下，企业出于逐利动机会进行更多的金融资产配置，往往容易导致过度金融化的现象发生。周彬和谢佳松（2018）指出，从短期来看，无论是我国的国有企业，还是民营企业，都更多地体现出"挤出效应"的影响；从长期来看，民营企业会受到更大的不利影响。可见，基于套利动机影响的实体企业金融化选择对全要素生产率的影响是一种资源错配行为，而非一种资源优化配置行为。

实体企业资金以"蓄水池"功能为主时，能够对研发、人才投资效率产生提升作用。但是，如果企业金融化表现为"投机套利"，将原本用于经营性业务的资金投向金融资产，只注重短期利益，忽略主业的可持续发展，则会产生"挤出"效应而不利于企业全要素生产率的提升。

三　金融资源配置视角

金融资源配置是资源配置的核心内容，金融异化产生，金融"脱实向虚"明显，必然会导致金融资源配置扭曲和效率低下。金融资源配置效率是衡量和评价经济体的金融市场或金融体系完善与否的重要依据。金融资源配置效率包括两个方面：一是金融部门自身的效率，即股票市场和债券市场等资本市场进行资金融通的效率；二是进行间接融资的机构将金融资源配置到效率更高的生产部门的效率。因此，金融资源配置效率的核心最终体现在金融服务实体经济的效率上，一方面，效率更高的企业或者生产部门在金融资源获得上具有优势，而效率低下的企业或生产部门获得的金融资源较少；另一方面，获得金融资源的企业或生产部门，能够实现产出效率的最大化，二者的有机统一才能真正实现金融资源配置的帕累托最优。金融异化的直接结果就是金融资源无法配置到最高效的实体部门，必然对代表实体部门高质量发展的全要素生产率造成损失。

第三章　金融异化的表现、事实与特征

金融是现代经济的血脉，为实体经济服务是金融的职责和宗旨。金融异化则是金融脱离了服务实体经济的本质和宗旨，产生于实体经济部门并应该服务实体经济的金融部门在发展的过程中呈现脱离实体经济部门的自我发展和自我膨胀，不仅没有起到服务实体经济和促进实体经济发展的作用，反而对实体经济的健康发展带来了负面影响和破坏作用。金融异化本质上是金融功能的失调，而金融功能作用的发挥往往要借助金融产品，金融产品的合理定价则显得尤为重要。倘若金融产品的定价发生背离，也就是说资产价格泡沫化，则显然违背了金融服务实体经济的本质功能。因此，金融异化在宏观上往往表现为资产价格泡沫化现象突出，金融部门与实体经济部门的利润差异较大，往往实体经济部门发展面临困难且收益率较低时，而金融部门依然发展迅速且有较高利润，导致各种资源在金融部门集聚，金融空转突出。而金融异化在微观层面则多表现为从事生产经营的实体经济部门加大金融投资，导致企业原本用于生产制造和贸易流通的资金转而用于金融投资，企业总资产中金融资产的占比增加，企业的金融交易量提高，利润积累呈现依靠金融渠道的现象凸显，也就是实体企业金融化现象。金融异化在宏微观层面的表现，是典型的金融"脱实向虚"，事实上也是金融资源未能流向生产效率最高的部门、实现金融资源配置的帕累托最优，直接导致金融资源错配。

第一节　金融异化的宏观表现与事实

一　资产价格

我国自 2008 年以来，货币供应量 M2 的增速明显快于 M1 的增速，说明金融市场投资活跃而消费却不足。随着 M1 与 M2 的绝对值加大，说明投资的规模超过市场需求。从宏观经济层面看，当需求不旺盛的时候，投资过热会促成高的信贷投放和进一步的高投资，当这些过高的投资转向制造业时就会导致制造业产能过剩并产生"僵尸企业"；当这些过高的投资转向房地产市场或者证券市场时就会诱发金融资源的"脱实向虚"。随着过剩"僵尸企业"的不断增加或者投资杠杆的不断加大，商业银行的资产风险上升，不良资产率攀升，资产质量恶化，泡沫风险加大。

"泡沫"一词在《新帕尔格雷夫经济学大辞典》中被认为是指资产价格的持续上涨，由最初的价格上涨引起持续上涨的预期，进一步吸引投机者，这些投机者的主要目的是赚取买卖价差，并不关心资产本身的盈利能力和使用价值（金德尔伯格，1992）。而后的《泡沫经济学》一书（野口悠纪雄，2005）则明确指出，"泡沫"是资产价格中与实体经济无关的部分。因此，我们认为，资产价格泡沫是金融异化的典型表现。金融异化导致资金追求投机收益，为"泡沫"的膨胀提供资金支持，进而会对"泡沫"的膨胀起到助推作用。纵观历史上众多资产价格泡沫，从其对实体经济影响的角度分析，主要有以下几种类型：一是随着某种资产价格的持续上涨，投机性的货币不断投入，但是并没有吸引其他生产要素投入该领域，如古玩字画等小范围形成的资产价格泡沫。二是随着某种资产价格的持续上涨，货币资金持续流入，还通过资源配置调动其他生产要素向该领域进入，一旦泡沫破灭，该领域供给的严重过剩会对金融和经济体系造成冲击，如历史上的郁金香泡沫；三是某种资产价格持续上涨，关联的领域和行业特别广泛，金融资源的持续进入形成广泛的"脱实向虚"，金融风险集聚较大，有引发系统性金融风险的可能，如房地产市场的过度投机和股票市场的过度投机形成的资产价格泡沫。金融异化中金融功能的失调，金融违背服务实体经济本质规律呈现的广泛的"脱实向虚"，最终的典型表现主要体现为资产价格泡沫的后两种情况，尤其是第三种情况，往往会对实体经济和整个宏观经济的冲击更大。

二　房地产市场

我国自 1998 年住房改革以来，房地产价格整体呈现上升趋势，中间虽然有过几次下跌，但幅度都较小，时间也短。尤其是 2016 年以来，我国一、二线城市的房价已经在持续上涨的情况下伴随"去库存"继续上涨，2017 年以来三、四线城市也出现了持续的快速上涨，于是整个房地产价格屡创新高。伴随而来的是我国居民家庭杠杆率的持续升高，仅 2006—2016 年，我国居民部门杠杆率就从 11% 上升到 45%，房地产市场投资属性越来越重，反映出金融体系的自我膨胀和货币资金停留在房地产市场空转的现象加重，本质上就是金融异化的典型表现。

（一）房地产特性

房地产是一种特殊资产，既具有实物资产的特性又具有金融资产的属性，会对宏观经济运行产生重要影响。金融异化在房地产市场的表现主要体现在房地产的金融属性上，通常认为房地产的金融属性指的是房地产与金融资产有许多的相似之处，与居住和生活部分的实物资产属性有本质的区别。房地产的金融市场属性在国际资本上是被认可的，其中最常用的分类标准 GCS 和 GICS 当中，就将房地产和银行保险等金融资产归为一类的。房地产的金融属性源于长期内房地产价格持续上涨产生的投资效应。房地产具备资产价值较高、存续时间长等特点，建造周期也较长，占据的地理位置和空间具有稀缺性，这使它成为重要的投资产品，具有金融属性。因此，房地产定价的方式也不同于一般商品，其定价依据除生产成本外，往往还受未来产生的各种收益的影响，如某个城市空间所带来的教育、医疗、求职等方面的收益，最终体现为资产价格上涨产生的收益，具有十分明显的虚拟资产和金融资产特征，也会受到投资者观念和预期的影响，其价格在运行时也具有明显的波动性。

房地产贷款影响货币创造，对货币流动性具有重要影响。房地产与金融体系是紧密相关的，对宏观经济运行具有加速器的作用。我国的住房制度改革之后，住房按揭贷款和杠杆的使用，使房地产新增贷款在总的新增贷款中所占的比重较大，因此房地产市场的发展通过银行信用直接影响货币发行和创造，对整个宏观经济运行产生重大影响。从货币流动循环的本质规律来看，资金的本质是逐利的。货币流动是向回报率更高的地方，经济体系中哪个部门的回报率高，就会吸引货币资金流向哪个部门。如果实体经济部门发展较好，收益率高，货币资金就会流向实体经济部门，作为金融资源投入，去分享企业生产经营所获得的利润；当房地产市场的预期较好，金融属性增强，投资回报率更高时，货币资金就会追逐房地产市场的高额回报，涌入房地产市场，并在资金持续涌入的过程中产生泡沫，同时引发实体经济部门货币资金流入的不足，在金融"脱实向虚"的推动下带来实体经济空心化，其运动过程如图 3 - 1 所示。货币循环顺畅的条件是在相同风险下 $r_t \approx R_t$，如果实体部门的收益率低于虚拟部门，那么货币资金就会流入虚拟经济部门，并且根据收益风险原则在房地产市场和股票市场等金融市场中流转。虚拟经济部门中，哪个部门的投资回报率更高就会吸引更多的货币流入，体现出货币蓄水池效应。倘若这时，政府部门增加货币供给量，则增量的货币也会被高收益的虚拟经济部门吸引，促使相应的资产价格进一步膨胀，这时候就会呈现典型的金融资源"脱实向虚"，导致真正需要资金进行生产和创新的实体经济部门货币资金投入不足。

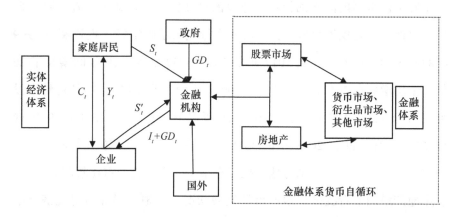

图 3 - 1 货币流动性在实体经济和金融体系中循环运动过程

注：其中，Y_t 代表收入，C_t 代表消费，S_t 代表储蓄，I_t 代表投资，S_t' 代表微观企业进行虚拟资产投入的货币资金，r_t 和 R_t 分别代表实体经济部门和虚拟经济部门的投资收益率。

资料来源：伍超明：《虚拟经济与实体经济关系研究——基于货币循环流模型的分析》，《财经研究》2004 年第 8 期。

过去几年，经济增速放缓，再叠加疫情因素，大量的货币资金"脱实向虚"涌入房地产市场。尤其是在全球货币超发的大时代下，越来越多的货币资金涌入房地产市场，以北上广深为代表的核心城市房地产价格居高不下，我国一线城市的房价位居世界前列，在全球十大高房价城市中，中国一线城市占半数以上。

（二）中国房地产的发展（2010—2022 年）

评价房地产泡沫的国际通用指标为房价收入比、房价租金比等，即便与发达国家相比，据泽平宏观的研究，以使用面积计算的 2022 年

5月北上广深中心区域的房价收入比分别为54、45、35和32，远高于纽约的7和东京的9。这是近年来我国一直强调住房不炒的现实依据。

房地产业的发展和实体经济房产化表明我国房地产价格经历过泡沫。我国从1998年开始实施住房商品化改革，当年国务院颁布《关于进一步深化城镇住房制度改革加快住房建设的通知》（以下简称《通知》），此后，房地产开发规模快速扩张。房地产行业城镇固定资产投资额由1999年的5259.61亿元增长到2017年的139733.52亿元，29年间增长了26倍，年均增速在20%以上，且从2009年后增速明显加快。① 从房地产投资额占全社会固定资产投资比重的情况看，这一比例由1999年的17.62%一直上涨到2013年的33.82%，从2014年开始有所回落，到2017年为30.29%，可见房地产投资在整个固定投资中占比较高。此外，从房地产增加值看我国房地产市场发展状况，房地产增加值对经济贡献的占比不断升高。房地产增加值对宏观经济增长的贡献率用当年房地产行业不变价增加值除以当年的国民经济总产出，这一比例在1999年为4.06%，到2020年达到7.24%。房地产增加值的绝对数量由1999年的3674.53亿元增加到2022年的77216亿元，23年间增长了20余倍。房地产行业在整个经济体系中所占比重越来越重，对实体经济的作用和影响越来越大，尤其在金融杠杆放大的情况下。

房价收入比是通行的衡量房地产价格泡沫的重要指标之一。联合国人居署的报告指出，"房价收入比被普遍地看作住房市场压力的最好度量"（Flood，2001）；《城市指标工具包指南》认为，房价和房租收入比"为度量城市级的住房支付能力提供了很好的依据。它们还传递了住房市场总体表现的最丰富的信息"。房价收入比的计算方式是用一个地区一定时间内的房屋总价值除以居民家庭年均收入。根据世界银行的标准，

---

① 数据来源：Wind金融数据库，书中没有特别备注的数据均来自Wind金融数据库。

发达国家的房价收入比一般在 1.5—1.8，发展中国家则在 4—6，如果房价收入比超过 7 就会被认为是"国际房价最难承受地区"。自 1998 年以来，我国住房价格持续上涨，房价收入比远高于国际水平。Wind 数据库中的我国 50 个大城市房价收入比显示，2010—2020 年我国房价收入比均在 9 以上，2020 年我国房价收入比为 12.36，远远高于国际水平（见表 3-1）。其中，北京、上海、广州、深圳四个一线城市 2020 年的房价收入比分别为 23.40、26.65、13.70 和 33.94。即使是三线城市的房价收入比 2020 年也高达 10.09，落入了世界银行所指出的"国际房价最难承受区"。房价租金比是衡量房地产价格泡沫的另一个重要指标，其计算是用每平方米建筑面积的房价除以每平方米建筑面积的月租金，又称为"售租比"。根据国际通行标准，一般住房售租比在 200—300 时表示房地产价格运行良好，低于 200 则表示房地产价格被低估，高于 300 则表示存在房地产泡沫风险。国家发展改革委在 2007 年对我国 70 个城市进行抽样调查发现，1—6 月我国的房屋售租比约为 400，高于国际预警线 300。刘民权和孙波（2009）的研究显示，2008 年以前虽然我国租赁市场租金相对稳定，但房价大幅上涨，房地产市场已经存在泡沫风险。余凯（2007）的研究也表明，我国 37 个大城市的房价租金比一般为 230—290，其中北京超过 300，上海约为 360，杭州高达 470，温州在 500 以上，远高于国际惯例 300 的水平。诸葛找房 2020 年公布的全国 50 个大中城市的售租比显示，一线城市售租比高达 646，而租金回报率仅为 1.86%；二线城市的售租比为 588，租金回报率为 2.04%；三线城市的售租比为 623，租金回报率为 1.93。此外，从商品房销售情况看，我国商品房销售火热，商品房销售面积从 1999 年的 14556.53 万平方米上涨到 2021 年的 179433.41 万平方米。房地产贷款规模是从金融视角看房地产泡沫的重要依据，统计数据显示，我国金融机构新增房地产贷款由 2010 年第一季度的 8457 亿元增长到 2016 年年底的 56700 亿元，房地产新增贷款占总新增贷款的比重也由 17.61% 上升至 2016 年的 39.21%，2018 年年底新增房地产贷款规模更是高达 64500 亿元。同时，个人住房贷款新增规模也持续增长，由 2010 年第一季度的新增 5228 亿元增长到 2016 年年底的新增 49600 亿元，短短 6 年间增长近 10 倍。从贷款余额看，我国房地产贷款余额由 2010 年第一季度的 81800 亿元增长到 2022 年年底的 531600 亿元，个人住房贷款余额由 2011 年第三季度的 69400 亿元增长到 2022 年年底的 388000 亿元。以金融机构各项贷款余额同比增速作为参照，横向反映房地产信贷规模增速是否合适。从 2010 年第三季度至 2017 年第二季度房地产贷款同比增速/金融机构各项贷款余额同比增长的关系走势可以发现，2010 年第三季度这一比值就较高，达 1.78；至 2017 年第二季度，该值高达 1.88；2017 年第一季度达到最高值 2.10。在房地产贷款构成部分中，涨幅较快的是个人购房贷款余额，从 2010 年第三季度的 2.02 增长至 2017 年第一季度的 2.88，居民加杠杆速度较快，这也反映出房地产价格持续上涨带来的赚钱效应和各种金融资金的吸引。主要金融机构新增房地产贷款和房地产贷款余额情况见表 3－2。

表 3－1　　　　　50 大中城市房价收入比（2010—2020 年）

年份	一线城市	二线城市	三线城市
2010	20.03	11.38	11.31
2011	19.46	11.12	11.25
2012	17.72	9.82	9.97
2013	19.63	9.88	9.26
2014	20.57	9.75	9.06
2015	20.60	9.04	8.16
2016	24.17	9.46	8.19
2017	24.98	10.15	8.81
2018	23.72	10.37	9.23
2019	23.90	11.01	9.75
2020	24.35	11.58	10.09

资料来源：Wind 数据库。

表 3 - 2　　　　主要金融机构新增房地产贷款和房地产

贷款余额情况（2010—2022 年）　　　　（单位：亿元）

时间	新增房地产贷款	新增个人购房贷款	房地产贷款余额	房地产开发贷贷款余额	个人购房贷款余额	保障性住房开发贷款余额
2010 年 3 月	8457	5228	81800	—	—	—
2010 年 6 月	13800	9323	87100	—	—	—
2010 年 9 月	17200	11600	91000	—	—	—
2010 年 12 月	20200	14000	93500	—	—	—
2011 年 3 月	5095	2810	98900	—	—	—
2011 年 6 月	7912	4877	102600	—	—	—
2011 年 9 月	9923	6576	104600	7887	69400	2808
2011 年 12 月	12600	8321	107300	7680	71426	3499
2012 年 3 月	2427	1574	110000	7710	73000	4306
2012 年 6 月	5653	3455	113200	8037	74900	4784
2012 年 9 月	9821	6728	117400	8461	78000	5215
2012 年 12 月	13500	9610	121100	8630	81000	5711
2013 年 3 月	7103	4662	129800	10400	85700	6140
2013 年 6 月	13000	9628	135600	10600	90700	6580
2013 年 9 月	19000	13700	141700	10800	94700	6863
2013 年 12 月	23400	17000	146100	10700	98000	7260
2014 年 3 月	7971	4916	154200	11200	102900	7783
2014 年 6 月	15385	9389	161600	11600	107400	9694
2014 年 9 月	21100	13300	167400	12100	111200	10400
2014 年 12 月	27500	17200	173700	13500	115200	11400
2015 年 3 月	9935	5706	184100	14600	121000	12800
2015 年 6 月	18800	11200	193000	15400	126400	15300
2015 年 9 月	28100	19200	202400	15500	134500	16900
2015 年 12 月	35900	26600	210100	15200	141800	18200
2016 年 3 月	15000	10000	225100	18000	151800	18600
2016 年 6 月	29300	23600	239400	16600	165500	21800
2016 年 9 月	43200	37500	253300	15700	179300	23000
2016 年 12 月	56700	49600	266800	14500	191400	25200
2017 年 3 月	17000	—	283900	14100	190500	27500
2017 年 6 月	30400	—	297200	13600	201000	29700

时间	新增房地产贷款	新增个人购房贷款	房地产贷款余额	房地产开发贷款余额	个人购房贷款余额	保障性住房开发贷款余额
2017 年 9 月	44000	—	311000	14000	211000	32000
2017 年 12 月	56000	—	322000	13000	219000	33000
2018 年 3 月	19000	9949	341000	14000	228600	38000
2018 年 6 月	35400	—	357800	14600	238400	40800
2018 年 9 月	52100	—	374500	14500	248800	42500
2018 年 12 月	64500	—	387000	13800	257500	43200
2019 年 3 月	18200	—	405200	14000	268700	45500
2019 年 6 月	32100	—	419100	13700	279600	46100
2019 年 9 月	45900	33000	432900	13600	290500	46500
2019 年 12 月	57100	—	444100	12800	300700	46100
2020 年 3 月	17500	—	461600	12900	311500	47300
2020 年 6 月	29900	—	474000	—	323600	47200
2020 年 9 月	44200	—	488300	—	335900	47300
2020 年 12 月	51700	—	495800	—	344400	46500
2021 年 3 月	16700	—	500300	—	356700	47200
2021 年 6 月	24200	—	507800	—	365800	46500
2021 年 9 月	30300	—	514000	—	373700	46400
2021 年 12 月	38100	—	521700	—	383200	—
2022 年 3 月	7790	—	532200	—	388400	—
2022 年 6 月	6685	—	531100	—	388600	45600
2022 年 9 月	8488	—	532900	—	389100	—
2022 年 12 月	7213	—	531600	—	388000	—

资料来源：Wind 数据库。

（三）金融异化与房地产泡沫产生机制

房地产属性中的实物属性使其面临的融资约束较宽松。房地产行业的核心是住房，住房的居住属性使房地产是重要的实物资产，成为银行信贷融资的主要抵押物。房地产的实物属性，决定了它不仅是一种可以为人们提供居住和办公服务的资产，而且其耐久性和不动产效应使其具有良好的金融抵押品属性。尤其是在货币发行不断增长，房地产价格整体上涨的宏观背景下，银行对资金的安全性要求使房地产成为融资抵押的重要保障。一方面，房地产的实物属性，尤其是在房价持续上涨阶段，意味着以房地产作为抵押品贷款的抵押市值的上升，房地产行业的高收益预期促使银行贷款大量向房地产领域集中。另一方面，房地产的实物属性决定了房地产行业和其他制造业的金融属性的差异在于房地产的预售制度和按揭制度。预售制度使房地产开发商可以通过销售提前回笼资金，提高资金运作效率；而按揭制度则促使买房者可以充分使用杠杆，提前释放需求。二者加大了房地产行业的整体杠杆使用率，使房地产行业成为典型的资金密集型行业，受金融政策影响较大，也会制约金融政策的制定。

银行信贷的持续扩张会引发房地产市场的繁荣和泡沫。金融资源的过度支持是房地产价格上涨甚至形成泡沫的一大重要因素，在我国银行信贷主导的间接融资体系中，银行信贷在房地产行业的过度投放和持续扩张成为影响房地产泡沫的重要金融因素。银行房地产开发贷款和个人住房贷款的扩张支撑了房地产市场的供求（项卫星和李宏瑾，2005；谢百三和王巍，2005），支持和推动了我国房地产价格上涨，导致该行业的高利润和流动性过剩的问题（梁斌，2011；付志鸿和胡援成，2013；马勇和吴雪妍，2018）。相关研究也显示，利率是影响我国房地产市场价格的重要因素，并从理论和实证方面均进行了分析和论证（孔行等，2010；况伟大，2010；陈诗一和王祥，2016）。货币资金的量和价通过银行信贷资金的投放影响和支持了我国房地产市场的投机行为，推动了历次房价的上涨，同时也为商业银行等金融机构集聚了相应风险。房地产价格上涨和银行信贷扩张相互依赖并相互促进，具有典型的顺周期性（王晓明，2010），其关键还在于商业银行信贷中房地产作为抵押品占比很大。而商业银行对房地产行业的信贷投放主要体现为对开发主体和购房主体的信贷支持。统计数据显示，近年来我国实体经济杠杆率上升，主要是居民和非金融部门杠杆率上升明显，而居民部门杠杆率的提升主要在于住房按揭贷款增加。尤其是自2016年以来的新一轮房地产价格上涨，个人购房贷款上升明显。2015年年底，我国个人住房贷款余额为141800亿元，到2022年年底达到388000亿元，7年间增长近2倍。从整个金融机构信贷余额同比增长情况来看（见图3-2），整个2015年房地产开发贷款平均增速在25%以上，从2016年开始增速下滑，2016年年底到2020年年初多数时期处于负增长；但与此形成鲜明对比的是，同期的房地产贷款余额和个人住房贷款余额同比增速较快，其中房地产贷款余额从2015年年底到2020年年底保持着平均20%以上的同比增速，个人住房贷款余额从2015年年底到2022年更是保持着22%以上的同比增速，即使在经济发展相对滞后的2021年后也保持着正向的同比增速。由此可见，新增的信贷资金较多地流入房地产领域，尤其是居民个人杠杆率上升明显。加之在过去一轮房价上涨预期和房地产行业高回报的吸引下，原本在实体部门的金融资源也大力地投入了高回报的房地产市场，信贷资金向房地产的聚集，推动了房地产市场的持续繁荣和房地产价格泡沫的形成。银行信贷扩张促使房地产价格上涨的机制在于，信贷资金流入房地产市场，会不断提高房地产市场的流动性。由于房地产价格具有明显的顺周期特征，房价上涨时价格和流动性会产生正向的强化机制，促使房地产泡沫持续扩大。同样，在房地产价格下跌阶段也会发挥负向的反馈机制，加速资产价格下跌和流动性枯竭，这也是房地产市场的金融属性的体现。在房地产价格上涨期间，通过信贷扩张进入房地产市场的流动性会通过价格放贷机制、价格加速机制和市场的情绪机制加速扩张，对房地产价格形成正向的反馈作用。随着银行流动性不断进入房地产市场，资金充裕进一步推动房价的上升，最终很容易形成房地产市场的投机性泡沫。然而，银行的流动性扩张不可能永久持续，一旦房地产价格由于各种原因发生逆转，以稳健经营和严格风控为特点的银行信贷资金就会不断退出市场，流动性加速收缩，会促使房地产价格螺旋式下跌，在恐慌情绪的蔓延下，容易引发房地产市场的流动性危机，引发金融风险，危害实体经济健康发展。

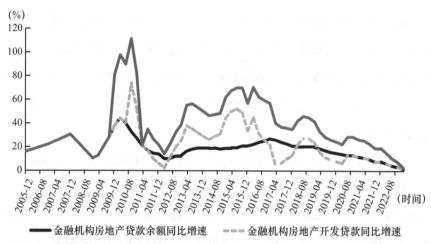

图 3 - 2   2005 年第四季度到 2022 年第四季度金融机构
房地产相关贷款余额增速

资料来源：Wind 数据库。

影子银行对房地产市场的过度金融支持会加速泡沫形成。一方面，和房地产紧密相关的地方政府融资平台是中国影子银行里最重要的借款方。除常见的银行信贷融资外，通过影子银行流入房地产市场的资金巨大。地产融资平台属于地方国企，普遍存在预算软约束，更多地关注项目的发展属性和社会属性，对融资成本敏感度较低，愿意承担的融资成本也较高，与资金供给方形成良好契合。再加上众多的地方融资平台本身就从事房地产业务，或者成立了子公司从事房地产相关业务，或者具备地方政府赋予的土地开发职能，使影子银行很好地具备了成为地方政府融资平台和房地产企业的融资工具。另一方面，影子银行对房地产的金融支持体现在房地产企业的非标融资上。信托和基金子公司是常用的非标融资方式。如图 3 – 3 所示，基金管理等公司通过直接或间接手段，成为推动房地产市场获得金融支持的有效途径。房地产的非标融资包括房地产信托和房地产产业基金两种，从权益性质来看，一种是债券性投资，另一种是权益性投资。2010—2013 年是房地产非标融资的高峰期，房地产信托发行的高峰。其中，2010 年房地产信托发行增速高达 335%，创历史新高；同年发行量也创历史新高，规模高达 4025 亿元。如图 3 – 4 所示，我国房地产基金化信托余额在 2010—2012 年持续增长，2013 年信托余额下滑明显。

房地产企业的债券融资和股权融资规模快速扩张容易引发风险。房地产行业属于资金密集型行业，随着房地产投融资制度的变化和宏观调控政策的出台，我国的房地产主要融资渠道也经历了阶段性演变（见图 3 – 5）。2006—2009 年，IPO、股票增发是房地产企业的主要融资渠道；之后受到"国四条""国十条"等宏观调控政策的影响，房地产企业权

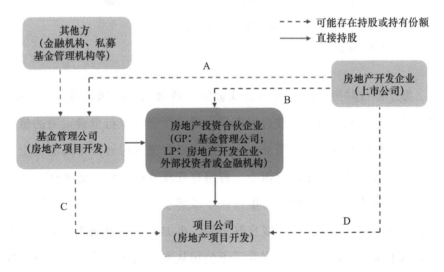

图 3 – 3　房地产通过影子银行融资的主要方式

资料来源：笔者根据 Wind 资讯内容整理。

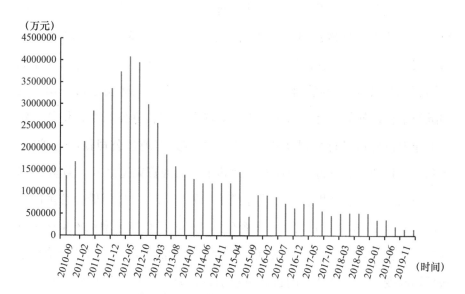

图3-4　房地产基金化信托余额情况

资料来源：Wind 数据库。

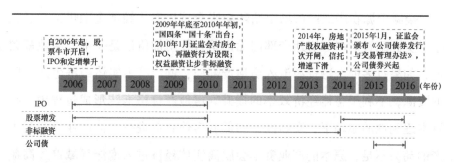

图3-5　房地产融资渠道变迁

资料来源：根据房地产投融资制度整理。

益融资受到限制，非标融资又兴起；随着市场调控作用影响增大，2014
年后房地产非标融资又被重启的定增所取代；2015 年年初证监会颁布公
司债新政，房地产企业在政策宽松的环境下纷纷放量发行公司债券，债
券融资规模迅速扩张，成为房地产企业融资的重要渠道。其中 2006—

2009 年的定增潮中，房地产上市企业通过"增发—做大净资产—增加杠杆"的方式迅速拿地；2014 年重启定增后，房地产企业在 2015 年通过增发实现的融资规模就高达 1439.05 亿元。2015 年 1 月，证监会颁布的《公司债券发行与交易管理办法》将公司债券发行主体由上市公司扩展到融资平台以外的所有公司制法人，意味着公司债券发行主体增加，实现了非上市公司发行公司债券的扩容，尤其是房地产公司债券的扩容。至此，房地产企业发行公司债券成为其主要的融资渠道之一。截至 2015 年 10 月 25 日，非城投房地产债存量 1.1 万亿元，占公司债券总量的比重达 28%。2015 年 5 月之后，房企公司债券的发行迅速增长，2016 年 1 月单月发行高峰达到 1259.2 亿元。但是，当经济下行时，房地产价格上涨预期改变，房地产企业的过高负债引发风险，债务违约也成为部分房企面临的困境。

（四）房地产市场泡沫对全要素生产率的影响

金融资源在房地产市场中循环膨胀会挤压实体经济金融供给，恶化金融资源配置效率。房地产部门无论是科技附加值还是技术外溢性都较低，如果过多的金融资源流入房地产部门，就会挤占实体经济生产部门的资源，不利于整体经济效率的提升。房地产价格泡沫形成过程中，在资本逐利性的驱动下，实体经济的低利润使企业进行实体产业投资和生产的动力不足，原本的产业资本会脱离实体经济进入泡沫领域追逐高额利润。在这种情况下，实体经济结构出现失衡：一方面，科技创新含量高的高端产业供给不足，而低技术含量的低端产业又面临供给过剩。同时，实体产业创新能力差，产业的生产效率低、附加值低，又会导致无法抵消生产要素成本不断上涨的压力，最后使较多的实体企业处于亏损甚至倒闭状态。实体经济内部的结构失衡和低效率，反过来又会进一步导致金融资源不愿介入，错配进一步加剧，生产效率低下。

房地产泡沫会推高实体经济企业生产成本并挤压实体企业利润。房地产价格的持续上涨和高盈利，不仅使其自身成为金融市场融资的受欢迎者，也直接或间接地推高了其他实体企业的生产成本。一方面，房地产价格的持续上涨和高盈利空间，促使房地产企业愿意通过各种渠道甚至以较高的成本获得金融市场的资金支持，在有限的资源分配过程中，同样亟须金融支持的实体经济部门的融资难度和融资成本都会相应地提升。另一方面，房地产价格的大幅快速上涨和房地产市场的短期繁荣从短期看有利于地方财政收入的增长，但房地产也是其他企业经营的成本投入，实体经济企业经营需要的人工成本和其他要素成本都会受房地产价格的影响，过高的房地产价格和房地产泡沫也会压缩实体经济企业的利润，最终将会对很多有活力的实体经济企业产生影响。在 2015 年开始的新一轮房价上涨中，一些 A 股上市企业的全年利润甚至比不上以深圳等一线城市一套房产价格上涨带来的收益，这种房价过快上涨带来的投资暴利也会动摇实体经济企业发展主业的本心，诱导实体经济企业资金进一步流入房地产市场。因此，房价的快速上涨不仅加大了实体经济企业的成本，驱离了一些有竞争力的实体经济企业在本地的扎根和发展，这些企业原本是可以创造大量的就业岗位和知识溢出的；而且高房价还会诱导本土实体经济企业在资本逐利中"脱实向虚"，不利于我国制造业生产效率的提升，对实体产业造成挤出效应，甚至引发实体产业空心化。

房地产泡沫会抑制企业研发投入和技术进步。房地产是典型的资金密集型行业，具备投资规模大、周期长等特点，房地产开发需要大量资金。当金融市场不发达，金融产品还不丰富的时候，实体部门的工业企业由于具有较多的固定资产做信贷抵押，往往和商业银行等金融机构保持着较好关系，这也导致在房地产市场利润较高时，工业企业选择金融房地产市场时具有融资优势。于是，当房价快速上涨，投资房地产回报率高于传统主营业务时，实体部门的工业企业会选择投资房地产行业，压缩原有的主营业务投资项目。实体经济企业的研发投入和技术突破也是资金需求量大、回报周期长的投资，当这些企业涉足房地产行业时，必然减少对主营研发和产品创新的投入，降低创新动力，这是企业和资金在追求利润最大化时的理性反应。当个体理性形成群体性效应，并助推房地产价格泡沫形成时，会加快形成群体的非理性行为，对实体经济的整体发展带来负面效应。尤其是当房价上涨预期不可维持，房地产泡沫破灭时，实体企业流入房地产业的投资难以收回，被耽误的主营业务的研发活动和技术创新对长期经济增长带来的负面效应更是难以挽回。因此，房价泡沫对实体企业的研发投入和技术创新会带来不利影响。

三　股票市场

股票市场是金融市场的重要组成部分，股市价格的暴涨暴跌会对实体经济的健康发展带来负面影响。在我国 A 股市场 40 多年的发展历程中，出现过整个市场层面的价格波动，其中 2008 年国际金融危机影响下的股市和 2015 年的股市波动影响较大。2015 年我国股市出现交易量大、周期短和波动大等特点，市场投机性质和特点明显，无论是对股票市场的健康稳定发展还是对实体经济的健康发展都产生了诸多影响。

（一）股票市场发展的阶段性特征

我国 A 股市场价格的波动是客观存在的典型事实，而且体现着泡沫特征。以上证综合指数具有代表性的沪深 300 指数长期走势看，我国 A 股阶段性波动特征明显，尤其是在 2008 年国际金融危机期间和 2015 年经历了巨大幅度涨跌。

2007—2008 年股票市场的剧烈波动明显受到政策和投机氛围影响。一方面是经济高速增长和前期股权分置改革带来的一系列利好吸引大量的资金进入股市；另一方面是在 2005 年的汇改后，人民币升值的预期强烈，国际市场的资金纷纷进入我国股市。大量的货币资金涌入，将股票市场的价格推到了非理性的高度。但是到后期，整个国际经济局势较差，我国的出口受挫，再加上内需不足和利率上调等一系列的负面消息冲击，我国的股票价格迅速下跌，继而引发中小投资者大量抛售股票，股票价格呈断崖式下跌。这一轮波动，上证综合指数从 2005 年的 1000 多点一路攀升，在 2007 年 10 月 12 日达到 6124 点，整个涨幅高达 428%；但是断崖式下跌也很厉害，到 2008 年 10 月 28 日仅为 1664 点。沪深 300 指数也从 2007 年 10 月高峰时期的 5877 点迅速回落至 2008 年 10 月的 1654 点，跌幅剧烈（见图 3 - 6）。

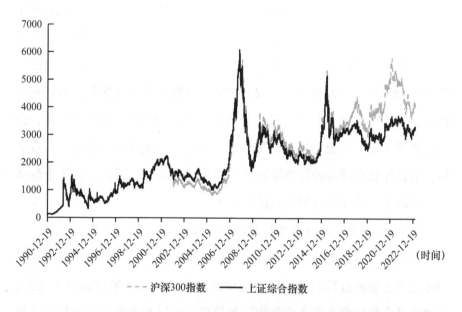

图 3 - 6　上证综合指数和沪深 300 指数走势情况

资料来源：Wind 数据库。

在经历了多年的熊市后，沪深 A 股指数从 2014 年 8 月的 2000 点左右，一路震荡向上，在 2015 年 6 月达到 5178 点，涨幅超过 1.5 倍；同期创业板指数也从 1300 点左右上涨到 4038 点，涨幅超过 2 倍。与此同时，成交量也巨幅增加，由 2000 亿元扩张到 1.5 万亿元。但是，这轮股市指数暴涨至 2015 年 6 月 12 日的高点后，经历了三轮暴跌，见图 3 - 6。第一次暴跌，上证综合指数从 2015 年 6 月 15 日的 5178 点迅速跌至 2015 年 7 月 9 日的 3421 点，短短 20 余天跌幅高达 34%；第二次暴跌，上证综合指数从 2015 年 8 月 18 日的 4000 点持续下跌到 8 月 26 日的 2850 点，短短几天跌幅达到 29%；第三轮暴跌在 2016 年 1 月，上证综合指数由 4 日的 3536 点下跌至 27 日的 2638 点，跌幅高达 25.4%。这三轮暴跌最典型的特征是出现了罕见的千股跌停和千股停牌，市场的流动性枯竭，很少有股票能够正常交易。例如，2015 年 7 月 7 日，所有的上市公司股票有 62% 跌停，28% 停牌，仅剩 8% 的股票可以正常交易；2015 年 7 月 8 日，所有的上市公司股票有 32% 跌停，49% 停牌，仅剩 19% 的股票可以正常交易；第二轮暴跌中，2015 年 8 月 24 日，所有的上市公司股票有 78% 跌停，17% 停牌，仅剩 5% 的股票可以正常交易；第三轮暴跌中，2016 年 1 月 4 日和 7 日，分别有 1617 只和 1727 只股票跌停，分别占我国 A 股上市公司数量的 57% 和 61%。这样的暴涨暴跌，不仅没有很好地发挥股市晴雨表和金融服务实体经济的功能，反而集聚了金融风险并抑制了实体经济的创新和良性运转。

（二）金融异化与股票市场泡沫产生机制

金融资源的流动对资产价格泡沫有直接的影响，尤其是在金融杠杆的作用下。金融杠杆与股票市场泡沫之间存在相互影响或促进的关系，这种关系会直接催生资产价格泡沫的形成、膨胀和崩盘。金融异化会导致金融杠杆持续加大，金融资源在股票市场内部循环，无疑会对股票市场泡沫的形成和膨胀产生重要影响。Kindleberger（2000）认为，货币和金融杠杆的作用会促使投机过热，金融杠杆对资产价格的上涨往往会起到加速作用。Jorda 等（2015）指出，资产价格泡沫有两种，一种是没有金融杠杆作用的"非理性繁荣"引发的泡沫，另一种是在金融资源推动下的"信贷繁荣"引发的泡沫，后者是一种对宏观经济和金融稳定影响更大的风险组合体。

首先，货币创造与宽松货币政策会催生股票市场泡沫。内生货币创造的主要观点是信用货币的供给会天然地受到期望决定的相关银行的信贷需求的影响。新古典货币学派明确提出了货币内生论观点，认为货币供应量会受到经济体内众多银行和企业微观行为影响，央行不可能有效限制和支配企业和银行的支出行为，货币供应量主要由实际经济状况决定。此后，在《金融理论中的货币》一书中，格利和肖明确提出了非银行金融机构可以通过金融债券凭证等达到放款和投资的目的，实现货币创造职能。托宾通过构建包含基础货币、股权、债券和外汇四种资产的选择货币供给模型，在重点强调货币供给内生性和货币传导机制中的资产替代基础上，论证了货币供应量会受到商品和非货币金融资产同货币的转换数量、银行与非银行公众的交易、政府和公众关系等的影响。由货币创造内生性理论可知，货币供应量的增加是导致资产市场资金供给过剩，资产价格上涨的重要原因，因此货币供应量的增加与股票价格上涨和股票市场泡沫有着明显的正向关系。在这一过程中，一定范围内还存在货币供应量和股票价格上涨的相互强化。一般来讲，当实施宽松货币政策，下调利率，增加货币供应量时，购买股票资产可以获得更大的收益率，因此会吸引更多的投资者进入股市，引发股票价格上涨。在股票价格持续上涨过程中，就会出现投资者将定期存款或者其他储蓄资产和活期存款相互转换的情况。此外，股票市场价格的上涨通常伴随成交量的增加，成交量的增加往往又会进一步增加股票市场的吸引力。为了满足这种不断增长的交易量，需要更多的货币供应来保证，因此会引发货币供给的增加。宽松货币政策下货币供应量的增长是股票价格持续上涨的力量，也孕育了股票市场泡沫的风险。在这一货币投放和信用扩张的过程中，无论是中央银行还是商业银行等金融机构，本质上都是在负债端缩短了负债的期限、降低了负债成本，在资产端拉长了资产配置的收益率，都是利用短期资金进行长期资产投资的资产配置行为。宽松货币政策下的货币供应量增长和股票市场价格上涨相互促进，实际上也是宏观层次上的金融加杠杆行为，是金融体系的整个资产负债表的扩张，也是宽松货币政策诱发股票市场泡沫的主要作用路径。

其次，金融创新会加剧股票市场泡沫。20 世纪 70 年代后，国际金融领域发生了较大的变化，金融创新层出不穷，包括新的金融机构、金融市场、金融工具、金融服务以及金融衍生产品等。这些金融创新活动改变了原有的金融业务的活动和管理方式，各种新型的金融机构和金融产品促使金融业务边界不断扩展，金融活动跨国运行增加，金融监管放松，金融行业的竞争不断加剧，由此金融创新在全球范围内对金融经济的发展产生了深刻的影响。这些以新型化、多样化和自由化为特征的金融领域的新事物和新现象通常被称为金融创新。

金融创新的产生对股票市场的发展产生了重大的影响：一是极大地提升了股票市场的运行效率，使短期内大量资金集聚影响股票市场价格成为可能，这也算是股票市场价格泡沫在短时间内迅速形成的基础；二是伴随信息技术在金融领域的大范围应用，金融衍生品不断发展，杠杆交易不断放大，容易在较短的时间内形成泡沫；三是金融工具不断创新，金融系统动员储蓄资金的能力大幅度提高，使货币资金在股票市场的流动对股票市场泡沫的加剧起到催化和促进作用；四是金融创新尤其是制度创新加速了国际资本流动，短期内国际资本对股票市场的投机行为对股票市场泡沫的形成起到较大的作用。

从我国金融创新对股票市场价格泡沫形成和股市异常波动的作用机制看，主要体现在制度创新、金融工具创新以及金融工具创新带来的错位匹配上。从 A 股发展历史来看，在市场成立初期的 1992 年 5 月 21 日，上海证券交易所取消了涨跌停板限制，这一制度改革极大地促进了股票市场的投资热情，上证综合指数从当日收盘价的 616 点直接上涨到 1265

点，指数翻了一倍多。典型的是 2016 年 1 月 4 日，我国推出了"熔断机制"的新规，当日出现股票指数暴跌并两次触及熔断线，投资者在两次市场"磁吸效应"下无法及时平仓，导致恐慌情绪蔓延。2016 年 1 月 7 日，A 股大盘更是在 15 分钟的交易时间内就完成了两次下跌熔断，上海证券交易所在开盘仅 29 分钟后就宣布收盘。在熔断机制这一新制度推出后的四个交易日内，我国股市经历了四次指数熔断，于是监管部门在这一制度实施仅四天后就紧急叫停。制度创新的推出，对股票市场的参与者而言往往意味着不确定性的增加，交易群体的集体行为和情绪会放大价格波动的流动性风险，带来股票市场价格的过度膨胀或泡沫破灭。

我国金融创新对股票泡沫的作用机制还体现为金融工具的创新过度容易诱发跨市场风险的传染。金融工具创新的风险在于创新过程中出现的流动性转换、杠杆叠加和放大以及期限错配，尤其是通过层层嵌套，将银行、保险公司、证券机构和信托机构等金融机构都交叉涉及，拉长信用链条，放大金融风险。金融工具创新中多层嵌套的结构化产品，放大了金融杠杆，容易导致资金的最终投向和投资者实际的风险承担能力不匹配等问题。尤其当金融产品的创新过度，造成风险和收益关系模糊，大量的实际风险承受能力很低的投资者通过金融工具创新获得高杠杆资金进行股票市场短线交易，不仅会促使股票市场价格短期内暴涨，催生泡沫，而且在追涨杀跌的恐慌情绪下也易诱发股票市场价格风险。

在我国过去的股市泡沫中，金融工具创新引发的金融异化主要体现为各类金融机构通过金融工具创新，不断放大金融杠杆，导致大量资金流入股市。大中小型金融机构通过表外同业业务放大负债规模，主要指的是与其他的银行、证券机构、基金公司等合作开展理财、资管和委外投资等业务，主要是同业理财。2015 年年底，我国同业理财余额达到 3 万亿元，同业理财规模首次超过私人理财规模并呈现持续快速上涨趋势，到 2016 年年底更是达到 5.99 万亿元，占据了银行理财规模的半壁江山，超过了表内资产的增长速度，成为推动资产价格泡沫的重要金融创新因素。

最后，资本趋利性质与实体经济回报率低的现实困境会引发股票市场泡沫。金融规模过大会不利于实体经济增长的相关研究表明，除金融不稳定效应和风险问题外，最主要的问题是金融部门与实体经济相比在报酬结构中的优势。资本趋利的本质使金融体系的资源和实体部门的生产资本都进一步流入股票市场，促进股票市场价格的膨胀。尤其是2008年国际金融危机后，大量学者的研究确认了金融发展与经济增长的倒"U"形关系，提出了过度金融化和实体经济金融化的问题，金融部门与实体部门收益率的差异，这既是金融异化产生的原因，同时也成为促使股票市场泡沫形成的动力。

（三）股票市场泡沫对全要素生产率的影响

股东价值最大化理论表明，企业经营的最大化目标是实现股东价值最大化，股东作为企业的所有者和企业的最后出资人，在经营过程中获得报酬和相应权利的同时也要承担较大的风险和义务。这一理论的核心表明股东不是被动投资公司的股票，而是积极参与公司治理和积极行使股东权利，因此，公司的剩余索取权归股东才有利于企业在发展中更高效、更稳定，股东利益最大化是公司经营的重要落脚点。因此，在这一理论指导下，当股票价格持续上涨、泡沫不断催生的过程中，投资收益较高时，公司的经营管理者会产生"投机替代动机"，将公司的资金投入各种短期股票投资行为中，追求短期收益，挤出主营业务的生产资本，不利于企业长期的研发投入和科技创新，会对全要素生产率产生负面影响。

上市公司委托—代理问题的存在促使股票市场泡沫不利于企业创新和全要素生产率水平提升。公司股东的目标是在经营中实现股东利益最大化，而公司管理层的目标则是追求自身在发展过程中的薪金、职业发展等方面的最大满足。因此，在实体经济疲软、股票市场投资过热的情况下，企业的管理层会倾向于将资金投入股市等金融市场获得超额利润。这种短期投资带来的超额利润是短期的，甚至在泡沫破灭后还会带来损失，但在这一过程中金融资产的扩张会挤出主营业务投资和研发投入，不利于企业全要素生产率的提升和长期发展。

股票市场泡沫容易导致股东将上市公司作为赚取短期利益的工具而非实体经营发展的融资渠道，当通过股票市场泡沫赚取的收益较大时，相关人员就没有从事实业的足够动力。例如，在 2015 年股市的高位阶段，大量的上市企业股东高管高位减持和套现，甚至有部分大股东为了实现股票市场膨胀中的高额收益率，辞去担任相应的企业的职务，进行短线交易和高频交易。Wind 统计数据表明，在 2015 年上半年，我国上市公司股东和高管减持规模高达 4600 亿元，创历史新高。显然，股票市场的虚假繁荣和泡沫，会诱发企业股东和管理者利用信息优势，将其作为获取短期超额收益的途径，既不利于企业主营业务经营的稳定和发展，也不利于企业全要素生产率提升。

第二节　金融异化的微观表现与事实

一　企业金融化现象突出

国内外众多学者从微观视角定义了金融化，即企业金融化，指的是实体经济部门的企业金融化或者是非金融企业的金融化。实体经济部门的企业不再被动参与金融市场活动，在整个金融自由化背景和金融管制放松的大背景下，这些企业也积极主动地参与金融市场的各种活动并成为主体参与者，将企业更多的资源配置到金融市场。Krippner（2005）通过对美国企业金融化状况和阶段的分析，将金融化定义为非金融类企业对金融活动的参与程度，企业参与这些金融活动反映出公司目标的转变和股东利益影响上的上升。国内学者有关企业金融化的主流观点是，从微观视角看，企业金融化被定义为非金融行业企业将资金投向金融资产的比重，或是从金融投资上所获得的收益占总收益的比重持续增大（张成思，2019），甚至有一部分企业依赖于金融资产的利润所得和金融资产的价格变动来维持主业的正常经营。对企业金融化指标的度量，有学者运用美国的数据研究金融化对资本积累的作用和影响，主要是从资金来源、资金运用和资金去向等维度进行计算（Orhangazi，2006）。在后续的实证分析中学者主要还是从金融资产角度去测算企业金融化水平，主要是看企业金融资产占总资产的比重，这一比重越大表明企业金融化水平越高。也有部分研究从金融利润端去考察企业金融化水平，即用企业金融投资的收益与企业经营利润或者企业总资产的比重来表示，这一比例越大，表明企业的收益对金融投资的依赖性越强，企业金融化水平越高。显然，当金融"脱实向虚"明显，金融异化问题突出时，在微观视角必然体现出非金融企业也会追逐利益最大化，将更多的资金投入资本市场或者房地产投资市场，追求短期收益，导致企业金融化现象更为突出，主业经营资金匮乏。

我们采用金融资产占总资产的比重对我国企业金融化水平进行测度，企业的金融资产范畴具体为货币资金、交易性金融资产、投资性房地产、持有至到期投资、可供出售金融资产、应收股利和应收利息。针对2001—2019 年我国全部上市 A 股公司，在剔除金融、房地产行业企业，剔除主要指标数据缺失的样本，剔除 ST、ST* 的样本，剔除资产负债率大于 1 和小于 0 的样本，对所有连续变量在双侧 1% 分位处进行缩尾处理后，相关统计结果显示，我国上市企业平均的金融资产占总资产的比重为 22.28%，最高水平达到 84.97%，实体经济企业普遍持有金融资产。Wind 数据表明，截至 2018 年第二季度末，A 股就有 1305 家上市公司进行了房地产投资，占沪深两市整个上市公司数量的 44%，投资规模合计高达 5951 亿元。其中有 12 家上市公司投资房地产的规模超过了 100 亿元。从 2018 年年初到 2018 年 9 月，沪深两市就披露了近 60 宗上市公司花费千万元以上资金进行土地和房产购买的计划和方案，涉及金额高达 93 亿元。从投资房地产的回报率看，在房地产投资达到千万元以上的上市公司有 53 家，在 2018 年上半年实现净利润合计 79 亿元。在这一轮的房地产价格上涨中，上市公司热衷于房地产投资，并且北京、上海、广州、深圳等一线城市成为他们买房买地的特别偏好。可见，在金融异化的大背景下，微观企业在利益驱使下，也热衷于各种资产价格泡沫下的金融投资，加大了企业金融化程度。

二 险资举牌上市公司频繁放大企业金融化程度

保险资金正常情况是规模较大和来源稳定的资金提供者，是着眼于实体企业长远发展和长期利益的价值发现者，是实体企业长远发展的资金基础和基石。但是近年来，尤其是过去的股市价格上涨阶段，保险资金却频频举牌，进行各种野蛮收购，资金呈现快进快出特征，具有明显的短期炒作特征，不仅没有起到价值引导的作用，反而成为在股票市场泡沫中坐等市值放大的财富征伐者和诱发市场风险的推动者。

资本逐利性促使保险资金以举牌的方式进入股票市场，参与资本运作并获得高额资本回报率。2015 年 6 月的股灾以来，险资举牌动作明显，到 2015 年年底，就有 29 家 A 股上市公司被险资举牌。通过采用事件公告信息冲击下的累计超额收益计量方式对险资举牌的超额收益率进行计算，2015 年的 54 次举牌和 2016 年的 9 次举牌事件表明，保险资金举牌行为存在超额收益率。正是这样的超额收益率的存在，从个股角度看，保险资金的进入往往会拉动股价的上升，短期的快进快出也会诱发个股股价大幅波动。以 2016 年 9 月的恒大人寿举牌梅雁吉祥为例，9 月 28 日的买入价为每股 5.23 元，买入份额达到 4.95%；但是到 10 月 31 日就以每股 7.02 元的价格迅速出仓，短短一个月时间内获利 1.68 亿元，引发了梅雁吉祥股票价格的短期内异常波动。显然，险资频繁举牌快进快出的行为，不仅不利于企业的健康发展，而且成为诱发企业风险和"脱实向虚"的推手。正如相关学者的研究结论显示，险资举牌不仅没有促进实体企业发展，降低实体企业金融化水平，反而加剧了实体企业金融化，成为实体企业金融化的"助推器"（孙凤娥和田治威，2021）。

三 企业金融化表现特征与影响

（一）企业金融化表现特征

企业金融化从现象上看表现为企业投资金融资产的比重增加、资产结构失衡，而实际上在企业的具体经营决策上还有多重体现，无论是经营决策、投资行为，还是利润来源、财务绩效和风险，均会有所表现。

从企业资产结构和金融资产占比看，企业金融化表现为企业将更多的生产资源分配到交易性金融资产、可供出售金融资产、发放贷款及垫款、持有至到期投资和投资性房地产等金融资产上，金融资产投资规模日益增大。直接结果是企业面临着资产结构的失衡，金融资产在总资产中的占比提高，那么企业投入到实体生产和主营业务经营的资产就会相对地减少，对实体经济的支持力度会减少，整个企业的发展重心容易向金融领域转移。整个企业经营发展主营业务的动力不足，生产效率降低。

从经营决策看，企业的金融化水平的上升，还会在同行业中形成显著的同群效应。当同一行业的企业金融化水平上升的时候，由于信息交流等因素，往往某些企业也会增加金融资产的配置，尤其是一些民营企业和规模较小的中小企业这种同群效应更明显，并且行业内部容易将其视为整体发展趋势。经营决策更多地依赖于家族核心成员的小规模企业和民营企业，更容易参考同行业的经营和投资决策来提高自身的投资效率，因此，在这种显著的同群效应的作用下，会促进整个行业的金融化水平提升。尤其是在外部经济环境和政策存在较大不确定时，这些企业间更存在明显的同群效应。在经济政策不确定性增加时，一方面企业在经营决策上抱团取暖；另一方面企业规避风险和寻求更高收益的动机增加，往往也会更加积极地进行金融投资，推动企业金融化水平提升。

从投资行为看，在金融领域和房地产行业收入较高的时候，实体经济企业逐渐脱离原来的主营业务，将资金不断投入金融领域和房地产行业等高收入行业中，追求短期利益的现象更为常见。从宏观经济发展的动力面来看，过去股票市场暴涨阶段和房地产市场火热阶段，往往是很多实体经济企业开始或者追加金融资产投资和房地产投资的阶段，其中不乏很多高科技领军企业频繁进入房地产市场。在宏观金融面"脱实向虚"背景下，微观企业为了追求短期收益，在金融高收益和金融投资的吸引下，企业往往更倾向去追求短期高收益的投资产品，不仅隐藏着较大的投资风险，还容易忽视企业长期发展的实体根基和技术创新动力，最终导致企业的核心竞争力不断减弱。同时，当整个宏观经济和金融面波动加大时，企业面临的风险和回归实体的难度也会加大。

从财务风险看，企业对金融资产和房地产等投资的增加，部分资金来自自有资产，但还有很多企业更多的是来自融资的资金。如果企业通过发行金融债券和权益工具等方式获得的资金没有用于主营实体业务经营，而是进一步投资于金融领域，这会促使企业的债务规模持续扩大，债务风险明显增加。如果市场环境发生变化，或金融投资失败，那么企业将会面临巨大的债务偿还压力，甚至还会导致资金链的断裂，扩大整个链条上的金融和财务风险。此外，部分金融资产和房地产具有变现能力弱的特点，如果实体企业大量的流动性投入金融资产和房地产领域，企业一旦出现资金周转困难，无法及时将相应的金融资产或房地产等变现去满足企业正常经营的资金需求，就会使企业陷入流动性风险困境，不利于企业的健康发展。

从利润来源看，企业金融化水平提高往往会使企业的利润结构发生变化，利润构成也会从单一的生产经营性利润转向生产经营利润、金融利润并存，且金融投资获得的利润占整体利润的比重往往会不断攀升。例如，在房地产行业火爆的时候，曾出现一家上市公司一年的主营业务利润却比不上一套核心城市房子升值的典型例子。因此，一些实体经济企业为了追求高额回报，会增加金融投资比重，一旦在相应的投资领域上获得了高利润，这往往成为企业重要的利润增长点。但是，金融市场的波动性较大，受宏观政策的影响也更大，微观企业的金融化程度越高，其利润受金融市场波动和宏观经济不确定性的影响越大，利润波动性更大、稳定性更低。

（二）企业金融化的影响

企业金融化对企业的发展既有消极影响，也有积极影响，即理论上所说的"挤出"效应和"蓄水池"效应，其区别的核心在于企业金融化水平的合理度。

企业金融化的消极影响较为显著。一是企业金融化会挤出实体经济投资。企业金融化水平的提升表现为企业在实体经济投资和金融投资之间进行资金配置时，倾向于增加金融投资，从而减少对实体部门和项目的资金支持。实体部门资金投入不足会影响设备更新、流程优化再造和高素质人才引进，进而削弱核心业务的创新能力，降低企业的生产效率，对主营业务发展产生挤出效应。二是企业金融化会降低企业的创新动力和创新能力。创新投资比金融投资具有周期长、不确定性高、回报不确定等特点。管理层为了获取短期收益，会进一步提升企业的金融化程度，倾向于将更多资金投入金融投资，从而压缩企业用于发展主营业务的研发资金，降低企业的创新能力。三是企业金融化会引发资源配置扭曲。一方面，企业金融化会促使企业内部资源更多地从生产性部门向金融部门转移，在企业内部形成资源的配置扭曲；另一方面，从宏观上看，规模化、持续化和深度化的金融深化会诱导银行信贷资金等社会资源流入风险低但效率也低的投资项目，导致社会资源配置扭曲。这种资源配置扭曲不仅会降低微观企业的整体运营效率，也会导致宏观经济运行效率低下。四是企业金融化不利于企业财务绩效稳定增长。从短期来看，企业金融化可能通过短期金融投资获得较高收益，提升企业盈余水平。然而，金融市场相比实体市场波动性更大，投资回报的稳定性不足，同时企业还可能面临利率风险、汇率风险、市场风险、操作风险等金融风险，导致企业短期收益和业绩大幅波动。从长期来看，企业过度依赖金融投资收益会持续损害实体经济部门的投资和经营收益，挤压主营业务发展空间，削弱企业的创新能力和核心竞争力，不利于企业财务绩效的长期稳定增长。此外，过度金融化行为还可能导致企业和金融市场的联动风险增强，金融市场的波动性和不稳定性对企业的稳定持续发展产生消极影响，如金融市场波动或者金融危机的产生可能会导致企业陷入严重的财务危机和困境。

企业金融化的积极影响主要体现在一定范围内合理金融化水平具有"蓄水池"效应，可能带来企业更好的发展。一是合理范围内的金融化对企业发展可能起到积极作用。企业可以通过适度的金融投资获得一定的收益，增强盈利能力和资金储备，为实体部门投资和发展提供资金支持，有利于企业吸引优秀人才和技术，进行设备更新和技术改造，提升创新意愿和能力，促进企业高质量发展。二是合理的金融化可以为企业发展提供流动性供给。企业金融化可以通过获取金融收益或变现金融资产，为企业发展提供流动性供给，为生产经营活动提供资金支持。当企业发展面临流动资金周转困难时，金融投资获得的投资收益可以对企业的营运资金进行补充，保障企业实体部门业务的正常经营，在一定程度上维持企业的正常生产和发展。三是企业金融化在一定阶段会助力企业的战略转型，金融投资的收益和在金融市场的投资经验作为一种投资工具，可以帮助企业挖掘新的市场和行业，促进企业获取新的业务领域的资源和新技术，助力企业多元化发展。

企业金融化对全要素生产率的影响主要体现在以下几个方面。

一是预防性储蓄动机。预防性储蓄是从经济学理论上解释了企业为应对未来不确定性和潜在风险而进行的储蓄行为选择,分析了企业应对经济风险和优化资源配置的依据。预防性储蓄理论指出,微观企业在面临未来风险和收入不确定时,会选择将部分企业资金从主营业务的实体经济部门转移到金融投资领域。由于金融资产相较生产经营部门的固定资产具有更高的流动性和变现能力,可以更好地实现资本的保值和增值。当企业面临突发事件或临时资金短缺时,投资金融市场的资金可以快速变现,为企业提供短期资金支持,缓解融资约束,降低对外源融资的依赖。同时,企业如果能够在金融投资中获得高额收益,还可以通过金融市场获得的高收益去补充实体经济部门的投资不足,帮助企业生产经营的持续发展,从这个角度看,在一定程度上的企业金融化对企业全要素生产率会产生积极影响。然而,这种积极作用的发挥往往在一定程度上受企业金融化水平与实体部门经济关系的约束。过度的预防性储蓄会促使金融化水平不断升高,企业对金融市场形成过度依赖。当金融投资的收益明显高于实体经济部门时,企业会进一步将更多的资金投入金融市场,导致企业的主营业务等生产经营资金缺乏,降低企业对生产性资本的投入动力、规模及效率,不利于企业生产效率的提升。

二是投资替代动机。投资替代理论是分析企业在投资实体和投资金融领域进行权衡取舍、配置部门资源的理论。该理论认为,在金融市场快速发展、金融产品不断丰富和多样化的背景下,企业在进行投资决策时,往往要将实体部门回报与金融投资的收益和风险进行对比分析,以期实现企业价值最大化。在金融高速发展阶段,企业往往会减少对实体经济的投资而增加金融投资,即金融投资对实体投资的替代效应。这种替代效应对全要素生产率的影响也可能是多维度的。一方面,如果企业通过金融投资获得更高回报,并将回报收益用于弥补企业生产经营的资金不足、维持稳定生产、扩大规模、更新设备、优化生产流程、提高了生产效能，那么这样的金融化在某种程度上会促进企业全要素生产率提升。另一方面，过度的金融投资和一味地追求金融高回报，可能导致企业将更多资源持续投入金融领域，导致实体经济部门投入不足，出现金融资源配置扭曲等问题。实体经济部门的投资减少会抑制创新产出和阻碍技术进步，削弱企业主营业务的竞争力。此外，投资替代还可能促使企业面临更高的金融风险，影响企业的健康经营，进而对企业的全要素生产率带来负面影响。

三是股东价值最大化动机。诸多公司金融理论都认为，衡量企业价值最直接的标准是股东价值，并将股东价值最大化视为企业经营的财务目标。股东价值最大化的核心思想是企业在经营和投资中应尽最大可能追求自身利益。股东在企业的经营管理中不仅享有相应权利和报酬，也承担了较高的投资风险，因此，股东不仅是被动投资股票的投资人，更应该是积极参与公司治理、提高公司业绩和股东回报的重要参与者，在企业经营的众多契约关系中，股东的重要性不言而喻且远远超过企业的利益相关者。因此，在这一理念支持下，企业管理者为了追求金融投资的高收益，就会产生明显的投机动机，不断增加各种短期金融投资，挤出实体部门生产性资本，导致企业"脱实向虚"偏离主业，不利于企业生产效率和盈利能力的长期可持续提升。

四是委托—代理关系。委托—代理理论认为，经营权和所有权的分离、信息不对称的存在，使作为股东的委托人和作为管理层的代理人在责任和利益等方面往往存在冲突。代理人往往会违背委托人的意愿，在企业经营管理中引发道德风险和逆向选择等机会主义行为。作为委托人的股东首要目标是追求股东利益最大化，而作为代理人的管理层更希望自身在职业晋升和报酬等方面获得最大收益。尤其是在资本市场规制不够健全、重奖轻罚普遍存在的情况下，委托—代理矛盾会进一步加剧。在宏观经济"脱实向虚"下、实体经济增长动力不足、金融投资热度高涨的背景下，管理层可能更倾向于开展金融投资，甚至不惜操纵股权运营、市值管理和房地产投机等，以期获得超额利润，确保上市公司在证券市场表现优异，从而在职期间获得优秀管理业绩。这种委托—代理问题的存在，往往会促成虚假繁荣局面。企业可能获得短期超额利润，但金融投资的大幅扩张会实质性侵蚀企业的主营业务和创新投入，对企业全要素生产率带来负面影响，并加大了企业整体的经营风险。

四 企业金融化的案例分析

(一) 云南白药公司选取依据

云南白药集团股份有限公司（以下简称云南白药公司）是一家具有百年历史的中华老字号企业，核心业务涵盖药品、健康品、中药资源以及医药商业四大板块，属于典型的制造业实体企业。该企业创办于1902年，于1993年成为云南省首家上市企业，并且在2016—2019年完成了混合所有制改革和整体上市。该企业在中国医药行业占据重要地位，长期以来都维持着较好的现金流水平，主营业务经营稳定且持续性强。然而，2021年该公司因金融投资出现大幅亏损，引发了社会的广泛关注。2021年，云南白药公司净利润大幅下滑，同比下降近50%，这是该公司自2000年以来首次出现净利润同比下降。其中，公允价值变动损失高达19.29亿元，而全年营业收入依然同比增长11.09%。2022年，该公司证券投资持续亏损，2021年和2022年两年间因为投资二级证券市场累计亏损超过21亿元。这些金融投资的亏损对公司的经营发展，尤其是主营医药实体业务，产生了显著的不良影响。因此，云南白药公司于2023年第三季度宣布退出二级市场证券投资。云南白药投资金融市场带来的企业发展震荡不禁使人产生这样的疑惑：一家高成长性的制造业实体经济代表企业为何会加大金融投资？高度的金融投资和金融化水平又会对企业的生产效率和健康发展产生了怎样的重大影响？

在大规模投资金融市场前，云南白药公司的主营业务发展已面临停滞困境。一方面，中药资源和药品两个核心事业群受中药材价格上涨和市场空间限制，发展疲软；另一方面，公司以云南白药牙膏为核心的护理产品作为第二增长曲线，其市场份额也逐渐趋于饱和。云南白药公司面临主营业务增长困境，企业发展亟须突破资源环境束缚和原材料成本上升等因素带来的不利局面。与此同时，许多企业转向增加金融投资，以期获得更高投资回报。因此，选取云南白药公司这样一家有代表性的实体经济企业，而其又确实经历过企业金融化带来的不利发展和风险，分析其金融化对公司经营发展的影响，以及如何合理进行金融投资、壮大实体经济发展，具有重要的现实参考价值。

（二）云南白药公司简介

云南白药公司是云南省的一家大型医药集团公司，也是医药制造业的代表性企业，其前身为云南白药厂。"云南白药"是我国有名的老字号中药品牌，得名于光绪二十八年云南民间医生焕章研制的百宝丹。云南白药公司主营业务涵盖中药材的种植、加工与批发，中医药的研发、制造与销售，个人的健康品与护理品，以及医药商业四大板块，并以事业群的形式进行运营。

云南白药公司经历一系列发展与变革，成为我国医药制造业的知名企业。1902 年，"云南白药"字号创立；1971 年云南白药厂成立；1993 年云南白药厂进行了现代企业制度改革，成立云南白药实业股份有限公司，并于同年在深证证券交易所上市，成为云南省首家上市企业；1999 年，云南白药进行现代企业化再造；2010 年，公司实施了"新白药、大健康"的产业战略，云南白药控股有限公司通过股份划转成为云南白药的控股股东；2016 年，云南白药公司开始混合所有制改革，并于 2019 年完成改革、实现整体上市，国资和民资各自持股 25.14%，成为企业并列的两大股东，形成了无实际控制权的股权结构。截至 2023 年 12 月

31 日，云南白药公司的总股本达到 17.97 万股；公司营业收入 391.11 亿元，较 2022 年增长 7.19%；归属于上市公司股东的净利润为 40.94 亿元，同比增长 36.41%；公司 2023 年年末总资产为 537.84 亿元，同比增长 0.87%，其中货币资金余额为 142.19 亿元，交易性金融资产余额为 1.49 亿元，较年初大幅减少 93.82%，由此可见，2023 年度公司大幅降低了在金融市场的投资。①

从经营情况看，云南白药公司目前主要聚焦四大事业群，如图 3-7 所示。一是药品事业群，2023 年实现主营业务收入 64.81 亿元，同比增长 8.16%，其中白药系列作为核心产品增长态势良好，毛利率高达 70.6%。二是健康品事业群，2023 年营业收入达到 64.22 亿元，同比增长 6.50%，其中云南白药牙膏在口腔护理领域占国内市场份额的 24.60%。三是中药资源事业群，2023 年实现对外收入 17.1 亿元，同比增长约 22%，其中以三七中药材为代表，对外销售收入同比增长高达 81%。四是省医药公司的医药商业事业群，2023 年实现主营业务收入 244.90 亿元，同比增长 5.63%。从云南白药公司主营业务按行业区分的经营情况看（见图 3-8），云南白药的现有行业主要包括工业销售收入和商业销售收入。商业销售收入主要来自药品的批发零售，市场占有率和销售量较高，尽管毛利率仅为 6.03%，但仍是公司最重要的收入来源。工业销售收入主要来自工业自制品产品，通过差异化营销策略，毛利率高达 64.24%，是公司仅次于药品销售的第二大收入来源。

从股权结构看，云南白药公司在 1993 年完成现代企业制度改革，在深圳证券交易所上市，直到 2016 年进行混合所有制改革前，云南白药是云南省国资委控股的大型国有企业。在 2016 年进行混合所有制改革前，白药控股持有云南白药 41.25% 的股权，是云南白药的控制人，由于云

---

① 数据来源：Wind 数据库。

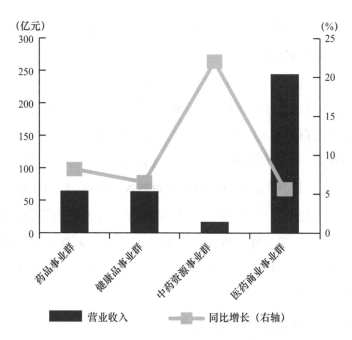

图 3 - 7　2023 年云南白药公司核心业务经营情况

资料来源：云南白药 2023 年年报。

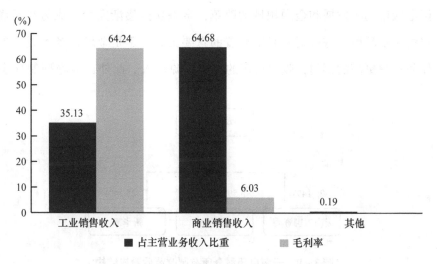

图 3 - 8　2023 年云南白药公司主营业务占比情况

资料来源：云南白药 2023 年年报。

南省国资委对白药控股持有 100% 股权,所以实际上云南白药的实际控制人一直是云南省国资委。

2016 年开始,云南白药引入社会资本,开始了混合所有制改革,并于 2019 年改革。通过增资扩股,云南白药引入了战略投资者并合并吸收原来的母公司白药控股,实现了整体上市,白药控股持有的上市公司股份因此被注销。最终的股权结构形成了国有资本和民间资本合资的企业(见图 3-9),其中云南省国资委和新华都各自持有 25.14% 的股权,成为并列的两大股东,云南白药成为没有实际控制人和控股股东的企业。据云南白药 2023 年年报数据显示(见图 3-10),云南省国资委和新华都事业集团有限公司及一致行动人作为两大并列股东,所持有的股份比例分别为 25.02%。

(三)云南白药金融化动因分析

云南白药金融化的动因既有宏观环境的影响,也有医药产业和行业发展的因素,同时还受到企业自身发展的推动。从宏观层面看,随着我国金融市场的发展和金融领域的改革,金融功能逐渐完善,成为在不确定的宏观环境中进行资源时空配置的重要工具。于是金融市场形成了整体回报率更高的部门,吸引更多的社会资源进入。此外,金融抑制向金

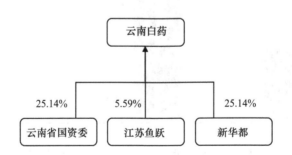

图 3-9 云南白药混合所有制改革后股权结构

资料来源:云南白药 2023 年年报。

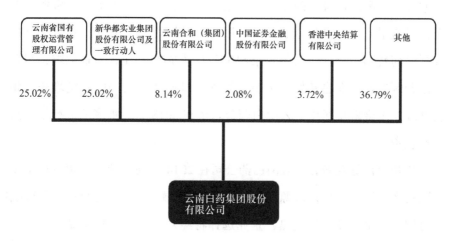

图 3 - 10　2023 年云南白药公司产权及控制关系

资料来源：云南白药 2023 年年报。

融深化发展阶段，政府对金融市场的宏观管控和干预措施减少，充分发挥了金融自由化对经济发展的积极作用，金融市场服务与调节功能的提升促进了实体部门发展，但也伴随金融资产的急剧增长；在金融加速自由化的过程中，金融部门与实体经济部门之间的联动性增强，金融机构、工具和资产的急速膨胀，也促使越来越多的实体经济部门参与金融投资。在这一持续发展进程中，产业资本与金融资本的结合也越来越紧密。随着工业发展和实体经济内部竞争的加剧，制造业需要更多的资金支持进行研发创新和规模扩张，于是开始追求更加多元化的融资方式；当然，产业资本与金融资本的融合也会有积极作用，降低金融企业和制造业企业间的信息不对称，降低企业的融资成本，也会促进企业金融化。

从行业发展层面看，过去十年来，我国中药企业的注册量呈上升趋势，同时中药行业作为国家的特殊行业，政策对行业发展也有支持，比如《外商投资准入特别管理措施》对外商从事相关中药行为的进行了禁止。云南白药公司作为我国医药制造业中的代表性企业，发展中面临较好的环境和政策优势，持续增长和发展的过程中积累大量现金资源，对资金保值增值的需求是企业进行金融化的动因之一。另外，受国家开始控制医药费用不合理增长等政策和中药行业成本上升等因素影响，很多的医药制造业企业也开始寻求转型发展，以期获得利润的稳定增长，将转型放在了金融市场中，云南白药公司也在 2018 年后更多地进行了金融资产投资。

从企业自身发展看，云南白药公司在 2014 年前后开始大幅度增加了金融资产投资，主要是来源于企业盈利能力较好并积累了大量的现金流，同时国内金融市场一片火热，企业选择将经营过程中的现金流游离出来购买证券资产，期望获得金融高额收益并实现资金的保值增值。云南白药公司于 2016 年进行了混合所有制改革，改革后民营资本新华都和国资成为并列的大股东，与国有控股时期管理层对金融投资持谨慎态度相比，混改后民营资本话语权较大，对金融投资更为积极。作为民资大股东的新华都，曾是中国第一家百货商场，在经营过程中已经实行了高度金融化发展模式，在其成为云南白药公司大股东后，针对云南白药大额的历史财富积累和大量货币资金，仿照新华都的金融化模式，企业高层任用多位具有金融行业背景的管理者，开始大量购买证券资产。此后，云南白药公司金融化水平大幅增加，以期通过金融化获得高额收益，但同时潜在的高风险也爆发，引发了该公司 2021 年、2022 年出现金融投资亏损事件。此外，云南白药公司主营业务发展面临的现实问题，也是企业追求新增长点并提升金融化水平的动因。2015 年以来，整体中药材行业的增长规模和速度下降，同时三七价格的逐年下降对云南白药公司的核心事业板块中药领域的影响也很大。云南白药公司高速发展时期已经过去，除通过提价维持利润增长外，公司还实施了多元化经营战略，进入口腔、骨伤、皮肤和女性关怀等领域，试图将其作为第二增长曲线。然而，由于研发投入不足，这一增长曲线主要依赖营销，仍面临增长动力不足等"瓶颈"。同时，企业通过并购业务发展，开始收购一些小公司，增加了现金流支出，降低了财务弹性。于是，云南白药公司为了获得充足的现金流，尝试打造第三增长曲线，在这一进程中加大了金融资产投资，期望通过金融杠杆获得更多回报。

（四）云南白药金融化水平分析

从云南白药发展历程看其金融资源配置情况，2001—2006 年，该公司有些许交易性金融资产，且主要以债权投资为主，2006 年后主要以股权投资和其他投资为主，但在 2012 年前其对金融资产投资的比重都不算大，从 2014 年开始增加对金融资产投资。如表 3 – 3 所示，云南白药 2014 年交易性金融资产规模为 4.36 亿元，到 2017 年就高达 67.49 亿元，然后持续增长，2018 年为 72.65 亿元，2019 年则为 88.21 亿元，到 2020 年就达到顶峰的 112.29 亿元，然后持续下降，2021 年降到 47.20 亿元，2022 年为 24.16 亿元，到 2023 年则仅有 1.49 亿元。投资性房地产则从 2013 年开始逐渐减少，到 2018 年几乎没有投资性房地产，2019 年又呈现出小幅上升趋势，但整体占比较小。同时，其他非流动性金融资产从 2019 年开始有明显增长，从 2019 年的 5.60 亿元增长到 2020 年的 9.63 亿元，然后 2021 年小幅下降至 8.68 亿元，此后 2022 年明显降至 3.81 亿元，到 2023 年年末为 3.25 亿元。从总资产规模来看，自 2013 年以来云南白药公司资产总额一路上升，由 2013 年的 128.81 亿元增长至 2020 年的 552.19 亿元，但随后小幅缩水，2023 年年底为 537.84 亿元。

表 3 – 3 　　　　　　2013—2023 年云南白药金融资产情况　　　　（单位：亿元）

年份	2013	2014	2015	2016	2017	2018	2019	2020	2021	2022	2023
货币资金	20.83	20.24	26.50	32.93	26.66	30.17	129.94	152.80	188.71	130.56	142.18
交易性金融资产	0.00	4.36	30.42	20.02	67.49	72.65	88.21	112.29	47.20	24.16	1.49

续表

年份	2013	2014	2015	2016	2017	2018	2019	2020	2021	2022	2023
可供出售金融资产	0.00	0.59	1.24	1.25	1.25	1.25	0.00	0.00	0.00	0.00	0.00
应收股利	0.00	0.00	0.00	0.00	0.00	0.00	0.09	0.00	0.00	0.00	0.05
应收利息	0.01	0.04	0.01	0.31	0.64	0.86	0.61	0.00	0.00	0.00	0.00
其他非流动金融资产	0.00	0.00	0.00	0.00	0.00	0.00	5.60	9.63	8.68	3.81	3.25
投资性房地产	0.08	0.07	0.07	0.07	0.00	0.00	0.01	0.01	0.01	0.56	0.44
资产总计	128.81	163.41	192.91	245.87	277.03	303.78	496.58	552.19	522.93	533.21	537.84

资料来源：Wind 数据库。

从云南白药公司代表性金融资产变动趋势看（见图3－11），2013 年开始，公司的货币资金和交易性金融资产基本呈持续上升趋势，且分别在2021 年和2022 年达到这一阶段的峰值。此后交易性金融资产呈下降趋势，2019 年开始有其他非流动性交易资产出现小幅上升后也呈现下降趋势。

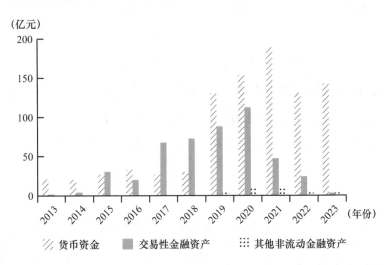

图 3－11　2010—2023 年云南白药主要金融资产变化情况

资料来源：Wind 数据库。

对云南白药公司金融化水平的测度，参考 Demir（2009）、张成思和张步昙（2016）、张成思和郑宁（2020），用金融资产在企业总资产中的占比来衡量企业金融化程度。企业的金融资产主要包括货币资金、交易性金融资产、投资性房地产、持有到期资产、可供出售金融资产以及应收股利和应收股息。从测度出来的云南白药金融化水平来看，2013—2023 年，云南白药金融化水平呈现出明显的先升后降趋势，见图 3 - 12，其中 2013—2020 年呈波动上升趋势，而 2013—2016 年出现了小幅波动，呈现出从较低的金融化水平先升后降的倒"U"形趋势，从 16% 到 30% 以上再跌回 20% 附近。但是自 2016 年开始混合所有制改革以来，公司的金融化水平基本呈现出持续上升趋势，且到 2020 年金融化水平接近 50%，然后从 2021 年开始有所降低，到 2023 年金融化水平回到 30% 以下。

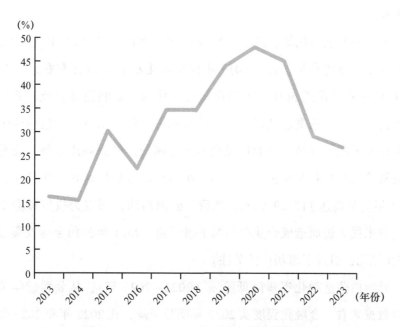

图 3 - 12　2013—2023 年云南白药金融化水平

资料来源：Wind 数据库。

（五）云南白药金融化阶段特征

从云南白药金融化发展阶段来看，本书将其分为三个阶段，一是金融化发展阶段（2013—2016 年）；二是金融化加速发展阶段（2017—2021 年）；三是金融化逐步降低阶段（2022—2023 年）。

云南白药金融化发展阶段（2013—2016 年），金融化水平整体上呈现上升趋势，2013 年金融化水平仅为 16%，到 2015 年则高达 30% 以上，2016 年有所下降。从金融资产结构来看，交易性金融资产对其影响较大，2014 年仅为 4.36 亿元，到 2015 年就高达 30.42 亿元，到 2016 年回落到 20.02 亿元，其中主要还是受股票市场波动影响，2014 年开始的股票市场蓬勃发展甚至后期的泡沫无疑带动了公司的金融化水平，而 2015—2016 年受股市回落影响，公司大幅度减少了交易性金融资产以规避风险。

云南白药金融化加速阶段（2017—2021 年），金融化水平持续上升，且达到了较高的水平。其中 2016 年的金融化水平为 22% 左右，到 2020 年和 2021 年则接近 50%，云南白药公司作为一家制造业企业，其金融资产占总资产的比重达到近一半。从金融资产结构来看，云南白药公司金融化水平的提升最主要的还是交易性金融资产的大幅度增加，交易性金融资产 2017 年迅速从 2016 年的 20.02 亿元增长到 67.49 亿元，到 2020 年更是高达 112.29 亿元。此后，云南白药公司因为投资证券市场持续带来损失进而造成企业净利润下滑严重，2021 年公司金融投资亏损近 20 亿元，引发了市场广泛关注。

云南白药金融化逐步降低阶段（2022—2023 年），从公司近年来的财报数据来看，金融化程度从 2022 年明显下降，在 2022 年和 2023 年金融化水平从前期的近 50% 回落到 30% 以下，且呈现下降趋势。从金融资产结构来看，交易性金融资产 2022 年为 24.16 亿元，2023 年仅为 1.49 亿元，较前面年份大幅度降低。到 2024 年，云南白药公司基本退出"炒股"领域,将更多的现金资金投资于主营业务和产业链整合,设立创新基金,回归实体经济主营业务。

(六) 云南白药金融化对企业绩效和发展的影响

从云南白药公司金融化发展的阶段和市场的实际变化来看,金融化最直接的影响就是会对财务绩效产生影响。最直接的财务指标就是净资产收益率(ROE),这也是衡量企业盈利能力的主要指标,体现了企业运用资本的效率,是衡量企业经营效率的代表性指标。这一指标越大,表示企业盈利能力越强,其数值余额稳定表明企业经营也就越稳定。因此,可以通过观察金融化水平与资产收益率的关系,来分析金融化对企业发展的影响。同时,为了分析金融化水平对作为制造业的实体经济的影响,需要进一步分析金融化水平对主营业务盈利能力的影响。于是,本书还将采用主营业务利润率(CROA)作为指标,分析云南白药公司主营业务盈利能力,探索随着公司金融化水平的波动,金融投资资产占比的变化对实体部门的主营业务会产生怎样的影响。云南白药金融化水平三个阶段:金融化发展阶段(2013—2016年)、金融化加速阶段(2017—2021年)、金融化水平降低阶段(2022—2023年)的净资产收益率和主营业务收益率情况具体见表3-4。

表3-4　　　　　云南白药公司净资产收益率和主营业利润率指标

金融发展阶段	年份	营业收入 (亿元)	营业利润 (亿元)	净资产收益率 ROE(%)	营业利润/营 业总收入(%)
金融化发展阶段	2013	158.15	26.39	28.92	16.69
	2014	188.14	28.30	24.80	15.04
	2015	207.38	31.68	22.51	15.28
	2016	224.11	33.20	20.03	14.81

续表

金融发展阶段	年份	营业收入（亿元）	营业利润（亿元）	净资产收益率ROE（%）	营业利润/营业总收入（%）
金融化加速阶段	2017	243.15	36.21	18.63	14.89
	2018	267.08	38.32	17.49	14.35
	2019	296.65	47.43	14.50	15.99
	2020	327.43	68.12	14.52	20.80
	2021	363.74	34.85	7.35	9.58
金融化水平降低阶段	2022	364.88	33.71	7.82	9.24
	2023	391.11	48.31	10.45	12.35

资料来源：Wind 数据库。

如表 3-3 所示，云南白药净资产收益率在公司金融化初期阶段的 2013 年高达 28.92%，但是随着企业金融化发展和水平的上升，净资产收益率呈现持续下降的趋势，到 2021 年仅为 7.35%。而从 2022 年企业金融化水平降低开始，公司净资产的收益率逐渐恢复到 7.82%，到 2023 年净资产收益率恢复到 10% 以上。同时，在企业金融化水平上升的前期，企业的主营业务利润率从 2013—2019 年长期维持在 15% 左右，波动不大，说明企业净资产收益率的下降不是由主营业务盈利能力降低造成的，更多的是非主营业务盈利能力下降带来的。

如图 3-13 所示，2013—2016 年，云南白药公司净资产收益率（ROE）和主营业务利润率（CROA）呈现背离状态，一方面净资产收益率逐渐降低，由 2013 年的 28.92% 下降到 2014 年的 24.80%，2015 年下降到 22.51%，到 2016 年则仅为 20.03%；另一方面，主营业务利润率的变化并不大。研究发现，从 2013 年开始云南白药公司面对大额现金流，基于提高资金使用效率的考虑，增加了金融资产的投资比例，但金融化水平并不高，处于 20% 以下，金融化比较适度。因此这一阶段企业金融化可能更好地发挥了"蓄水池"作用。其中，公司在 2013 年的投资收益比达到 25% 以上，同比增长 1000 多倍。这是因为云南白药为了增加流动性，盘活资产，通过公开挂牌转让云南置业有限公司，因此获得 6.37 亿元的投资收益，推动了当年净资产收益率的增长，剔除这部分投资收益后净利润实际同比增加并不多。2014 年，为了使货币资金被充分运用，云南白药公司再次试水金融市场，增加了用自有资金在金融市场投资的比例，但主要集中于各项理财业务；随着股市 2014 年的大热，2015 年云南白药增加了证券投资的比重。但基于云南白药原有的较低金融化水平，在金融化发展初期，适度金融化水平可能促进了公司整体盈利能力增加，但在 2015 年企业金融化水平达到 30% 时，以及受金融市场波动特性影响，企业的盈利能力明显下滑。

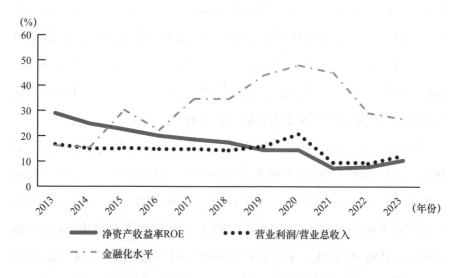

图 3 - 13　云南白药金融化水平、净资产收益率和营业利润率情况对比
资料来源：Wind 数据库。

如图 3 - 13 所示，2017—2021 年，云南白药公司随着企业金融化水平的提升，净资产收益率继续呈现明显的下滑，由 2017 年的 18.63% 下降到 2018 年的 17.49%，到 2019 年和 2020 年则仅为 14.50% 和 14.52%，到

2021 年仅为 7.35％ 的低水平。这期间主营业务利润率却经历了比较明显的波动，由 2019 年相对稳定的 15.99％，上升到 2020 年的 20.80％，然后急速下滑到 2021 年的 9.58％。这一阶段，云南白药公司相比前一阶段，明显加大了对金融市场和金融产品的投资，从战略上看，公司不仅仅满足于提高货币资金使用效率，而更多的是期待从金融市场获得高额收益，产生了明显的"投资替代"效应。这一转变，也和云南白药公司从 2016 年开始的混合所有制改革密不可分，其引入的战略资本新华都成为与云南省国资委并重的大股东，原来作为百货企业的金融化运作模式进一步带入了新的云南白药，相比以前国资委 100％ 控股时对证券市场投资的谨慎态度，新的大股东则更为激进。2019 年，云南白药金融化水平超过40％，且在 2020 年和 2021 年更是接近 50％，呈现明显的过度金融化现象。其中 2021 年公司投资证券市场造成的公允价值变动损益就超过 19 亿元。同时，企业的净资产收益率和主营业务收益率都进入新低阶段。因此，在企业过度金融化阶段，基于"投资替代"效应的产生，金融化对企业的高质量发展带来了明显的负面影响。

如图 3-13 所示，2022—2023 年，云南白药公司随着金融化水平的降低，企业的净资产收益率和主营业务收益率都有所提升。云南白药的金融化水平由 2021 年的 45％ 下降到 2022 年的 29％，到 2023 年金融化水平继续下降到 26.8％，与此对应的企业净资产收益率由 2022 年的 7.82％ 上升到 10.45％，主营业务利润率也由 2022 年的 9.24％ 上升到 2023 年的 12.35％。由此可见，随着企业意识到过度金融化带来的不利影响，调整发展战略，降低对金融市场和证券投资的过度依赖，让更多的资金回归主营业务。投资策略上更加注重企业发展的稳健性和企业长期价值，合理优化金融资源配置，既可以降低金融风险，又可以促进主营业务和企业整体盈利能力提升。

云南白药集团股份有限公司金融化发展和企业绩效情况，明显体现出企业金融化需要适度，适当金融化可能有利于提高资金利用效率，发挥"蓄水池"作用，促进企业整体发展。但是企业过度金融化往往会产生"投资替代"效应对企业高质量发展产生不利影响，因此作为制造业实体企业应当立足主营业务，合理进行金融资源配置，更有利于实现企业的健康长远发展。

第三节　金融异化下的金融资源错配

一　金融空转现象

如果货币总量是充裕的，甚至呈超发状态，那么钱究竟去了哪儿？事实上，一些金融机构为追逐高额利润，已经不满足于从实体经济企业处盈利，逐渐将大量资金配置到同业市场或者收益更高的房地产市场，造成资金在金融体系空转。

（一）资金在金融系统内空转

资金空转是指资金在金融体系内留存，不经过实体产业，从金融机构回到金融机构，或者资金转化为产业资本的链条被拉长的情况。理财空转是资金空转的代表形式之一，主要指的是银行通过理财产品汇集资金，然后再投资非标产品、同业市场或者二级市场等，而没有真正进入实体经济部门。2008 年后的宽松货币政策，理财对接非标资产的模式在商业银行中十分流行，2012—2013 年，银行通过证券公司、信托公司等多种渠道，借助信托计划、资管计划绕过监管，将资金投向授信客户。部分被授信的企业不将该资金用于生产，而是再次投向理财产品，于是资金再次空转。2012—2014 年是银行非标业务快速发展的黄金时期。监管 8 号文和 127 号文相继出台后，对接非标的模式逐渐淡出。2015 年后同业理财的模式流行起来，银行的自营资金经过货币基金、同业存单、同业理财等渠道流向非银行金融机构，通过放大杠杆、增加久期等方式放大收益。此外，票据空转成为资金空转的主要手段，银行与无真实业务的企业合作，循环开票，再将票据出表或者在表内不同项目之间转移，逃避信贷规模监管，从而赚取买卖价差，脱离服务实体经济本质。尽管监管机构下发了系列监管文件规范此类行为，但各种通道模式依然层出不穷。2012—2015 年的银行理财产品余额增速分别高达 55%、44%、47% 和 56%，2016 年增速虽然有所降低，但也达到 23%。截至 2017 年11 月，银行理财余额为 30.32 万亿元，达到历史峰值。从图 3–14、图3–15 可以看出，2012—2015 年为银行理财产品余额的快速上涨阶段。但 2017 年年中，理财资金余额中有超过 20 万亿元投向实体经济，占比超过 70%（见图 3–16），表明监管趋严后金融体系内部资金空转现象有所好转。

综上可以看出，我国的资金空转现象比较严重，金融产业存在虚假繁荣，实体经济因为资金链条的拉长面临资金流动阻滞以及高成本，资金在金融部门与实体经济部门间存在结构性失衡。资金空转不仅危害实体经济，对金融行业本身也会产生风险。金融机构对金融风险的管理能

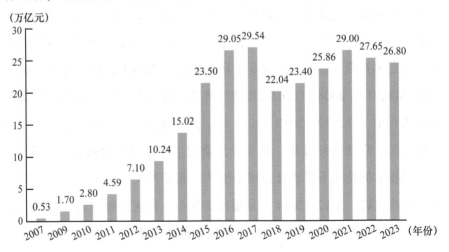

图 3–14　银行理财产品资金余额

资料来源：Wind 数据库。

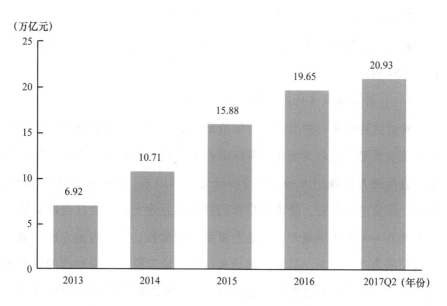

图 3 - 15　理财产品投资于实体经济规模

资料来源：Wind 数据库。

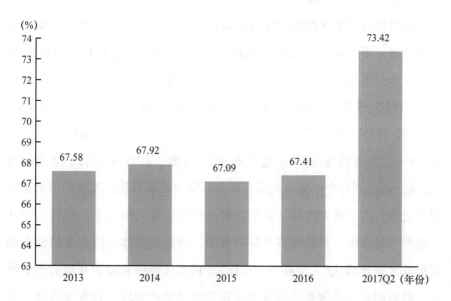

图 3 - 16　理财产品投资于实体经济占比

资料来源：Wind 数据库。

力会随着资金流转过程的拉长而降低，金融繁荣假象引起的资产泡沫终究会破灭，金融网络中一端出现的问题最终会波及整个网络，引发系统性金融风险。

（二）资金集聚房地产市场

资金空转的又一突出表现是信贷资金的空转，一是信贷资金借助制造业等实体经济的名义流出，实际却投入房地产市场中；二是大量信贷资金直接进入房地产市场。住房市场化改革以来，我国房价连年攀升，房地产信贷急剧扩张，城市住户部门杠杆率急速上涨。全社会的新增土地资源有一半投入房地产，房地产投机愈演愈烈，有一些地方的房地产逐渐发展为支柱产业，经济发展结构扭曲，地方税收对房地产的依赖度越来越高。受房地产业高收益的诱惑，金融体系越来越重视房地产信贷、房地产投资等相关业务。其结果是，单一的银行体系支撑着整个房地产产业体系，房地产企业资产负债率居高不下。

我国房地产企业普遍杠杆率偏高，银行信贷是多数房企的主要资金来源。房企资产负债率长期维持在70%左右。以国家统计局公布的2019年前5个月房地产投资统计数据为例，各房地产业资金来源中，各项应付款21650.39亿元，占32.46%；自筹资金20276.11亿元，占30.4%；工程款11763.79亿元，占17.64%；国内贷款10761.64亿元，占16.14%；其余资金来源，包含外资和其他，共计3004.28亿元，占4.5%，而自筹资金中又有大部分来自开发商流动贷款，其他各项资金中银行贷款也占了绝大部分。在信贷资金供给一定的情况下，银行信贷往房地产市场集中，势必会挤占信贷资源，进而对实体经济企业的债务融资形成"挤出效应"（安磊等，2018）。而实体经济企业为获取高于本行业的投资回报，将融来的资金大量投资到房地产领域，导致实体经济发展不断弱化。

同时，房地产业对地方经济发展越来越重要，地方政府收入对其依赖度不断上升。根据计算的房地产 GDP 贡献率（房地产 GDP／总 GDP），2010 年以来房地产 GDP 贡献率呈上升趋势（见图 3 – 17），其中 2010—2014 年增长较为缓和，从 5.72% 增长到 5.93%。2014 年开始房地产 GDP 贡献率增速明显加快，2018 年已升至 6.65%，高峰时期的 2020 年 6 月达到 9.26%。此外，房地产通过上下游的间接贡献率为 9%。房地产相关税收贡献了地方政府财政收入的近 1/3，2018 年达 35.4%。

图 3 – 17　房地产 GDP 贡献率

资料来源：Wind 数据库。

从以上数据可以看出，我国经济对房地产市场的依赖。虽然依靠房地产拉动经济能在短时间内见到成效，带动相关产业发展，但这种增长模式难以持续。2018 年以来，政府密集出台了一系列房地产市场调控政策，将我国房地产市场调控的总体定位为"房子是用来住的，不是用来炒的"，在城市调控主体、地方调控政策工具、住房市场体系和保障体系等方面做出了改进，通过限制资金通过中间通道流入房地产，限制房地产信托融资、房地产开发贷款等措施，我国的房地产市场改革依然有很长一段路要走。

（三）产业资本出现金融化倾向

有学者研究发现，发达国家在 21 世纪初已经出现了比较明显的金融化倾向，相较于投资固定资产，企业更愿意将资金投资于金融资产，非金融企业越来越依赖金融投资获利（张成思和张步昙，2015）。中国处于"三期叠加"状态时，实体经济收益下滑，企业经营风险上升、偿债能力下降，一些企业的资金流动性风险积累到了即将暴露的临界水平。中小民营企业由于资信程度不足，符合银行抵押标准的资产有限，难以从银行等正规渠道融资。在此背景下，商业银行为降低违约率不得不紧缩信用，导致中小企业的融资约束进一步增加，融资难题迟迟无法得到解决。相较中小企业，大型企业贷款违约风险较低，抵押担保较充分，直接融资渠道通畅，更容易获取资金。因此，在整体经济环境下行时期，大型企业的融资优势被进一步放大。凭借其融资优势，大型国有企业或上市公司纷纷涉足金融业，通过成立子公司、联营及合营公司对中小企业放贷。图 3 - 18 显示，2011—2017 年，在理财产品规模持续扩大、房地产信贷规模快速扩张的阶段，制造业新增固定资产投资同比却呈下降趋势，其中 2011 年制造业新增固定资产投资同比为 45.33%，2017 年降至 6.74%，2016 年甚至为负值。

制造业固定投资降低的一个典型表现是能源行业的金融化趋势加速。能源产业作为传统的资本密集型自然垄断行业，具有生产周期长、投资回报期长等特点，支撑其发展需要大量资金。因此，近年来能源企业迈出了多元化发展的步伐，纷纷涉足金融领域。在 2009 年之前，国资委对能源企业跨界进入金融领域一直持谨慎态度，限制能源企业违规使用银行信贷资金投资金融等项目，要求能源企业的投资应符合自身投资能力，因此许多国企不敢贸然涉足金融领域。2009 年 5 月之后，国资委的态度发生了巨大转变，我国的能源巨头纷纷涉足金融业，加快步伐建立自己的金融版图。中石油先后成立昆仑银行、昆仑信托，为自己的"昆仑

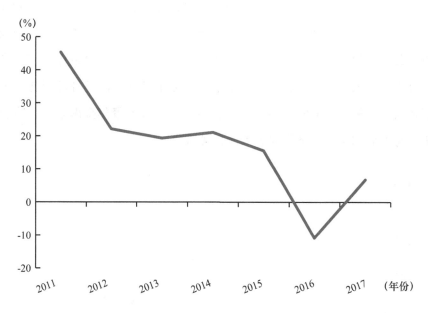

图 3 – 18 制造业新增固定资产投资同比

资料来源：Wind 数据库。

系"金融扩疆拓土，随后又进入金融租赁行业。2017 年，中石油重组 *ST 济柴为中油资本，业务范围涵盖全方位金融业务。而中国石化早在 2013 年 12 月就组建了支付技术有限公司，跨领域经营支付清算等业务。2016 年和 2017 年，中国石化又分别将触角伸向保险业和证券业。国家电网也在银行板块布局，目前已持有数十家银行股权（成义，2017）。

从图 3 – 19 可以看到，2011—2013 年，石油和天然气行业新增固定投资不断增长，在 2013 年达到峰值，高达 2817.08 亿元。然而，自 2013 年以来，该行业的新增固定资产投资呈下降趋势，几年里下降了接近一半。对"财大气粗"的能源巨头来说，只要监管放开，进军金融领域就是顺理成章的事。能源企业搭建自己的金融平台的初衷是企业可以在能源价格波动时，通过能源商品期货、期权市场以及外汇市场的操作对冲风险，实现套期保值。随着金融领域业务的不断成熟，能源巨头不再满足于单纯的套期保值，而是期望构建自己的金融帝国。尽管金融业务能为能源企业带来一定盈利，但其与经济景气度密切相关。如果企业对主营业务的重视不足，转而过度关注金融领域，一方面会体现实体产业资本"脱实向虚"，导致金融资源在金融部门与实体经济部门之间的配置失衡；另一方面实体企业资本脱离主业、过度聚焦金融发展，也会为自身发展和整体经济积累更大的金融风险。

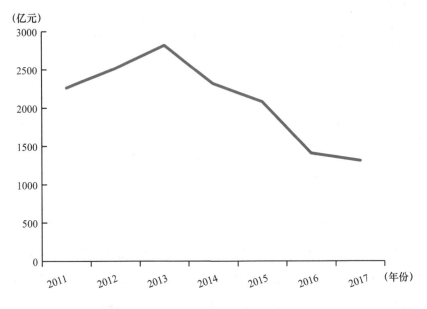

图 3 - 19 石油和天然气业新增固定资产投资

资料来源：Wind 数据库。

二 配给到实体企业的资金结构失衡

（一）所有制视角

我国国有企业凭借政府信用担保，在金融市场上更容易融资，且不易受市场流动性波动的影响。相较之下，民营企业通常缺乏政府担保，融资难度较大。统计数据显示，我国上市民营企业的总融资规模远低于国有企业。截至 2018 年 6 月，上市国有企业的总融资规模达到 14.7 万亿元，是民营企业（8 万亿元）的近两倍，民营企业融资困难的情形可见一斑。在股票市场融资规模（存量）上，2018 年第三季度末，民营企业的融资规模为 3.6 万亿元，而国有企业为 4 万亿元，超出民营企业约 10%。在 2014 年以前，国有企业股票市场融资规模（增量）一直高于民营企业。从 2014 年起，形势发生逆转，民营企业股票市场融资规模超过了国有企业，且民营企业对股票融资的依赖度显著提升，我国股票市场的融资主力也随之转变。由于国有企业的天然优势，截至 2018 年 6 月末，上市国有企业的债务融资总规模超过 10 万亿元，是上市民营企业的两倍多。① 从债务融资结构来看，民营企业的短期借款显著高于国有企业。民营企业的债务融资主要依赖短期借款和票据融资，而国有企业约 70% 的债务融资通过长期借款实现，其融资结构波动较小，偿债压力也相对较低。由此可见，国有企业主要依赖银行借贷，而民营企业则更多地依赖其他融资方式。随着国家对金融监管力度的加强，民营企业的融资难度进一步加大，生存环境更加艰难。

此外，从规模上看，我国中小微企业数量庞大，其中大多数为民营企业，面临融资难、融资贵的问题。尽管近年来国家推出了一系列支持小微企业发展的金融政策，但整体来看，小微企业在金融市场获得资金支持的难度依然较大，融资占比依然较低。金融机构小微企业贷款余额同比增长数据显示，2018 年第一季度小微企业人民币贷款余额同比增长为 12%，并呈现持续上涨态势，到 2021 年第二季度同比增长达到 31%。然而，此后增长势头持续下滑，到 2024 年第三季度下滑到 14.5%。小规模企业融资难问题进一步凸显了民营企业相对于国有企业在金融资源获取上的劣势。

金融资源在不同所有制企业之间的配置失衡，一方面会限制和影响

---

① 数据来源：Wind 数据库。

民营企业的发展速度和规模，削弱民营企业的竞争力和创新力，尤其是在经济下行期间，进一步加剧民营企业的资金压力，导致经营困难甚至倒闭，不利于民营企业的健康发展，也会对经济转型升级和高质量发展产生负面影响；另一方面，国有企业虽然在金融资源获得上具有优势，但是对金融资源的过度依赖可能会促使部分国有企业盲目扩张，降低投资效率，甚至引发产能过剩等问题。此外，这种金融资源的配置失衡还会削弱国有企业的创新动力和市场竞争力，不利于其高质量发展。最终，金融资源在不同所有制企业间的错配，会降低整个社会资源的配置效率，阻碍金融资源流向最有效率的企业部门，进而影响整体宏观经济效率。同时，金融资源过度集中于国有企业和大型企业，也容易增加金融体系的整体风险，一旦相关企业出现问题引发金融市场波动，将加剧系统性风险。

（二）区域视角

中国区域金融资源分配不均的问题进一步加剧，地区融资集中度逐渐提高，区域金融资源差距逐渐拉大。世界银行将中国划分为东北、环渤海、东南、中部、西南和西北六个区域。从图 3 - 20 可以看出，东南区域融资规模显著高于其他地区，而东北地区的融资规模大幅下降；西南和西北地区的社会融资规模基本保持稳定，西北地区略微下降，而东部地区则呈现高速增长；东北和西北地区的融资形势严峻，融资规模持续下滑，而东部地区的融资能力显著提升，资金逐渐向东部地区聚集。金融市场化导致金融资源向融资能力强的地区倾斜，融资能力越强，获得的融资越多，而融资越多又进一步增强了其融资能力。这意味着经济发达的环渤海和东南区域的融资成本更低，而欠发达的东北地区和西部地区的融资成本相对较高，区域间的金融资源差距也因此不断扩大。

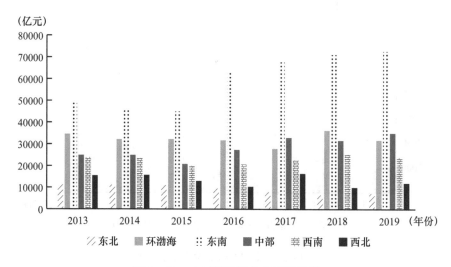

图 3 - 20 中国各区域社会融资规模

资料来源：Wind 数据库。

图 3 - 21 显示了中国各区域沪深两市融资规模的变化情况。环渤海地区、东南地区和中部地区的沪深两市总体融资规模经历了大幅上涨。其中，环渤海地区的股市融资规模从 2013 年的 733.46 亿元增长至 2019 年的 5955.4 亿元，涨幅高达 712%；东南地区和中部地区的涨幅分别达到 305% 和 397%。此外，东南地区是股市融资情况最好的地区，每年股市融资规模均位居前列（除 2019 年）。2016 年，该地区通过沪深两市融资高达 9317.28 亿元，是近几年所有地区中股市融资规模最高的一次。西南地区的股市融资规模近几年也呈现一定增长，涨幅达到 80%。然而，东北地区和西北地区的股市融资规模不仅没有增长，反而出现下滑。东北地区 2013 年的股市融资规模为 243.82 亿元，到 2019 年几乎腰斩，仅为 143.6 亿元；西北地区的股市融资规模同样不容乐观，跌幅达到26%。2013 年，东北地区和西北地区的股市融资规模占所有地区总融资规模的比重分别为 5% 和 11%，但到 2019 年，这一比重分别降至 1% 和2%。大量股市融资资源流向东部地区和中部地区，区域间股市融资不平

衡问题进一步加剧。

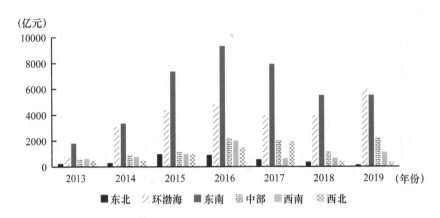

图 3-21 中国各区域股市融资规模

资料来源：Wind 数据库。

图 3-22 为中国各区域债券发行规模，2013—2019 年，各地区债市融资规模均呈现不同程度的增长。中国六大地区 2019 年的债市融资规模比 2013 年平均增长 649%，其中，东南地区增长最为显著，从 2013 年的 12230.95 亿元增长至 2019 年的 139826.5 亿元，增幅高达 1043%，西北地区增长涨幅最少，但也达到 368%。从地区债市融资规模占债市总融资规模来看，东南地区从 2013 年的 28% 增长至 2019 年的 43%，而西北地区和东北地区的占比则分别从 2013 年的 6.2%、3.5% 下降至 2019 年的 3.9%、2.6%。以上分析表明，自 2013 年以来，地区债市融资规模集中度持续上升，东北地区人口占比接近 8%，但其债市融资规模占比不足 3%。

从中国各区域社会融资规模、股市融资规模、债市融资规模三个角度分析区域金融资源配置情况，发现近年来地区金融融资不平衡情况持续恶化，金融资源进一步向东部和中部地区集中。对此，政府可以通过促进区域经济结构优化等措施缩小区域差距，各区域也应该发展自身优

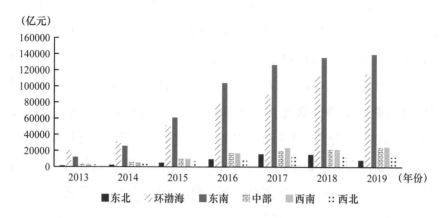

图 3 - 22　中国各区域债市融资规模

资料来源：Wind 数据库。

势产业、改善融资环境，最终实现区域的协调发展。

金融资源在不同区域间的配置失衡，东部地区的部分产业和企业获得较多的资金支持，但这些资金支持并未全部或大量投入生产效率最高效的相关活动，反而可能带来低效率产能的扩张和非主营业务扩张，降低企业的投资效率和生产效率，影响全要素生产率的提升。此外，在中西部地区，尤其是西部地区，由于金融资源支持不足，部分企业设备更新和技术升级面临困难，生产效率低下且难以提升，部分企业为了获得有限的资金支持，只能接受更高的融资成本，进一步压缩原本就有限的利润空间，影响企业的全要生产率。

（三）行业视角

从信贷资金投向看，作为我国资金供给的主导市场，我国信贷资金主要流向了传统制造业和房地产相关行业。以 2019 年的信贷资金流向看（见图 3 - 23），行业信贷资金流入占 10% 以上的几个行业分别是制造业，交通运输、仓储与邮政业，房地产业，租赁和商务服务业，而高新技术等新兴产业获得信贷资金的支持明显不足，信息传输、计算机服务和软件业和科学研究、技术服务和地质勘查业获得的信贷资金占比均不足 1%。如表 3-5 所示，2019 年信息传输、计算机服务和软件业以及科学研究、技术服务和地质勘查业获得的信贷资金占比仅为 0.91% 和 0.48%，后期虽存在持续上升趋势，但增幅有限。2020 年，两个行业获得的信贷资金支持分别为 0.94% 和 0.56%；2021 年分别为 0.98% 和 0.62%；2022 年分别为 1% 和 0.72%。尽管银行信贷市场支持高新技术创新创业相比资本市场存在天然不足，但是作为我国间接融资主导的金融市场模式，信贷资金是实体经济部门获得金融资源最主要的渠道，这一渠道在资金流向行业上的巨大差异，显示出我国金融资源存在行业错配。

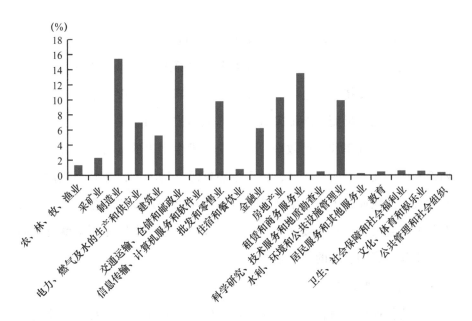

图 3-23　2019 年金融机构各项贷款余额分行业占比情况

资料来源：Wind 数据库。

表 3-5   2019—2022 年金融机构各项贷款余额分行业占比情况   （单位:%）

	年份	2019	2020	2021	2022
第一产业	农、林、牧渔业	1.34	1.35	1.38	1.41
第二产业	采矿业	2.30	2.20	2.11	1.96
	制造业	15.43	14.99	15.00	15.71
	电力、燃气及水的生产和供应业	6.97	6.86	7.05	7.07
	建筑业	5.25	5.25	5.37	5.42
第三产业	交通运输、仓储和邮政业	14.52	14.86	14.96	14.56
	信息传输、计算机服务和软件业	0.91	0.94	0.98	1.00
	批发和零售业	9.80	9.37	8.96	8.84
	住宿和餐饮业	0.81	0.74	0.67	0.60
	金融业	6.22	5.90	5.93	6.43
	房地产业	10.31	10.06	9.09	8.19
	租赁和商务服务业	13.53	14.65	15.55	15.98
	科学研究、技术服务和地质勘查业	0.48	0.53	0.62	0.72
	水利、环境和公共设施管理业	9.92	10.12	10.19	9.98
	居民服务和其他服务业	0.24	0.24	0.23	0.23
	教育	0.46	0.47	0.47	0.49
	卫生、社会保障和社会福利业	0.60	0.63	0.61	0.62
	文化、体育和娱乐业	0.54	0.54	0.53	0.50
	公共管理和社会组织	0.38	0.31	0.29	0.27

资料来源：Wind 数据库。

从沪深两市融资分行业来看，"材料""资本货物""制药、生物科技与生命""软件与服务"行业融资能力最强，而"家庭与个人用品""电信服务""食品与主要用品零售"行业融资能力最弱。图 3-24 为 2019 年度沪深两市实体经济各行业融资情况，其中家庭与个人用品行业融资金额最低，仅为 8.42 亿元，电信和食品行业融资金额也未超过百亿元。医疗、媒体、汽车、半导体等行业融资金额都在 100 亿—1000 亿元，融资能力依次增强。2019 年，资本货物及材料行业融资规模均超过千亿元，其中材料行业融资能力最强，总共融资 2069.99 亿元。材料行业中的万华化学集团股份有限公司通过增发方式融资 522.18 亿元，成为 2019 年实体经济企业融资规模最大的企业。

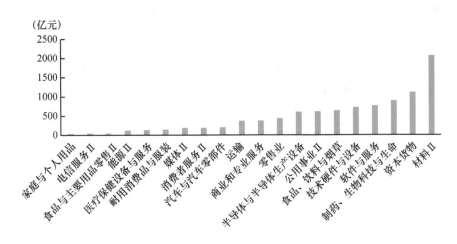

图 3-24 沪深两市 2019 年实体经济总融资规模（分行业）

资料来源：Wind 数据库。

从债券市场分行业看，图 3-25 为 2019 年度债券市场实体经济各行业融资情况，其中家庭与个人用品行业融资金额最低，仅为 2.5 亿元，科学研究和住宿行业融资金额也未超过百亿元。农业、居民服务、文化、水利等行业融资金额在 100 亿—1000 亿元，信息、零售、商业服务业及采矿业融资规模均超千亿元。交通运输、电力、制造业、建筑业四个行业融资规模达到万亿元级别，2019 年建筑业通过债券市场总共融资 18346.37 亿元。建筑业整体融资规模庞大，且以债务融资为主导。

金融资源在不同行业间的配置失衡，会导致不同行业获得的金融资源与其生产效率不匹配，最直接的表现是，一些生产效率低的行业能够获得较多资金支持，而一些生产效率高的行业却面临融资困难。金融资

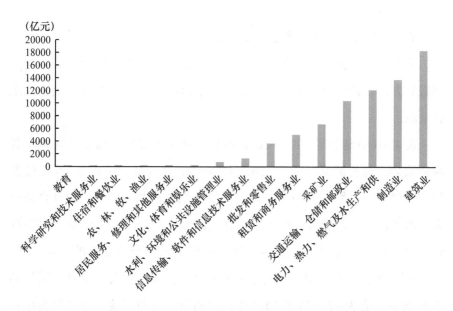

图 3 - 25　债市实体经济总融资规模（分行业）

资料来源：Wind 数据库。

源过度集中于某些行业，比如传统制造业和房地产产业，而高科技和新兴产业、行业获得的金融支持不足，这既不利于产业结构升级和产业高级化，也不利于全要素生产率的提升。此外，金融资源作为要素资源在行业间的错配，导致要素价格信号失灵，无法准确真实地反映资金的稀缺性和相应的边际产出，进而使资金无法流向效率最高的行业，造成金融要素市场和价格扭曲。

金融资源在不同所有制的企业、不同区域、不同行业所表现出来的特征，反映了我国经济发展的不平衡和不充分。为此，需要不断优化国有企业和民营企业的融资结构，缩小区域金融资源差距，降低实体经济企业的融资成本，从而促进经济结构优化、区域协同发展和行业转型升级。

三 直接融资与间接融资比例失衡

长期以来，我国金融体系都是以银行为主导，发行股票、债券等直接融资方式获得的资金占比十分有限，银行信贷仍是大部分企业主要融资来源。

表3–6中显示了2011—2018年我国社会融资规模以及金融机构各项贷款余额增长情况，图3–26和图3–27直观呈现了表3–6中的数据。可以看出，尽管2011—2018年社会融资规模持续增长，但社会融资规模的增速呈下降趋势，2018年同比增速只有10.53%，较2012年下降近10个百分点。从融资结构看，间接融资依然是企业融资的主要渠道，占比超过70%。资本市场融资增量不升反降，仅占社会融资规模增量的不到20%。表3–7计算了2011年以来间接融资和直接融资在社会融资规模中的占比。数据显示，2011—2018年，我国企业的间接融资平均占比为76.33%，而直接融资平均占比仅为15.95%。美国的直接融资和间接融资占比与我国相反，直接融资与间接融资比接近4∶1。表3–8详细列出了2011—2018年各融资渠道的信息。以上数据表明，尽管我国企业融资难、融资贵的问题有所缓解，但融资结构依然存在较大问题，多数企业融资渠道单一，主要依赖传统信贷获得资金。

一般而言，融资方式的多样化有助于满足不同产业和处于不同生命周期阶段企业的融资需求，使风险与收益更好地匹配，从而优化资源配置。间接融资比重过高不利于实体经济的发展和高科技的创新。银行天生的低风险偏好使其更倾向于向国企或传统低风险行业放贷，而创新研发等活动通常具有风险大、投资周期长等特点。因此，调整融资结构对我国经济可持续发展具有重要意义。

表 3 - 6　　　　　　　　　　　社会融资规模、贷款增长情况

年份	新增社会融资规模（亿元）(1)	(1) 增长率（%）	当年各项贷款增量（亿元）(2)	(2) 增长率（%）	贷款增量/社会融资规模增量（%）	民间借贷利率（%）
2011	128286	19. 74	72700	14. 27	56. 67	24. 65
2012	157631	20. 54	90862	15. 61	57. 64	21. 1
2013	173169	18. 94	93600	13. 91	54. 05	20. 30
2014	158761	14. 77	101370	13. 22	61. 60	20. 08
2015	154063	12. 54	125216	14. 43	81. 26	19. 15
2016	178159	12. 90	127323	12. 82	71. 52	17. 45
2017	194445	12. 47	136121	12. 15	60. 78	15. 58
2018	192584	10. 53	161190	12. 83	83. 70	15. 64

注：社会融资规模增量数据来自国家统计局，社会融资规模增长率为当年社会融资规模增量除以上一年社会融资规模存量，上年社会融资规模存量数据来源于 Wind 数据库；各项贷款增量数据为各年金融机构本外币贷款余额，增长率为当年增量与上年余额之比；民间借贷利率为温州民间借贷综合利率，是每年 12 个月的利率平均值。

资料来源：Wind 数据库。

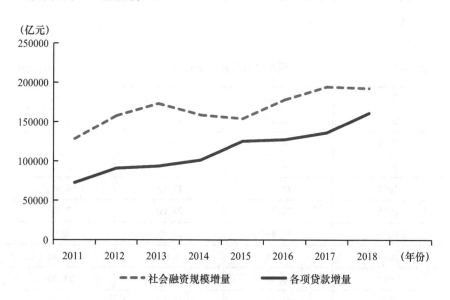

图 3 - 26　社会融资规模增量、贷款增量

资料来源：Wind 数据库。

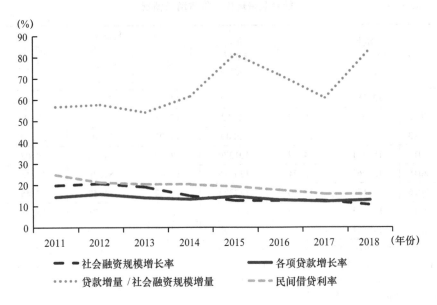

图 3 - 27　增长率趋势、民间借贷利率、贷款增量比社会融资规模增量情况

资料来源：Wind 数据库。

表 3 - 7　　　　　　　　　　　　**间接融资与直接融资占比**　　　　　　　　（单位:%）

年份	间接融资占比	直接融资占比	其他
2011	82. 39	14. 06	3. 55
2012	80. 81	15. 90	3. 29
2013	84. 54	11. 74	3. 72
2014	75. 59	17. 43	6. 98
2015	72. 72	24. 00	3. 29
2016	72. 84	23. 85	3. 32
2017	77. 75	5. 88	16. 36
2018	63. 97	14. 73	21. 30
平均	76. 33	15. 95	7. 73

资料来源：Wind 数据库。

表3-8   各融资渠道占比   （单位：%）

年份	人民币贷款占比	外币贷款占比（折合人民币）	企业债券融资占比	非金融企业境内股票融资占比	股票与债券总融资占比
2011	58.24	4.45	10.65	3.41	14.06
2012	52.04	5.81	14.31	1.59	15.90
2013	58.24	4.45	10.65	3.41	14.06
2014	61.38	0.78	15.32	2.74	18.06
2015	73.15	-4.17	19.08	4.93	24.00
2016	69.81	-3.17	16.85	6.97	23.82
2017	71.19	0.01	2.27	4.50	6.78
2018	81.37	-2.18	12.85	1.87	14.73

资料来源：国家统计局网站。

因此，2019年6月科创板在上海证券交易所设立，大批科技型企业和创新型企业紧密筹备，赴科创板上市。科创板的设立，一方面是希望通过提高直接融资比重，解决我国间接融资水平"畸高"的问题，更好地实现高风险项目与投资者风险偏好的匹配，降低宏观经济杠杆率。另一方面是科创板将有效发挥资本市场的定价作用，为创新活动定价，给企业带来正向激励，从而促进科技创新。政府也期望科创板在未来担负起有效利用资本市场、弥补政府退出缺口的责任，实现中国经济的转型升级。

第四节 案例分析——中日美金融异化下的资产价格泡沫对比

一 金融自由化和过度金融创新引发美国次贷危机

2008年由美国次贷危机引发的金融危机实际上离不开资产价格泡沫

背景。21 世纪初，美国的互联网泡沫破灭，经济增速开始放缓，为了避免经济衰退，开启了长期的低利率政策，为后来房地产的空前繁荣创造了极其宽松的金融环境，带来了房地产价格的暴涨。2006 年，美国的房地产价格达到历史高点，美国的住宅房地产市场总额由 2002 年的 16 万亿美元增长到 2006 年的 23 万亿美元，住宅房地产市场总额与 GDP 的比值则由 2002 年的 110% 上涨到 2006 年的 150%；从房屋价格指数看，全美房屋价格指数由 2000 年 1 月的 100 基点上涨到 2006 年 7 月的 184.62 基点，增幅高达 85%，其中 10 城房价增幅高达 126%，20 城房价增幅高达 107%。①

　　从金融角度看：第一，低利率和信贷扩张是资产价格上涨的重要推动力量。2001 年 1 月 3 日，联邦基金基准利率下调 0.5%，经过 13 次连续降低利率，到 2003 年 6 月，美国联邦基金利率已经从 6.5% 下降 1%，房地产信贷规模持续扩张。第二，金融自由化和金融过度创新是导致泡沫形成和破灭的重要基础，尤其是在互联网泡沫破灭后，金融投资要去寻找更好的盈利点，资产证券化这一初创于 20 世纪 70 年代的金融创新产品在此时更好地契合了美国房地产价格上涨对金融资源的需求。资产证券化使抵押贷款的资金进一步增加，因为抵押担保证券（CMOs）和债券担保证券（CDOs）比单个抵押贷款的利率更低，流动性也更强，在金融资源极其充裕的情况下，随着投资者对有关抵押贷款的创新证券需求的增加，一些历史信用价差的次级借款人也可以获得贷款支持，美国 2006 年的次级贷款规模达到 1 万亿美元。在实际业务中，由于次级贷款更需要包装，容易创造出更高的溢价，获得了在资产证券化这一链条上的金融机构和从业者的偏爱，使他们更有动力去创造"投资者"。在金融自由化背景下的整个信贷扩张周期中，金融产品供给端的主动创新进

---

① 数据来源：S & P Dow Jones Indices。

一步放大了资产价格泡沫，为后面房地产价格上涨预期不再和次级贷款人最终无法偿还贷款引发泡沫破灭埋下了隐患。第三，经济金融化发展下的金融异化发展成为资产价格泡沫的经济面基础。从 20 世纪 90 年代开始，美国经济金融化的趋势更加明显，即实体经济与金融的相互渗透融合发展趋势强化，经济关系呈现出以股权股利、债券债务以及风险防范和保险关系等金融关系为主的特征。根据谢富胜等（2010）对美国不同经济部门的利润率的测算和分析，美国非金融企业部门的融资缺口在 1975 年为 –8316 亿美元，实体经济部门存在资金结余，但是到 2008 年这一缺口转为正值并高达 232412 亿美元。巨大的资金缺口使非金融部门依靠自身难以保持一定的利润水平并实现资本积累，必须更多依靠发行股票和负债等外部融资渠道获得资金支持，随之而来的是融资成本在实体经济利润率中的占比不断攀升，金融成本占实体经济利润的比例从 1975 年的 73% 上升到 2008 年的 115%，非金融部门的利润率处于长期下降趋势。可见，一方面，金融部门和非金融部门的利润率差异是金融资源寻求投资和投机机会，不断推进经济金融化的主要动力；另一方面，随着美国经济金融化水平的不断提升，金融部门的发展不仅没有有效促进实体经济发展，反而会导致美国实体经济盈利能力下降，金融部门逐渐成为整个经济体的核心，这才是金融异化发展带来的扭曲，为风险积累以及泡沫破灭埋下了伏笔。

二　金融自由化改革与信贷扩张催生的日本资产价格泡沫

日本于 1985 年 9 月签署《广场协议》以来，日元大幅贬值，日本经济进入漫长的停滞阶段。但日元的升值预期则吸引了大量的境外热钱流入，日本政府为消除升值预期开始实施宽松货币政策，导致资金流动性泛滥，大量的货币资金流入房地产市场和股票市场，推高了日本的资产价格。统计数据显示，日本市区的房地产价格指数在 1980—1991 年的涨幅高达 100%。但是到 1989 年 6 月，日本政府开始实行紧缩的货币政策，导致大量资金外逃，日本股市暴跌，房地产价格也开始持续下跌。

日本资产价格泡沫主要源于两个方面：一是长期低利率政策带来的房地产市场和股票市场的高投资收益率，二是内外压力下的金融管制放松和金融自由化改革导致资产价格进一步膨胀。日本在资产价格泡沫前一直实行低利率政策，存贷款利率水平都较低。为了维持财富水平，民众多选择节衣缩食增加储蓄。同时，政府部门通过"窗口指导"等金融管制方式控制了信贷的投放规模，但由于低利率的存在，企业的贷款需求又十分旺盛，房地产市场和股票市场的投资回报率又较高。日本的商业银行拥有大量的房地产市场和股票市场的股权投资，随着这些资产价格的上涨，商业银行的资产规模扩大，可以投放的信贷规模增加，信贷扩张的较多资金流入了房地产领域，对房地产投资的需求进一步上升并促进了房地产价格上涨。此外，日本政府迫于美国放开国内金融市场的压力，从 20 世纪 80 年代前期开始了金融自由化改革，逐步放开了金融管制。由于金融管制的放松，日本国内的存款利率水平不断提高，"窗口指导"的应用越来越少，对外商投资的管制逐步取消，日本商业银行也可以开设更多的跨国分支机构。伴随金融自由化改革的推进，银行可以发放的贷款越来越多，流入房地产市场和股票市场的资金越来越多，进一步推升了资产价格。数据显示，日本的房地产抵押贷款余额占贷款总额的比例由 1987 年的 17% 上涨到 1988 年的近 22%，到 1992 年这一比例更是高达 35.5%。日本政府从 1989 年开始实行紧缩的货币政策，连续提高利率水平，到 1990 年 8 月，利率已经从 2.5% 上调到 6%，日本的房地产价格也开始了下跌。从 20 世纪 90 年代开始，日本股票价格也开始下跌。

三 金融抑制下的中国"影子银行"和资产价格泡沫风险

从 2010 年开始，我国稳健的货币政策在通货膨胀的影响下日益紧缩，资本市场上出现了供需失衡，大量的贷款需求得不到满足。于是，通过信托和私募等渠道开展融资，或者通过银行的理财产品和委托贷款进行间接贷款成为很多资金需求者的选择，中国的"影子银行"体系开始了爆发式的增长。除资金供给因素，中国长久以来存在的金融管制也是"影子银行"快速发展的重要原因。利率管制的存在使在通货膨胀环境下，实际存款利率为负，导致了储户资产配置从传统的银行体系调整到了收益更高的替代理财产品上，这就为信托和民间借贷等"影子银行"的业务发展提供了空间。此外，商业银行的信贷资金投放规模和流向都有非常严格的限制，传统存贷业务盈利空间变小，也促使银行努力去探索监管套利的创新路径。

"影子银行"是中国金融管制环境下的金融创新。中国的"影子银行"与国外有所区别，中国的影子银行更多地由银行主导，本质上就是"银行的影子"，更多的是银行为了规避监管而做出的创新，大多是商业银行与其他金融机构的合作方式（李扬，2013），主要的合作形式有银信合作、银证合作、银保合作、银基合作、委托贷款以及民间金融等。在利率管制的情况下，"影子银行"的产品收益率明显要高于传统的银行存款基准利率，刺激了居民购买理财产品的积极性，尤其是在金融市场流动性大时，一些企业也开始通过"影子银行"体系对外放贷，进而拉长了实体经济企业的融资链条。同时，相应的金融产品的不断创新和越发复杂使非金融部门的投资者很难准确理解和判断其具体的运作模式和投资方向，在"刚性兑付"的背景下，更是加大了投资者的非理性行为。因此，2010 年以来，中国的"影子银行"规模持续扩大，也引发了房地产市场和股票市场等资产价格的上涨，并得到了相关研究的论证（张宝林和潘焕学，2013）。

四　对比分析

宽松政策环境下的信贷扩张是推动资产价格上涨的重要背景，紧缩政策成为泡沫破灭的导火索。美国和日本的房地产价格上涨和泡沫形成过程中都伴随长期的低利率和宽松货币政策，信贷规模的不断扩张和房地产抵押贷款规模的攀升是其重要推动力量。但是后期的紧缩政策，成为泡沫破灭的重要导火索。在资产价格泡沫和经济过热的压力下，美国和日本政府都先后收紧了货币和财政政策，原有的高杠杆无法维持，房地产投机和投资需求崩溃，房地产价格持续上涨的动力和预期都不复存在，原有的各项浮动利率贷款面临违约风险。因此，房地产泡沫往往使宏观政策陷入两难境地，继续实施宽松的政策会导致房地产泡沫持续扩大；但是一旦调整政策方向，采取紧缩性政策，又会刺破泡沫，对整个宏观经济带来重大负面影响。

约束放松下的过度创新和监管放松是美、日两国金融异化发展和风险发生的重要原因。20 世纪 80 年代以来，信息与通信技术的进步降低了获取、处理和存储信息的各种成本，这也促使金融创新的步伐不断加快；同时，技术进步也推动监管放松以创造更大市场进一步促进技术进步。美国的自由市场环境促使他们的金融创新走在世界的最前端，新的金融产品不断出现。次贷危机前，与次贷紧密相关的金融创新产品不断出现，华尔街发行的次级贷款抵押支持证券从 2001 年的 870 亿美元增长到 2006 年的 4650 亿美元，债务抵押证券的销售额从 2003 年的 300 亿美元增长到 2006 年的 2250 亿美元。投资者的冲动更是引发了金融市场的大规模膨胀并促使对金融创新的约束力大大降低。受金融自由化思想影响，官方的监管预算放松；同时由于在泡沫不断膨胀的时期，大量的金融创新使金融监管显得越发无力。从市场到行政部门整个约束的放松又使金融创新的阻力更小，各种金融创新产品在缺乏足够的必要的评估之前就被大量投入市场，并且在激励机制作用下，金融部门也容易整体性低估金融创新产品的风险，最终导致整体风险水平上升并超过金融系统能够承受的极限。从日本方面看，自 20 世纪 80 年代以来迈出了金融自由化改革的步伐，但是金融监管体制的改革并没有跟上，于是二者共同作用下鼓励和刺激了土地和住房领域的投资和投机。在当时金融创新不断、信贷扩张的背景下，商业银行缺乏充分的实体产业的信贷客户，同时金融机构之间的竞争也加剧，商业银行出于对利润、业绩和风险权衡的综合考量，将大量的资金投入以房地产为代表的非实体部门。日本的商业银行大量发放住房抵押贷款，积极地对不动产进行融资，甚至不惜违规腾挪资金参与房地产相关的投资和投机，日本银行在如此循环往复的信贷投放和监管不足的环境中支撑起了房地产价格的持续上涨和泡沫膨胀的资本运作。由信贷利率机制反映出的货币供给增加和金融监管不足进一步助长了多维市场主体对房地产市场的非理性投资和投机，越来越多的中小企业和居民纷纷加入房地产投机热潮，进一步加速了日本房地产泡沫的形成和膨胀。

　　银行系统的风险传染是美、日两国房地产风险向系统性风险转变的关键。房地产抵押贷款是商业银行主要的负债之一，因此房地产市场泡沫破灭最大的危害是对银行系统的破坏。房地产市场泡沫破灭往往意味着住房贷款的大面积违约，银行贷款对应的房地产抵押物的价值会大幅降低，银行的坏账率和资产价值损失都会攀升，银行被迫收紧信贷和抛售资产，促使资产价格进一步下跌和市场流动性枯竭。更为严重的后果是，银行在不断抛售资产的情况下如果依然无法幸存，那么就会使风险不断扩散，导致更多银行和其他金融机构面临损失和破产风险。商业银行是信贷扩张的重要推手，系统重要性银行的风险爆发和倒闭会带来连锁反应，进而对整个经济发展带来重要影响。从日本和美国房地产泡沫和危机爆发的过程可以看出，银行体系风险的爆发是房地产市场风险引发系统性风险的关键。从日本房地产价格泡沫破灭来看，房价的崩盘导致了大量的不动产企业和相关企业破产，金融机构为房地产市场提供了大量资金支持，因此引发了严重的信用危机，众多银行面临破产。并且随着资本市场泡沫的破灭，很多中小银行直接破产，丑闻不断，投资者信心丧失，日本房地产进入持续衰退阶段。从美国房地产泡沫来看，美国次贷危机以来，提供次级住房抵押贷款的众多金融机构发出业绩预警，甚至有不少机构申请破产保护，如汇丰控股在 2007 年就为其持有的美国住房次级贷款增加了准备金，美国第二大次级贷款抵押贷款机构新世纪金融在 2007 年 4 月 2 日申请了破产保护。后来，次贷危机逐渐蔓延并扩展到购买相关金融创新产品的商业银行、基金公司和保险公司等各类金融机构，并迅速向全球蔓延。美国国内银行、法国巴黎银行，以及日本和韩国的多家银行都因为持有美国的大量次级贷款而遭受较大损失。雷曼兄弟于 2008 年破产，此后美林被收购，众多的欧洲大型银行不断国有化，美国的次贷危机通过银行等金融机构的不断传播和蔓延，演变为国际金融危机。

我国金融抑制环境下的金融创新存在脱离服务实体经济的潜在风险，具有金融异化的一些共性。我国几轮房地产价格上涨和股票价格上涨都和宽松货币环境紧密相关，资产价格膨胀和实体经济投资过热促使整个经济过度繁荣。此外，由于金融部门与实体经济的收益率的差异，金融部门具有更强的自我服务式倾向，金融机构在共同利益的驱使下进行创新以共同分享高额利润，同时金融监管面临着不断的金融创新，也存在着监管能力和资源不足等问题。但我国的金融政策相比美国的自由市场，管控力度更强，政府在强调稳增长的同时对信贷投放进行了相应管制，强调政府管制的同时也存在一些制度套利的金融创新行为，其"影子银行"规模发展壮大就是通过创新规避监管。

第五节　中国金融异化的特征

一　间接融资体系下"影子银行"创新的异化发展

2008 年国际金融危机以来，"影子银行"的发展成为我国金融创新的主要源泉，促使商业银行由传统的单一功能向着为客户提供多样的全面的金融服务转变，在该过程中，包括融资、支付清算、风险管理、金融理财等一系列业务被纳入其中。我国的金融管理相对美国的自由市场，体现出强监管和对银行主导下的信贷投放的管制，使"影子银行"的创新多是为了规避对银行的监管而产生的。从金融发展的角度看，金融体系的创新和发展会带来金融部门自身效率的提升，但是这种金融创新的异化在于其并没有带来实体经济部门的效率提升和繁荣，没有提升服务实体经济的效率。以我国"影子银行"从 2010 年起快速发展的几年来看，金融行业的利润占比不断攀升，中国企业 500 强中金融行业企业的利润占比从 2011 年的 41.3% 逐年上升到 2015 年的 67.62%。随着金融创新的发展，金融部门却更大地挤占了实体经济部门的利润空间。虽然我国"影子银行"的创新模式提高了金融效率，弥补了传统金融发展中的一些不足，但是在现有的收入结构中，金融机构追求高风险和高收益的本性与政府的隐形担保作用相配合，使"影子银行"通过金融创新渠道获得的资金更多地流向政府偏好的房地产投资领域或者短期收益回报率更好的股票市场。已有相关学者的研究表明，"影子银行"推动了房地产价格上涨和地方政府债务增加（张宝林和潘焕学，2013；吕健，2014），也有学者分析了"影子银行"对金融资产价格的溢出效应（方先明和权威，2018）及其对金融市场产生的"跨市场"风险传染效应（仲文娜和朱保华，2021）。此外，金融创新的异化发展在我国的典型特征还体现为，政府隐形担保的存在和政府主导的城镇化的推进促使更多的金融资源流入大型国有企业和上市企业，这些企业可以较低的成本获得资金，在金融资源充足和金融部门投资回报率较高的情况下，这些企业获得的资金会进一步"脱实向虚"，不利于实体经济发展。同时，中小企业和民营企业的融资越发困难，融资链条拉长和融资成本攀升，不利于实体经济部门效率提升。

二 金融部门与实体经济部门结构性失衡

从金融业增加值占 GDP 的比重看，2019 年仍高达 7.73%，新冠疫情时期的 2020—2022 年分别为 8.25%、7.9% 和 8.0%，回到或接近 2015 年的高点水平，明显高于日本，与美国和英国的水平大致相当（见表 3-9）。此外，上市公司中金融类企业与非金融类企业的净资产收益率的差距从 2016 年开始有收窄的趋势，较 2015 年的高点有所回落，但到 2019 年上市公司整体净利润总额中金融类的公司占比仍然高达 51.6%。近年来，我国金融业利润较高特征体现出的是金融与实体经济部门结构的失衡，这种失衡说明我国经济金融化程度在不断加深，金融规模持续扩大，整体的宏观杠杆率已经上升到较高的水平，宏观经济整体结构性问题更为突出。此外，这种失衡会直接带来要素资源"脱实向虚"，如生产资本和人力资本向金融行业集聚。统计数据显示，金融业增加值占 GDP 比重处于高点的 2015 年和 2016 年，北京大学和清华大学的毕业生入职金融行业的比例分别在 30% 以上和 20% 以上，金融业排在就业行业的首位。到 2019 年，北京大学和清华大学毕业生入职金融行业的比例虽然有些许下降，但依然分别为 28.2% 和 21.4%，在各行业就业排序中分别居第 1 位和第 2 位。

表 3-9　　2009—2022 年主要经济体金融业增加值占 GDP 比重　　（单位:%）

年份	中国	美国	日本	英国
2009	6.27	6.80	4.17	9.60
2010	6.24	6.70	4.01	9.24
2011	6.30	6.60	3.95	9.17
2012	6.55	7.20	3.97	8.85
2013	6.96	6.90	4.23	8.80
2014	7.28	7.40	4.20	8.70

续表

年份	中国	美国	日本	英国
2015	8.17	7.60	4.27	8.08
2016	8.03	7.90	4.17	8.50
2017	7.79	7.80	4.18	8.78
2018	7.68	7.90	4.17	8.47
2019	7.73	8.00	4.13	8.18
2020	8.25	8.50	4.52	8.80
2021	7.90	8.40	4.78	9.11
2022	8.00	7.90	—	—

资料来源：Wind 数据库。

三 金融资源错配困境

我国金融异化除呈现出典型的总量充足下金融部门与实体部门发展失衡特征外，还存在金融资源配置的结构性失衡，即金融资源在不同所有制企业间、不同区域和不同行业间存在明显错配。金融资源在不同所有制企业间的错配问题带来的直接后果就是民营企业融资困境突出。在信贷市场融资和债券市场融资方面，我国的国有企业和民营企业面临较大差异。从信贷市场显示的融资数据看，国有企业新增贷款额由 2010 年的 19142 亿元上涨到 2016 年的 48348 亿元，国有企业新增贷款占整个新增贷款的比重由 2010 年的 36.2% 上涨到 2016 年的 83.2%，国有企业贷款余额由 2010 年的 158235 亿元增加到 2016 年的 337508 亿元，短短几年间增加了一倍多。从债券市场的融资情况来看，国有企业债券余额由 2014 年的 108331 亿元增长到 2019 年的 203465 亿元，增长近一倍，长期占据整个债券余额的大半壁江山；与此形成对比的是民营企业债券余额，无论是规模还是在整个债券余额中的占比都较小，其中 2018—2019 年，民营企业债券增量都呈现负数（见表 3-10）。金融资源在国有企业和民营企业间的巨大差异，表面上看是民营企业的风险更高，实际上国有企业由于政府兜底，更容易获得金融支持和救助，是金融资源在不同所有制企业间形成的错配。民营企业整体面临融资难的困局，不利于其创新活力的激发。

表 3 - 10 　　　　　　　　国有企业与民营企业债券融资差异

年份		2014	2015	2016	2017	2018	2019
债券余额（亿元）	国有企业	108331	133272	155212	158323	176739	203465
	非国有企业	9595	16383	28875	35734	36746	35899
	民营企业	6786	11607	19666	24549	23531	22665
	全部企业	11726	149655	184087	194057	213485	239364
债券增量占比（%）	国有企业	—	78.6	63.7	31.2	94.8	103.3
	非国有企业	—	21.4	36.3	68.8	5.2	-3.3
	民营企业	—	15.2	23.4	49.0	-5.2	-3.4

资料来源：Wind 数据库。

行业间和区域间的金融资源配置也存在明显的差异。我国是银行信贷的间接融资占主体的金融体系，从人民币贷款情况看，无论是行业间还是区域间都存在明显的配置不均衡。分行业的贷款余额数据显示，人民币贷款投入较多、余额较高的行业主要集中在传统的制造业，还包括一些基础设施投入较大的电力、交通运输以及水利等行业，除此之外与房地产行业紧密相关的建筑业、租赁和商务服务业等也获得了较多的信贷资金支持，而科技含量较高的信息传输、计算机服务和软件业以及科学研究、技术服务和地质勘查业等获得的贷款余额则长期占比较低（见表 3 - 11）。当然，一方面原因是技术创新的行业拥有的抵押资产较少而风险太高，本身不是传统商业银行服务的重要对象；另一方面原因是我国现有融资渠道对科技创新的产品创新和支持力度不够。从各省份的贷款余额数据来看，2010—2019 年，广东、浙江、江苏、山东等沿海和经济发达省份的人民币贷款余额远远高于中西部省份，并且差距较大（见表 3 - 12）。以 2021 年为例，广东、江苏、浙江和山东省的人民币贷款余额分别为 215784.19 亿、177970.10 亿、164042.70 亿和 108436.77 亿元，余额规模数倍于云南、贵州、甘肃等西部省份，比同期贷款余额排在后面的青海、宁夏等更是差别巨大，2021 年宁夏的人民币贷款余额仅为 27.80 亿元。不同省份信贷规模的巨大差距，一方面体现出区域经济自身发展的巨大差异，另一方面也体现出金融资源配置差异对区域经济发展和区域科技创新带来差异和失衡。因此，我国伴随金融异化产生的金融资源配置失衡不可避免地会对创新能力提升带来不利影响。

四　金融服务科技创新能力不足

从前述信贷资源在不同行业配置的情况来看，信息技术和科学研究等行业获得的信贷资金支持占比明显较低，信贷资金服务科技创新的能力明显不足。从宏观因素来看，我国是典型的间接融资占主导地位的金融模式，银行信贷融资和债券融资所占的比重较高，而通过股票市场进行融资的股权融资占比则较低。由于银行间接融资为主导存在的风险、收益以及问责结构不匹配问题，庞大的银行资金不能有效地支持轻资产、抵押不足的新兴科技产业和成长性的创新企业。同时，股权融资市场对新兴科技产业和成长性的创新企业依然存在金融支持不足、融资比例很低等问题。国内股票市场对创新能力强的新兴产业的容纳度和吸引力都不大，大量的新创新企业依然将海外股票市场作为上市的首选地。与此同时，A 股市场中市值最高的上市公司却集中分布在金融行业或者消费类的传统企业，与美国股市中科技股市值更占优的情况明显不同。从微观上看，主要源于我国股权融资的资金多为短期资金和非机构化资金，

表3-11　2010—2019年各行业人民币贷款余额情况　　　　　　　　　　　　　　　　　（单位：亿元）

年份 行业	2010	2011	2012	2013	2014	2015	2016	2017	2018	2019
农、林、牧、渔业	6550.06	7068.08	7763.77	9281.57	10702.99	11218.63	11449.53	12194.36	12132.26	12454.07
采矿业	10936.28	13908.23	17243.59	19077.91	20857.52	22360.47	22641.68	22449.91	21941.07	21319.42
制造业	79112.63	95451.23	109186.84	120533.73	124601.64	130284.44	132283.51	135480.60	138993.81	142927.27
电力、燃气及水的生产和供应业	32402.16	35965.22	37465.75	38745.27	41947.59	45788.99	49839.61	57577.78	61639.48	64552.12
建筑业	12396.37	16465.38	21116.69	24909.61	28442.09	31004.70	33193.69	38307.25	43438.03	48665.12
交通运输、仓储和邮政业	46273.99	53529.59	61208.31	69324.73	79809.55	90314.80	97851.89	109984.90	119028.86	134474.97
信息传输、计算机服务和软件业	1927.57	1911.88	2333.70	2947.95	3038.16	3651.63	4483.70	6085.14	7340.32	8407.50
批发和零售业	33299.37	42985.60	52677.77	64264.48	69556.06	76735.14	80375.56	84746.14	86178.60	90789.68
住宿和餐饮业	2895.75	3504.79	4535.50	5867.78	6536.96	6828.44	6878.21	6963.77	7119.28	7456.73
房地产业	33559.74	35755.20	38949.23	45275.10	53705.88	60049.09	62546.39	71800.15	83824.74	95465.77
租赁和商务服务业	24442.63	26939.03	29996.60	36031.83	43965.23	53724.33	70469.49	94708.88	108039.40	125285.35
科学研究、技术服务和地质勘查业	714.75	877.21	1173.29	1511.50	1791.75	1975.72	2317.22	2790.86	3358.03	4446.13

续表

行业\年份	2010	2011	2012	2013	2014	2015	2016	2017	2018	2019
水利、环境和公共设施管理业	40419.01	39896.30	39524.67	41015.12	45075.79	49537.24	59426.09	74542.42	83244.99	91900.76
居民服务和其他服务业	2449.02	2419.23	2002.64	1988.12	2184.12	2170.67	2166.40	2233.14	2078.07	2214.87
教育业	3822.08	3269.86	2733.44	2889.77	3238.79	3377.27	3558.87	3531.17	3768.95	4218.69
卫生、社会保障和社会福利业	1588.58	1881.91	2314.15	2727.64	3293.23	3821.51	4191.93	4534.78	4936.75	5546.64
文化、体育和娱乐业	1003.05	1282.44	1655.60	2054.98	2526.27	3008.96	3250.98	3738.96	4296.84	4993.02
公共管理和社会组织	5297.97	5305.94	6158.49	6876.67	8381.64	10280.57	8803.81	6443.19	4504.73	3513.56

资料来源：Wind 数据库。

2010—2021年各省（自治区、直辖市）人民币贷款余额情况

表3-12 （单位：亿元）

年份\省份	2010	2011	2012	2013	2014	2015	2016	2017	2018	2019	2020	2021
北京	29563.80	33367.00	36441.30	40506.70	45458.71	50559.52	56618.87	63382.55	66766.98	73575.94	81035.19	86077.50
天津	13111.60	15242.20	17392.10	19453.30	21716.00	24500.90	27368.00	30103.00	32539.40	34874.00	37690.40	40043.40
河北	15755.70	18144.00	20850.90	23966.00	27593.82	32151.42	37352.24	42891.15	47744.11	53448.06	60605.19	67610.38
山西	9634.30	11169.40	13106.20	14887.50	16432.75	18458.66	20228.58	22463.90	25057.04	27746.18	30373.45	33917.47
内蒙古	7919.50	9727.70	11284.20	12944.20	14947.07	17140.67	19361.01	21456.03	22085.22	23085.12	23249.19	24965.01
辽宁	18690.00	21621.00	24730.20	27944.00	31250.00	34735.00	37290.60	40063.70	43907.80	48654.00	51498.70	52504.53
吉林	7205.90	8126.20	9155.60	10696.50	12587.30	15203.11	17141.10	17959.69	18956.37	20863.60	22739.82	24594.72
黑龙江	7230.50	8548.70	9906.70	11359.40	13391.70	16214.90	17725.00	19208.40	20156.30	21370.00	22482.30	24307.80
上海	30573.30	33360.10	36485.90	39748.60	43227.33	48090.80	53985.10	61189.00	67567.94	73823.66	78000.00	88260.13
江苏	42121.00	47868.30	54412.30	61836.50	69572.67	78866.34	91107.60	102113.27	115719.00	133329.87	154523.28	177970.10
浙江	45288.10	51276.60	56982.70	62597.56	68566.00	74070.00	79926.00	88606.50	104099.80	120289.30	142126.70	164042.70
安徽	11452.30	13729.80	16294.30	19088.80	22088.30	25489.00	30180.70	34481.20	38815.30	44289.30	51520.50	58151.00
福建	15231.40	18165.20	21209.80	24487.50	28417.70	32132.96	36356.06	40484.93	45173.87	51396.64	58589.49	65920.32
江西	7757.10	9175.20	10924.50	12953.50	15466.10	18348.00	21721.80	25712.60	30358.40	35493.80	41409.20	46920.70
山东	30722.60	35179.00	40021.50	44761.30	50058.64	55437.00	61726.88	67575.96	74879.40	83702.97	95411.56	108436.77
河南	15871.30	17506.20	20031.40	23100.90	27228.30	31432.60	36501.20	41743.30	47834.80	55659.00	62866.70	69444.60

续表

年份 省份	2010	2011	2012	2013	2014	2015	2016	2017	2018	2019	2020	2021
湖北	14170.90	15662.50	18004.50	20796.90	24239.96	28338.90	33130.12	38154.95	44340.54	50663.96	58478.81	65553.78
湖南	11303.80	13186.70	15336.50	17775.00	20356.40	23738.60	27215.50	31532.70	36211.80	42159.40	49165.70	55508.70
广东	47191.60	53411.80	59967.30	68491.90	77889.50	89289.27	103649.79	118978.62	139100.04	162378.43	189802.41	215784.19
广西	8867.50	10408.50	11941.40	13653.40	15585.46	17656.76	20175.77	22781.81	26143.38	29988.52	34738.99	39325.29
海南	2265.40	2797.70	3390.70	3988.80	4684.32	5689.04	6579.49	7376.55	7870.60	8596.37	9230.18	9926.01
重庆	10888.20	13001.40	15131.20	17381.60	20011.50	22393.93	24785.19	27871.89	31425.87	36233.20	40960.64	46043.22
四川	19129.80	22033.20	25560.40	29542.74	33884.06	38011.83	42828.13	48124.44	54097.84	61089.01	69504.94	78963.92
贵州	5747.50	6841.90	8274.80	10104.30	12368.30	15051.94	17857.80	20860.34	24715.05	28448.73	32235.75	35829.38
云南	10568.80	12115.00	13869.80	15812.20	18010.90	20879.10	23089.29	25440.47	28085.30	31201.01	34717.96	38646.50
西藏	301.50	408.80	663.80	1076.69	1618.73	2120.33	3046.00	4041.44	4555.50	4695.22	4956.89	5135.13
陕西	10033.10	11865.30	13865.60	16219.80	18837.20	21760.61	23921.75	26679.06	30513.81	34113.19	38905.47	44053.75
甘肃	4433.10	5468.80	6829.40	8430.10	10681.60	13292.20	15650.50	17404.56	19094.39	20424.30	21935.60	23730.40
青海	1822.65	2231.52	2791.68	3398.17	4171.73	—	5579.70	6222.49	6582.44	6639.76	6578.23	6818.43
宁夏	3.20	7.40	5.20	6.10	4.90	5.00	4.10	19.70	33.70	30.20	30.50	27.80
新疆	4973.16	6270.21	7914.00	9840.45	11671.39	13041.00	14552.71	16871.00	18203.14	19960.10	22377.60	25074.00

资料来源：Wind 数据库。

无论是私募股权投资还是风险资金投资都更追求短期收益，与被投资的创新型企业很难形成长期的利益共同体。综上所述，无论是银行资金还是股权资金对科技创新型企业的支持都显不足。

金融服务科技创新能力不足还体现为金融对"卡脖子"问题等相关技术创新的支持不足。当前金融体系对核心关键技术攻关提供的大规模、长周期和高风险的资金支持较少，且提供难度较大，难以促进核心攻关技术的产业化。现有金融机制对科研人员的激励创新力度明显不足，财政与金融缺乏有效配合，缺乏弥补关键技术创新的风险收益结构以及弥补风险资金的收益机构的相关机制。

五　金融风险集聚导致防控压力较大

金融异化的典型特征除体现在金融部门与实体部门的均衡发展问题、实体经济高质量发展面临的"瓶颈"，还体现为金融部门本身会积累大量的风险，导致金融风险防控的压力较大。从近年来我国金融异化呈现的特征来看，我国金融风险主要还体现在以下几个方面：一是金融"脱实向虚"过程不断积累在微观部门中的各种风险，如企业的债务风险、中小金融机构风险、居民部门的高杠杆风险以及地方政府部门的隐形债务风险等；二是金融创新下各种金融乱象带来的风险，如大量的资金违规流入楼市和股市引发的资产价格泡沫，当前金融乱象在金融监管的作用下得到了明显控制，但是稍微放松监管或者金融监管无法及时跟进金融创新，各种金融乱象很可能回潮；三是在经济高质量发展转型的过程中，经济增长的新旧动能转换中，大量的金融资源配置在旧的动能部门，金融资源配置的结构性调整也必然伴随金融风险的释放；四是当前复杂的国际经济环境变化带来输入性的金融风险。

第六节 结论

本章基于前文对金融异化的界定，具体从宏观视角、微观视角和金融错配视角分析了我国金融异化的表现，并从资产价格泡沫角度选取案例对中外金融异化的差异进行了对比分析，进而分析了我国金融异化的典型特征。我国金融异化在宏观层面主要表现为金融资源脱离实体经济部门在金融体系空转，由此带来房地产市场的泡沫和股票市场价格波动较大的阶段性泡沫；在微观层面主要表现为企业金融资产配置比例过高，脱离主营业务而关注金融投资收益，同时资本市场的险资频繁举牌又放大了企业金融化程度。相较于美国的金融自由化政策和金融过度创新带来的泡沫、日本金融自由化改革和金融过度创新带来的泡沫，我国的资产价格泡沫和整体的金融异化更多体现为金融抑制下"影子银行"催生出的金融异化发展。因此，我国的金融异化特征一方面体现为从宏观总量上看金融部门与实体经济部门的整体失衡，另一方面体现为结构上金融资源在不同部门间的配置失衡，这一整体逻辑的构成还带来了金融服务科技创新能力不足的同时金融体系面临的金融风险，是金融异化对全要生产率产生影响的逻辑起点。

第四章 金融发展过度、"脱实向虚"对全要素生产率的影响: 宏观视角

近年来,我国金融"脱实向虚"问题凸显,以制造业为代表的实体经济发展艰难的同时,股票市场和房地产市场却交替繁荣(见图4-1),经济增长乏力与金融领域的自循环并存,金融服务实体经济遭遇诸多障碍,民营企业和小微企业融资难、融资贵问题依然突出。金融部门与实体经济部门的协调发展面临重要挑战,一方面,随着中国"人口红利"消失和资本报酬递减现象出现,中国经济需要从技术进步和体制改革中获得更高效率,以实现经济增长向全要素生产率支撑型模式转变(蔡昉,2013);另一方面,要构建适应经济发展方式转变的金融体系,引导金融回归服务实体经济的本质,使金融发展促进全要素生产率的提升。那么,金融发展水平的变化和金融"脱实向虚"会对全要素生产率带来怎样的影响?同时,我国目前面临的金融市场改革和多层次资本市场建设,由银行业主导的间接融资体系向市场主导的金融结构转变是否有利于纠正"脱实向虚"并促进技术创新和全要素生产率提升?厘清这些问题,对促进我国金融服务实体经济并指导以发展实体经济为目标的金融改革具有重要影响。

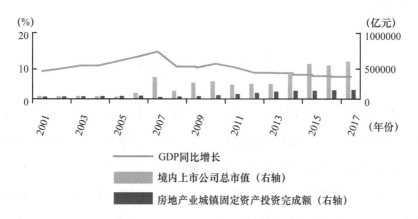

图 4-1 2001—2017 年 GDP 增长、股市规模和房地产业固定投资情况
资料来源：Wind 数据库。

　　现有研究中金融对全要素生产率的研究主要集中在金融发展对全要素生产率的影响上，金融因素主要集中于金融发展水平，少量学者考虑了金融周期等其他因素，研究的差异体现为金融发展指标选取上的区别、全要素生产率测算方法的不同，研究的结论也存在差异。但是现有研究中，却鲜有将金融结构因素纳入其中，分析金融对全要素生产率的作用及机制。近年来，我国进入经济新常态，实体经济增长乏力而金融膨胀明显，金融"脱实向虚"现象明显，金融改革迫在眉睫，大力发展资本市场和推进金融结构改革的呼声高涨，那么金融结构和金融"脱实向虚"因素都考虑进来后，金融对全要素生产率的影响如何？随着经济发展、资本积累和要素禀赋结构变化（林毅夫等，2009），有利于促进科技创新的资本市场融资比例的提升是否会带来我国全要素生产率的增长？因此本书的创新点在于：第一，同时考虑金融发展因素和金融结构因素，分析金融因素对全要素生产率的影响，能更全面地分析金融对全要素生产率的影响；第二，分析金融因素对全要素生产率的影响及机制，并充分考虑金融"脱实向虚"的影响，厘清金融对全要素生产率和实体经济的作用机理。

第一节　模型构建

本书借助 Chou 和 Chin（2004）、李健（2015）等研究中构建的包含金融部门的内生经济增长模型，将金融发展、金融结构同时作为金融部门的代理变量，考虑金融因素对全要素生产率的影响。同时结合近年来中国金融部门发展与实体经济部门发展差异不断扩大的现实，用金融部门与实体经济部门增长的差异来衡量金融"脱实向虚"（黄宪，2017），并将其与金融发展变量的交互项纳入模型中，进一步分析金融"脱实向虚"对我国全要素生产率的影响。考虑到全要素生产率的惯性作用，在模型构建中将其滞后一项放入解释变量中，因此本书采用的是动态面板模型。本书计量经济回归的基本模型如下：

$$\ln tfpch_{it} = \alpha \ln tfpch_{i,t-1} + \beta Fin_{it} + \eta (g_{Fin_{it}} - g_{Rs_{it}}) + \gamma Fst_{it} +$$
$$\theta X_{it} + \mu_i + \varepsilon_{it} \tag{4-1}$$

$$\ln tfpch_{it} = \alpha \ln tfpch_{i,t-1} + \beta Fin_{it} + \eta (g_{Fin_{it}} - g_{Rs_{it}} + \gamma Fst_{it} +$$
$$\delta Fin_{it} \times (g_{Fin_{it}} - g_{Rs_{it}}) + \theta X_{it} + \mu_i + \varepsilon_{it} \tag{4-2}$$

其中，i 表示省份，t 代表时间，被解释变量 $\ln tfpch_{it}$ 为全要素生产率指数的对数。解释变量 $\ln tfpch_{i,t-1}$ 代表被解释变量的滞后一期，Fin_{it} 代表金融发展水平，用各省金融机构贷款余额与 GDP 的比值表示；Fst_{it} 代表金融结构，用资本市场筹资额和贷款余额之比表示；$(g_{Fin_{it}} - g_{Rs_{it}})$ 表示金融发展水平与实体经济增长水平的差异，因此考虑交互项因素后，金融发展对全要素生产率的影响可以表示为 $\beta + \delta (g_{Fin_{it}} - g_{Rs_{it}})$。$X_{it}$ 代表控制变量的集合。μ_i 代表不可观测的每个省份的异质性。ε_{it} 为随机扰动项。α、β、η、γ 和 δ 为被估计系数。

由于本书对全要素生产率进行测算采用的是 DEA 中的 Malmquist 指

数法，因此可以将全要素生产率指数 *tfpch* 进一步分解为技术效率指数 *effch* 和技术进步指数 *techch*。因此，在分析了金融发展、金融"脱实向虚"和金融结构对全要素生产率的关系后，将进一步分析金融发展、金融"脱实向虚"和金融结构与分解后的技术效率和技术进步的关系，模型如下：

$$\ln effch_{it} = \alpha \ln effch_{i,t-1} + \beta Fin_{it} + \eta(g_{Fin_{it}} - g_{Rs_{it}}) + \gamma Fst_{it} + \theta X_{it} + \mu_i + \varepsilon_{it} \tag{4-3}$$

$$\ln effch_{it} = \alpha \ln effch_{i,t-1} + \beta Fin_{it} + \eta(g_{Fin_{it}} - g_{Rs_{it}}) + \gamma Fst_{it} + \delta Fin_{it} \times (g_{Fin_{it}} - g_{Rs_{it}}) + \theta X_{it} + \mu_i + \varepsilon_{it} \tag{4-4}$$

$$\ln techch_{it} = \alpha \ln techch_{i,t-1} + \beta Fin_{it} + \eta(g_{Fin_{it}} - g_{Rs_{it}}) + \gamma Fst_{it} + \theta X_{it} + \mu_i + \varepsilon_{it} \tag{4-5}$$

$$\ln techch_{it} = \alpha \ln techch_{i,t-1} + \beta Fin_{it} + \eta(g_{Fin_{it}} - g_{Rs_{it}}) + \gamma Fst_{it} + \delta Fin_{it} \times (g_{Fin_{it}} - g_{Rs_{it}}) + \theta X_{it} + \mu_i + \varepsilon_{it} \tag{4-6}$$

第二节　变量的选取和数据来源

一　全要素生产率

全要素生产率指数计算采用 DEA-Malmquist 指数法进行测算，采用各省份 2001—2016 年的实际产出、资本投入和劳动投入。其中，各省份的实际产出选取各省份各年的实际 GDP 衡量，以数据库获得的名义 GDP 转化为以 2001 年为基期的实际 GDP。资本投入借鉴张军（2004）的研究方法，用永续盘存法进行测算，每个省份都以 2001 年的资本存量作为初始资本存量，2001—2016 年每年的全社会固定投资形成额作为固定资产投资总额的代表，初始资本存量用基期固定资产投资总额除以 10% 表示，折旧率选用 9.6%。劳动投入用各省的就业人数作为代表。以上数据均来自 Wind 数据库和历年《中国统计年鉴》。全要素生产率指数计算和分解采用 DEAP 2.1 软件完成。

表 4-1 中的数据显示了全国除西藏 30 个省（自治区、直辖市）的全要素生产率水平测算结果。测算结果显示，2001—2007 年我国全要素生产率指数大于等于 1，从指数增长率的角度看，呈现正增长态势；但是 2008—2016 年以来全要素生产率指数均小于 1，呈现负向增长态势。2008 年是重要的分界点，与美国次贷危机紧密相连，可见我国全要素生产率受经济危机影响。从分解后的指数看，2001—2016 年我国的技术效率指数均小于 1，而技术进步指数除 2010—2011 年外均大于 1，可见我国的全要素生产率增长主要是来源于技术进步的贡献而非技术效率。

表 4-1　　　　　　2001—2016 年我国全要素生产率指数及其分解

时间跨度	技术效率指数	技术进步指数	纯技术效率指数	规模效率指数	全要素生产率指数
2001—2002	0.999	1.083	0.996	1.003	1.082
2002—2003	0.976	1.096	0.993	0.983	1.070
2003—2004	0.971	1.093	0.980	0.991	1.061
2004—2005	0.970	1.066	0.977	0.993	1.034
2005—2006	0.964	1.061	0.966	0.998	1.024
2006—2007	0.962	1.061	0.962	1.000	1.021
2007—2008	0.975	1.026	0.977	0.998	1.000
2008—2009	0.960	1.004	0.966	0.994	0.964
2009—2010	0.954	1.021	0.962	0.992	0.974
2010—2011	0.944	0.985	0.966	0.977	0.929
2011—2012	0.962	1.013	0.983	0.979	0.974
2012—2013	0.948	1.008	0.952	0.996	0.955
2013—2014	0.948	1.003	0.975	0.972	0.950
2014—2015	0.932	1.039	0.955	0.976	0.969
2015—2016	0.947	1.039	0.962	0.984	0.984

　　表4-2为2001—2016年我国各省（自治区、直辖市）的全要素生产率测算结果。从测算结果我们可以看出，2001—2016年，有16个省（自治区、直辖市）的全要素生产率指数小于1，体现为负增长；有14个省（自治区、直辖市）的全要素生产率指数大于1，体现为正增长；增幅较大的为上海和天津，降幅较大的为安徽、广西和江西。从分解指数看，技术效率指数除天津和上海大于1以外，其余地区均小于1；从技术进步指数看各地均大于1。由此可见，各省（自治区、直辖市）全要素生产率指数的差异主要受制于技术效率指数，天津和上海的技术效率指数呈现正增长态势，二者也是全要素生产率指数增长靠前的省（自治区、直辖市）。

表4-2　　我国30个省（自治区、直辖市）全要素生产率指数及其分解

区域	技术效率指数	技术进步指数	纯技术效率指数	规模效率指数	全要素生产率指数
北京	0.990	1.049	0.991	0.999	1.039
天津	1.003	1.053	1.000	1.003	1.055
河北	0.948	1.040	0.954	0.994	0.986
山西	0.937	1.034	0.951	0.985	0.969
内蒙古	0.966	1.048	0.968	0.998	1.013
辽宁	0.966	1.048	0.966	1.000	1.012
吉林	0.959	1.050	0.966	0.993	1.007
黑龙江	0.963	1.034	0.968	0.994	0.996
上海	1.000	1.054	1.000	1.000	1.054
江苏	0.978	1.051	1.003	0.976	1.028
浙江	0.979	1.050	0.996	0.983	1.028
安徽	0.931	1.029	0.935	0.996	0.958
福建	0.954	1.042	0.953	1.001	0.994
江西	0.933	1.030	0.942	0.991	0.962

区域	技术效率指数	技术进步指数	纯技术效率指数	规模效率指数	全要素生产率指数
山东	0.955	1.040	0.981	0.974	0.994
河南	0.938	1.029	0.941	0.996	0.965
湖北	0.960	1.030	0.961	0.999	0.989
湖南	0.952	1.030	0.954	0.999	0.981
广东	0.987	1.037	1.000	0.987	1.024
广西	0.934	1.029	0.942	0.991	0.961
海南	0.957	1.031	1.000	0.957	0.987
重庆	0.964	1.043	0.969	0.995	1.006
四川	0.965	1.030	0.966	0.999	0.993
贵州	0.955	1.029	0.975	0.980	0.983
云南	0.949	1.029	0.961	0.987	0.977
陕西	0.962	1.039	0.968	0.994	1.000
甘肃	0.947	1.029	0.972	0.974	0.975
青海	0.978	1.043	1.002	0.976	1.020
宁夏	0.962	1.050	0.992	0.970	1.010
新疆	0.956	1.049	0.973	0.982	1.003

二 核心解释变量：Fin_{it}、Fst_{it} 和（$g_{Fin_{it}} - g_{Rs_{it}}$）

Fin_{it} 代表金融发展水平，由于我国是银行业主导的金融体系，因此本书选取各省（自治区、直辖市）的金融机构贷款余额与 GDP 的比值表示，侧重于对金融中介水平的考量。可替代指标将资本市场融资和银行贷款都考虑进来，可以用（资本市场融资额＋贷款余额）/GDP 表示。

Fst_{it} 代表金融结构，主要考察的是资本市场融资占比的提升对全要素生产率的影响，因此用资本市场筹资额和贷款余额之比表示，资本市场融资主要包括股票市场融资额和债券市场融资额。这一指标不同于以往多数直接采用股票市值同贷款余额之比表示，一是将债券融资额度考虑进来，二是股票融资额相对于股票市值剔除了股价膨胀和市值膨胀带来的影响。

$g_{Fin_{it}}$ 表示金融发展水平的增长率，用金融发展水平变量的增长率表示。

$g_{Rs_{it}}$ 表示实体经济的增长率，用第二产业 GDP 的增长率表示，替代变量用工业增加值的增长率表示。

$(g_{Fin_{it}} - g_{Rs_{it}})$ 表示金融发展水平与实体经济增长水平的差异，该值为正代表金融发展速度快于实体经济发展速度，达到一定程度时就是金融"脱实向虚"；为了避免同义反复，这里用金融规模的增长率减去实体经济增长水平的增长率表示。

控制变量 X_{it} 包括：对外开放水平（emgdp），用各省进出口贸易总额与 GDP 的比值表示；受教育年限（education），用样本中的小学文化程度人口数 ×6 + 初中文化程度人口数 ×9 + 高中文化程度人口数 ×12 + 大专及以上人口数 ×16）之和，除以 6 岁以上的抽样总人口数来表示；研发强度（rdgdp）用《中国科技统计年鉴》中的"研究与实验发展（R&D）经费投入"同各省的 GDP 比重来表示；政府财政支出（governg-dp）用各省地方财政支出总额与 GDP 的比重来表示；城镇化水平（Urban）用城镇人口占比来表示。

以上变量的原始指标来源于 Wind 数据库、《中国统计年鉴》、《中国科技统计年鉴》、《中国金融年鉴》及各省市统计年鉴。

三　估计方法

由于模型中的解释变量包含被解释变量的滞后项，交叉项的设置也有内生性，金融发展、金融结构会影响全要素生产率，反过来全要素生产率也会影响金融发展和金融结构，同时研发强度和全要素生产率之间也存在相互影响。因此，为了对模型中的内生性问题进行控制，本书采用差分 GMM 方法对模型进行估计，将内生变量的滞后期作为工具变量，其中所使用的工具变量矩条件如下：

$$E\left[\ln tfpch_{i,t-s}\left(\varepsilon_{i,t}-\varepsilon_{i,t-1}\right)\right]=0 \quad \text{对所有的 } s\geqslant2,\ t\geqslant3 \quad (4-7)$$

$$E\left[X_{i,t-s}\left(\varepsilon_{i,t}-\varepsilon_{i,t-1}\right)\right]=0 \quad \text{对所有的 } s\geqslant2,\ t\geqslant3 \quad (4-8)$$

使用差分 GMM 估计时，要满足随机扰动项不存在序列自相关和工具变量外生性的前提条件。因此，估计该模型时需要对随机扰动项 $\varepsilon_{i,t}$ 是否存在序列自相关进行检验，估计的原假设是随机扰动项无自相关，要关注 AR（2）是否显著；同时需要进行过度识别检验，过度识别检验的原假设是所有工具变量都是外生的，本书使用 Hausen 检验进行过度识别检验。

第三节　实证分析

本书实证分析的样本数据年份为 2006—2016 年，表 4 - 3 展示了各变量的描述性统计，其中 $\left(g_{Fin_{it}}-g_{Rs_{it}}\right)1$ 表示用第二产业 GDP 的增长率表示实体经济增长指标的金融部门与实体经济的差异，$\left(g_{Fin_{it}}-g_{Rs_{it}}\right)2$ 表示用工业增加值的增长率衡量实体经济增长指标时的金融部门与实体经济的差异。

表 4 - 3 　　　　　　　　　　　**变量的描述性统计**

变量	均值	标准差	最小值	最大值
tfpch	0.9778	0.0506	0.8740	1.0950
effch	0.9551	0.0425	0.8630	1.1940
techch	1.0238	0.0328	0.8900	1.0780
fin	1.1153	0.3700	0.5329	2.4875
emgdp	0.3126	0.3775	0.0335	1.6838
education	8.8413	0.9536	6.5940	12.3037

变量	均值	标准差	最小值	最大值
rdgdp	1.4228	1.0530	0.1975	6.0100
governgdp	0.2187	0.0953	0.0837	0.6274
Urban	0.5296	0.1380	0.2749	0.8960
Market	6.3942	1.8585	2.5300	11.7100
Fst	0.0477	0.0640	−0.0009	0.5377
$(g_{Fin} - g_{Rs})$ 1	0.0544	0.0720	−0.1503	0.2932
$(g_{Fin} - g_{Rs})$ 2	0.0414	0.0837	−0.2443	0.3442

一 金融对全要素生产率的影响

表4-4给出了全样本下全要素生产率指数与金融发展、金融结构、金融部门与实体经济部门之间增长差异的关系。模型1显示出金融发展对全要素生产率有显著的正向影响，金融部门与实体经济部门发展差异对全要素生产率有负向影响，金融结构对全要素生产率有正向影响，说明金融发展和资本市场相对规模占比的提升有利于提升全要素生产率，而金融"脱实向虚"会抑制全要素生产率的提升。模型2中加入了金融发展和金融部门与实体经济部门的交互项后，交互项的系数显著为正，说明金融发展对全要素生产率的作用强于金融"脱实向虚"对全要素生产率的作用，金融"脱实向虚"对全要素生产率的负面影响被金融发展的正向作用暂时掩盖。金融发展对全要素生产率的综合影响为 $\beta + \delta$ $(g_{Fin} - g_{Rs})$，由于模型2中对应的系数分别为0.0576和0.1679，根据伍德里奇（2015：186—188）关于交互项综合影响的解释，这里的 $(g_{Fin} - g_{Rs})$ 应当取均值0.0544，考虑交互项后金融发展对全要素生产率的综合影响为 $0.0576 + 0.1679 \times 0.0544$，即0.0667；同理，金融"脱实向虚"对全要素生产率的综合影响为 $-0.2688 + 0.1679 \times 1.1153$，即−0.0815。实证研究中，相关阈值的显著性相较其准确性的经济学意义更大，可见金

融发展水平对全要素生产率的影响既受自身发展水平的影响也受金融部门发展速度与实体经济部门发展速度的影响，目前对全要素生产率具有正向影响；金融"脱实向虚"对全要素生产率的影响受金融部门发展和金融"脱实向虚"程度的影响，目前对全要素生产率具有负向的综合影响，进而不利于实体经济的发展。金融结构对全要素生产率的影响表明，资本市场融资占比提升对全要素生产率具有积极作用，即在推动金融发展的情况下要积极促进资本市场的发展。

表 4 - 4   全样本下被解释变量为 ln*tfpch* 的差分 GMM 回归结果

被解释变量	模型 1	模型 2
	ln*tfpch*	ln*tfpch*
$L. \ln tfpch$	0.1767 ** (-0.0854)	0.1957 ** (-0.0906)
Fin	0.0894 *** (-0.0297)	0.0576 * (-0.0309)
$(g_{Fin} - g_{Rs}) 1$	-0.1031 *** (-0.027)	-0.2688 ** (-0.1056)
Fst	0.1086 *** (-0.0396)	0.062 (-0.1033)
$fin \times (g_{Fin} - g_{Rs}) 1$	—	0.1679 * -0.0925
$Emgdp$	-0.0987 ** (-0.0407)	-0.0723 (-0.0575)
$Education$	-0.0052 (-0.0079)	-0.0046 (-0.0079)
$rdgdp$	-0.0399 (-0.0273)	-0.017 (-0.0398)
$governgdp$	-0.5461 *** (-0.1618)	-0.5597 *** (-0.1579)

续表

被解释变量	模型 1	模型 2
	lntfpch	lntfpch
Urban	−0.0641 (−0.2073)	−0.0226 (−0.2184)
Observations	270	270
Number of id	30	30
AR (1)	0.001	0.001
AR (2)	0.249	0.227
Hausen 统计量 (p-value)	28.60 (0.911)	28.74 (0.988)
Walt chi2 (7) 统计量	97.58 (0.000)	102.95 (0.000)

注：***、**、*分别代表在1%、5%和10%的水平下显著；括号中的值为系数对应的Z统计量的值；AR（2）的原假设为"随机扰动项无序列自相关"；Hausen检验的原假设为"所有工具变量都是外生的"；Wald检验的原假设为"各解释变量系数都为0"；下同。

从控制变量来看，对外开放水平对全要素生产率的影响显著为负，说明我国进出口规模的扩大没有促进全要素生产率的提升。用平均受教育年限代表的人力资本水平对全要素生产率的影响不显著，这里采用的是受教育水平的加权平均值，可能的原因是人力资本投入地区异质性和配置效率不同对全要素生产率的影响会有差异。值得注意的是，研发投入强度对全要素生产率的影响并不显著，可能的原因是研发投入结构失衡和研发体制造成的创新投入产出效率低下。政府财政支出对全要素生产率和技术效率、技术进步效率的影响都为负，这与目前大多数的研究相一致，显然政府财政支出没有实现资源的有效配置，而是扭曲了资源配置并抑制了全要素生产率的提升。

二 金融对全要素生产率的影响路径

从模型 1 和模型 2 我们得出了金融结构和金融发展与全要素生产率的关系，为了进一步分析金融发展和金融结构对全要素生产率影响的路径，我们分析金融发展和金融结构对技术效率和技术进步的影响。

表 4 - 5 展示了被解释变量为技术效率和技术进步的实证结果，其中模型 3 和模型 4 的被解释变量为技术效率，模型 5 和模型 6 的被解释变量为技术进步。模型 3 和模型 4 显示，金融发展和金融"脱实向虚"对技术效率的影响均不显著，而金融结构对技术效率的影响显著为正，可见金融结构对全要素生产率的影响是通过技术效率进行传递的，资本市场的发展和壮大有利于技术效率的提升。模型 5 和模型 6 显示，金融发展与金融"脱实向虚"的交互项对技术进步的作用并不显著；金融发展对技术进步的影响均为正，说明金融发展对全要素生产率的影响是通过技术进步进行传递的，金融发展水平的提升有利于技术进步；金融部门与实体经济部门发展差异对技术进步的影响显著为负，金融"脱实向虚"对全要素生产率的影响是通过技术进步进行传递的，金融"脱实向虚"不利于实体经济的技术进步；同样地，金融结构对技术进步的影响也显著为负，说明资本市场融资占比的提升虽然有利于技术效率的提升，却不利于技术进步。

表 4 - 5　全样本下被解释变量为 ln*effch* 和 ln*techch* 的差分 GMM 回归结果

被解释变量	模型 3	模型 4	模型 5	模型 6
	ln*effch*	ln*effch*	ln*techch*	ln*techch*
fin	- 0. 0727 (- 0. 0459)	- 0. 0663 (- 0. 0461)	0. 1631 *** (- 0. 0393)	0. 1395 *** (- 0. 0427)

续表

被解释变量	模型3	模型4	模型5	模型6
	lneffch	lneffch	lntechch	lntechch
$(g_{Fin}-g_{Rs})$ 1	0.012 （−0.03）	−0.066 （−0.0796）	−0.1091 *** （−0.0319）	−0.1670 ** （−0.0696）
Fst	0.3520 ** （−0.1462）	0.2970 ** （−0.146）	−0.2729 ** （−0.1326）	−0.2538 * （−0.1327）
$fin \times (g_{Fin}-g_{Rs})$ 1	—	0.0541 （−0.0627）	—	0.0704 （−0.0697）
$emgdp$	−0.1111 * （−0.0567）	−0.0927 （−0.0616）	0.0424 （−0.048）	0.0433 （−0.0447）
$education$	−0.0022 （−0.007）	−0.0031 （−0.0063）	−0.0133 ** （−0.0063）	−0.0122 * （−0.0067）
$rdgdp$	−0.0248 （−0.0278）	−0.0081 （−0.0314）	−0.0161 （−0.0214）	−0.0172 （−0.0217）
$governgdp$	−0.1484 （−0.1427）	−0.142 （−0.1433）	−0.5753 ** （−0.2279）	−0.5739 *** （−0.2051）
$Urban$	0.2027 （−0.2585）	0.0774 （−0.2642）	−0.0436 （−0.1971）	0.0511 （−0.1636）
$L.$ lneffch	0.1634 （−0.1548）	0.1447 （−0.1524）	—	—
$L.$ lntechch	—	—	−0.0961 （−0.0669）	−0.0694 （−0.0707）
Observations	270	270	270	270
Number of id	30	30	30	30
AR（1）	0.032	0.031	0.004	0.004
AR（2）	0.905	0.955	0.533	0.507
Hausen 统计量 （p-value）	27.05 （0.941）	24.67 （0.998）	28.85 （0.905）	28.71 （0.988）
Walt chi2（7） 统计量	31.78 （0.000）	41.5 （0.000）	73.93 （0.000）	80.37 （0.000）

因此，全样本的实证结果显示，金融发展和金融结构对全要素生产率均有显著影响。金融发展对全要素生产率的影响主要体现在技术进步上，金融发展的作用相对金融"脱实向虚"的作用更为显著，在当前情况下掩盖了金融"脱实向虚"的负面影响，对全要素生产率整体有促进作用。金融"脱实向虚"对全要素生产率形成负向影响，且主要通过技术进步渠道进行传递。金融结构对技术效率和技术进步都有显著影响，对技术效率的影响为正，资本市场融资比重的提升会促进技术效率的提升，但是资本市场融资占比的提升对技术进步存在一定程度的负面影响，抑制了技术进步。但整体而言，我国资本市场融资比重的提升有利于促进全要素生产率的提升。

为了确保相关研究结论的可靠性，在上述采用两步差分 GMM 估计的基础上，还采用了一步差分 GMM 估计，得出的结论与上述结论一致。同时，还从以下方面再次进行稳健性检验：实体经济部门增长指标采用工业增加值增长率来衡量，另外，金融发展指标不仅考虑金融中介因素，还将资本市场融资和银行融资同时考虑进来，用资本市场融资和银行贷款的加总额除以各省市的 GDP 值表示，这里用 $fin1$ 代表，交互项表示为 $fin1 \times (g_{Fin} - g_{Rs})2$，稳健性检验结果见表 4-6。

总体而言，稳健性检验结果同原有的分析相一致，各变量的估计系数的符号同前面的实证分析整体一致且波动较小，只有较个别变量显著性有所差别，金融发展与全要素生产率的关系是非线性的，主要受金融发展水平增长速度和实体经济增长速度的影响，并且其主要途径在于对技术进步的影响；金融结构对全要素生产率的影响主要在于其对技术效率的影响。因此，稳健性检验结论显示，本书结论具有较好的稳健性。

表4-6　替代变量进行稳健性检验结果

被解释变量	模型1 $lntfpch$	模型2 $lntfpch$	模型3 $lneffch$	模型4 $lneffch$	模型5 $lntechch$	模型6 $lntechch$
$L.lntfpch$	0.2037** (-0.0958)	0.2134** (-0.1002)	—	—	—	—
$fin1$	0.0683** (-0.0297)	0.0419 (-0.0372)	-0.0506 (-0.0418)	-0.0465 (-0.0387)	0.1212*** (-0.0319)	0.0871** (-0.0348)
$(g_{Fin}-g_{Rs})2$	-0.0812*** (-0.0239)	-0.2635 (-0.1735)	0.013 (-0.0247)	-0.0209 (-0.0839)	-0.0869*** (-0.0221)	-0.2442*** (-0.0771)
Fst	-0.0019 (-0.126)	0.0269 (-0.0899)	0.4394** (-0.2044)	0.3906* (-0.2068)	-0.4653** (-0.201)	-0.4083** (-0.1956)
$fin1 \times (g_{Fin}-g_{Rs})2$	—	0.1788 (-0.1563)	—	0.0191 (-0.0709)	—	0.1692** (-0.081)
$emgdp$	-0.1109** (-0.0544)	-0.0865 (-0.0645)	-0.0896* (-0.0523)	-0.0798 (-0.0618)	0.024 (-0.0491)	0.0444 (-0.05)
$education$	-0.0042 (-0.0075)	-0.0023 (-0.0071)	-0.0028 (-0.0069)	-0.0032 (-0.0063)	-0.0122** (-0.0054)	-0.0091 (-0.0055)
$rdgdp$	-0.0418 (-0.0357)	-0.0266 (-0.0497)	-0.02 (-0.0281)	-0.0064 (-0.0314)	-0.022 (-0.0199)	-0.0115 (-0.0226)

续表

被解释变量	模型1 lntfpch	模型2 lntfpch	模型3 lneffch	模型4 lneffch	模型5 lntechch	模型6 lntechch
governgdp	-0.5716*** (-0.1876)	-0.5581*** (-0.209)	-0.2013 (-0.1383)	-0.2097 (-0.1383)	-0.5103*** (-0.1859)	-0.5086*** (-0.1812)
Urban	0.0822 (-0.2508)	0.0994 (-0.2698)	0.1518 (-0.234)	0.0624 (-0.2507)	0.1167 (-0.1604)	0.1782 (-0.1398)
L.lneffch	—	—	0.177 (-0.1486)	0.1572 (-0.1557)	—	—
L.lntechch	—	—	—	—	-0.0783 (-0.0643)	-0.0542 (-0.0686)
Observations	270	270	270	270	270	270
Number of id	30	30	30	30	30	30
AR (1)	0.001	0.001	0.024	0.028	0.003	0.003
AR (2)	0.197	0.257	0.861	0.984	0.565	0.570
Hausen统计量 (p-value)	28.61 (0.910)	29.48 (0.984)	27.33 (0.936)	25.50 (0.997)	28.95 (0.902)	28.93 (0.987)
Walt chi2 (7) 统计量	127.94 (0.000)	108.93 (0.000)	30.97 (0.000)	39.11 (0.000)	78.97 (0.000)	104.05 (0.000)

第四节　结论

本章利用 2006—2016 年我国 30 个省（自治区、直辖市）（西藏和港澳台除外）的面板数据，采用 DEA-Malmquist 指数法测算了我国各省（自治区、直辖市）的全要素生产率指数及其分解指数，将金融发展、金融结构、金融"脱实向虚"代理变量纳入模型，通过构建动态面板模型，采用 2006—2016 年的面板数据分析了金融发展和金融结构对全要素生产率的影响，以及其通过技术进步和技术效率的作用机制。

首先，金融发展对全要素生产率具有非线性影响，这种非线性受金融部门与实体经济部门之间的增长差异的影响。金融发展有利于促进全要素生产率的提升，但金融"脱实向虚"会抑制全要素生产率提升，只是金融发展的积极作用相对于金融"脱实向虚"的作用更明显，掩盖了金融"脱实向虚"的负面影响。因此，在金融与实体经济协调发展的基础上进一步提升金融发展水平，将有利于促进全要素生产率提升和经济健康发展。

其次，金融发展对全要素生产率的影响主要体现在技术进步上，当金融发展同实体经济部门的发展差异控制在一定范围内时，金融发展水平的提高有利于促进技术进步，进而促进全要素生产率提升。

最后，金融结构对全要素生产率的影响显著为正，资本市场融资比例的上升有利于促进全要素生产率的提升。金融结构对全要素生产率的影响主要体现在技术效率上，资本市场融资比例的上升有利于促进技术效率的提升。

因此，为促进我国全要素生产率的提升，提出以下政策建议：第一，在注重金融与实体经济协调发展的基础上促进金融发展，坚持实体经济基础地位并推动金融发展，充分发挥金融发展对全要素生产率的积极作用；第二，加快推进我国资本市场的完善和发展，在不断完善市场机制的基础上提升直接融资比重，有利于促进技术效率提升，强化技术效率提升对全要素生产率的作用；第三，建立促进实体经济发展的市场环境，完善研发投入机制体制，保证资本市场融资进入技术创新部门并推动技术进步，降低金融结构对技术进步带来的负效应。

第五章　金融"脱实向虚"、企业金融化对全要素生产率的影响效应：微观视角

党的二十大报告提出，要"深化金融体制改革""守住不发生系统性风险底线"。金融"脱实向虚"成为我国实现经济高质量发展道路上亟待解决的问题，而提高生产要素的质量和使用效能是促进经济高质量发展的重要路径。中国人民银行、证监会以及银保监会共同颁布的《关于加强非金融企业投资金融机构监管的指导意见》强调，金融类企业进行金融市场投资应当考虑到自身经营发展的需要，避免盲目扩张和"脱实向虚"。从微观视角看，企业金融化被定义为非金融行业将资金投向金融资产的比重，或是从金融投资上所获得的收益占总收益的比重持续增大（张成思，2019），甚至有一部分企业依赖金融资产的利润所得和金融资产的价格变动来维持主业的正常经营。那么，金融"脱实向虚"背景下企业追求金融资产配置会对企业全要素生产率带来何种影响？在何种情况下企业金融化会对企业高质量发展表现出抑制作用，其作用的机制是什么？厘清这些问题，有助于从微观视角引导金融服务实体经济，促进经济高质量发展。

基于此，本书利用2001—2019年中国A股非金融上市公司数据，从金融化行为的适度性角度探讨了企业金融化对企业全要素生产率的影响，

关注不同所有制属性、不同地区和不同行业的异质性，并进一步深入研究二者可能存在的门槛效应以及传导机制，以此对现有文献的分析进行了补充。本书可能的边际贡献在于：第一，现有研究主要关注企业金融化与企业全要素生产率之间的线性关系，本章通过理论与实证分析，明确了二者之间存在非线性关系的可能，试图对相关研究进行扩展补充。第二，考虑到企业金融化对企业全要素生产率的作用可能会受到企业自身条件的影响，本章采用面板门槛模型，进一步探究基于金融化偏离程度及企业金融资产投资收益异质性条件下，金融化对企业全要素生产率的作用强弱变化。第三，本章同时考虑倒"U"形两侧可能存在的中介效应，进一步从流动性供给效应、投融资期限错配效应和实体资本配置效应这三个角度论证企业金融化影响企业全要素生产率的传导渠道。研究有助于促进金融服务实体经济效率提升，为微观企业进行合理的资产配置和促进企业高质量发展提供相关参考依据。

第一节　研究假设

一　企业金融化对企业全要素生产率的影响研究

随着金融业红利的不断增长，企业家已不再仅将目光放在实业投资上，也越来越青睐于金融投资。从理论角度，可以发现企业进行金融资产配置会给企业带来"蓄水池"和"挤出"两种不同影响效应，而此两种完全不同的影响分别由企业持有金融资产的储备动机与套利动机造成。以此为基础，随着对金融发展与微观企业全要素生产率关系的进一步研究，关于企业金融化与企业全要素生产率关系的研究开始出现。一方面，如果企业金融化表现出一定的积极作用，则适当增加金融资产的配置可以提升企业资产的流动性，放松融资约束，促进企业全要素生产率提升。企业将部分过剩的资金用于短期的金融投资，还能在企业遇到严苛的融资约束时将金融资产及时变现（任曙明和吕镯，2014），从而获取流动性资金用来支持主业发展（Ang，2010；Arizala et al.，2013）。对于公司管理层来说，确保营运资本的流动性事关公司的正常运营与可持续发展（Campello et al.，2011），然而，流动性风险与公司面临的融资约束息息相关（Almeida et al.，2014）。俞毛毛等（2020）指出，信贷强度超出一定阈值后会产生"脱实向虚"效应，与此同时，企业又会通过金融化"期限错配"行为，解决企业面临的"短贷长投"问题，从而能缓解企业的过度投资。段军山和庄旭东（2021）指出，金融发展放松了企业的外部融资约束，推动了企业进行创新投资。黄贤环等（2019）指出，实体企业资金以"蓄水池"效应为主时，能够对研发、人才投资效率起到提升作用。另一方面，如果企业金融化表现为"投机套利"，将原本用于经营性业务的资金投向金融资产，只注重短期利益，忽略主业的可持续发展，则会不利于企业全要素生产率的提升。Orhangazi等（2008）认为，金融化投资多与实体挤出、资金"脱实向虚"相关，金融化行为会造成企业实体投资下降，同时金融化投资收益与实体投资之间存在反向关系。在主业投资成本较高、主业投资报酬率较低且回报周期长的背景下，企业出于逐利动机会进行更多的金融资产配置，往往容易导致过度金融化的现象（杜勇等，2017）。许罡和朱卫东（2017）指出，不仅企业的投资力度会受到金融资产配置的显著负向影响，而且持有金融资产的周期越长，这种负向作用也会越强。周彬和谢佳松（2018）指出，从短期来看，无论是我国的国有企业还是民营企业，都更多地体现出"挤出效应"的影响；从长期来看，还是民营企业会受到更大的不利影响。制造业企业过度金融化对全要素生产率存在显著的负向影响，其中国有企业和低盈利企业的抑制作用更加明显（陈赤平和孔莉霞，2020）。企业对金融资产配置的偏好会受到融资约束、机构投资者集中度和杠杆率程度等因素的影响，且金融化行为主要发挥的是"挤出"效应（许平详和李宝伟，2019）。在融资约束较高以及投资不足的样本中，实体企业金融化对全要素生产率的降低作用更强，从经济后果角度出发，可以发现非金融类企业进行金融资产配置会明显降低企业的未来绩效，这表明受套利动机影响的实体企业金融化对全要素生产率的影响是一种资源错配行为，而非一种资源优化配置行为（杨筝，2019）。此外，有学者的研究显示，企业金融化对全要素生产率的影响不是单一的促进或抑制的线性关系，从短期来看，金融化行为有利于企业绩效的改善与提升，然而长期的金融化会使套利动机发挥主导作用，这会显著降低企业的创新投资力度。短期金融化对于流动比率具有改善作用；而长期金融化对于过度投资又具有抑制作用，两种作用会通过交叉机制缓解金融化行为对TFP 的负向影响（颜新艳等，2020；胡海峰等，2020）。

综上所述，现有学者对企业金融化与全要素生产率关系的研究结论多集中在线性的抑制和促进作用及相关争论。企业金融化行为既有金融资源总量不足情况下追求投融资渠道拓展，促进主营业务和全要素生产率提升的作用；也有在金融资源总量充足情况下追求短期收益而忽略企业长期高质量发展的阶段。中国的企业金融化也是伴随中国金融资源从总量不足到总量充足而结构失衡发展变化的。因此，适度的金融化能够有效缓解融资约束，缓解企业的财务困境，促进企业创新，从而提升企业全要素生产率，这时企业金融化会对全要素生产率产生积极影响。但当企业过度地依赖于金融资产投资收益时，又会抑制企业的研发投资，损害企业的未来主业业绩，阻碍企业全要素生产率的提升，这时企业金融化会对全要素生产率产生消极影响。据此，提出以下假设：

假设 1：企业金融化与企业全要素生产率间存在倒"U"形关系。

二　企业金融化对全要素生产率的影响的传导机制

厘清企业金融资产配置与企业全要素生产率之间的传导逻辑，既有利于企业充分发挥适度金融化的积极效用，又可以避免过度金融化可能带来的潜在风险。基于相关理论基础，本书认为企业金融化与全要素生产率间可能存在流动性供给效应、投融资期限错配效应和实体资本配置效应，通过这三种传导机制实现企业金融化对企业全要素生产率的影响。

从流动性供给效应的视角来看，企业要想实现可持续发展就得保证盈利的稳定性，同时，拥有充足的资金流才能确保企业的经营与投资活动正常进行。从某种角度来看，非金融类企业的金融资产配置行为既可以改善企业的资金流情况，也可以在未来遭受现金流冲击造成主业投资缺乏资金时，将企业配置金融资产获得的收益投资于主业，或者出售金融资产以获得暂时的现金流支持。也就是说，可以利用金融化的"蓄水池"效应来支持主业的发展，使主业经营能够减少对外部融资的依赖（Stulz，1996）。胡奕明等（2017）研究指出，企业增加对短期金融资产的持有，目的是预防将来主业发展时的现金流不足。王少华等（2020）认为，企业适度金融化能够放松企业现金流约束，推动企业研发创新；而过度依赖金融渠道获利，则会阻碍企业参与研发创新。进一步的研究表明，二者之间的这种关系受不同金融化动机影响，最终对企业全要素生产率形成影响。事实上，企业适度金融化能减少自身对外部融资的依赖，放松企业的现金流约束，从而促进主业的发展；但当企业为了获取更多的金融收益，倾向于配置风险和期限结构更加复杂的金融资产时，金融资产的短期变现能力大打折扣，此时金融资产配置放松现金流约束的效力会显著降低，还可能挤占主营业务的投入，最终降低企业全要素生产率。

从投融资期限错配效应的视角来看，企业通过使用短期资金支持长期投资活动形成投融资期限错配的情况出现，在一定程度上为企业长期投资提供了流动性，但同时也增加了企业的偿债压力。当期限较短负债已到期或即将到期时，被支持的长期投资可能还未能产生足够用于债务偿还的现金流（白云霞等，2016），势必会对企业经营的稳定性等方面产生负面影响，继而抑制企业全要素生产率的提升。钟凯等（2016）的研究也表明，面对外部融资困境，企业"短贷长投"的策略有助于降低融资的交易成本，但会引发经营风险加剧等负面效应，且这些负面效应会在一定程度上抵消交易成本降低的正面作用，导致实体经济运行风险上升。此外，俞毛毛等（2020）指出，信贷强度超出一定阈值后会产生"脱实向虚"效应，与此同时，企业会通过金融化行为来缓解实体领域的"短贷长投"问题，改善企业的过度投资问题。因此，企业金融领域的投资行为会通过影响投融资期限错配程度，对企业全要素生产率产生影响。

从实体资本配置效应的视角来看，已有众多研究结果显示，非金融企业的金融领域投资行为会对实体经济方面的投资造成挤出的影响，损害实体投资发展，对实体投资效率产生负面影响。由于企业管理者的报酬与业绩相关，企业管理者可能会出于短期绩效的考虑而偏好于从事金融投机套利，从而放弃增加实物资产和研发创新等长期活动。有研究者得出产生这种情况的原因是固定资产的调整成本十分高昂，一旦投入很难再转回，管理者为了规避这种流动性风险，转而把更多的资金用于配置流动性更强的短期金融资产。Epstein 和 Jayadev（2005）对 OECD 国家非金融企业的研究表明，这些国家的企业越来越倾向于将资本配置于金融资产，而不是长期固定资产。当企业进行短期金融资产投资时，管理者能获得一定的金融资产收益，基于获利动机的偏好，管理者可能会保留更多的流动资金在手上，好在合适的行情下投资于金融市场以获取更多的利润，由此管理者对实物资产的投资动力显著降低。经济政策具有较大不确定性时，则会加剧抑制企业的固定资产投资（谭小芬和张文婧，2017），管理者此时更偏好于持有更多的流动性资产来应对外部环境给主业带来的不利影响（王红建等，2014；李浩举等，2016）。因此，企业通过把资源投向金融领域的方式，挤占了原本应当投资于固定资产、技术创新等实体领域的资金，金融投资行为的这种替代效应，很可能损害实体资本配置效率，最终影响企业全要素生产率。

综上所述，本书认为企业金融化可能通过流动性供给效应、投融资期限错配效应和实体资本配置效应这三种传导机制实现对企业全要素生产率的影响。据此，提出以下假设。

假设2：企业金融化通过流动性供给效应、投融资期限错配效应和实体资本配置效应作用于企业全要素生产率。

第二节 研究设计

一 模型设定

(一) 基础回归模型

为检验前文提出的企业金融化与其全要素生产率之间存在非线性关系的研究假设1，本书构建以下基本模型：

$$TFP_{it} = \alpha_0 + \alpha_1 FIN_{it} + \alpha_2 FIN_{it}^2 + \sum_{j=1}^{10} \beta_j X_{it} + \tag{5-1}$$
$$YEAR_{it} + IND_{it} + REG_{it} + \varepsilon_{it}$$

其中，被解释变量 TFP 表示企业 i 在时间 t 的全要素生产率，解释变量 FIN 表示企业 i 在时间 t 的金融化水平，α_1 和 α_2 分别为企业金融化指标一次项和二次项的系数。X 表示包括企业规模（SIZE）、企业年龄（AGE）、董事会规模（INDIRECT）、第一大股东持股比例（TOP1）、机构持股比例（INHOLD）、企业成长性（GROWTH）、资本密度（KL）、资本结构（LEV）、地区金融发展水平（FINDEV）和知识产权保护（TECH）等在内的一系列可能对企业全要素生产率产生影响的控制变量，$YEAR$、IND 和 REG 分别为年份虚拟变量、行业虚拟变量和地区虚拟变量，ε 为随机扰动项。

（二）面板门槛回归模型

上述基础回归模型初步检验了企业金融化对全要素生产率的非线性影响，进一步地，参考潘海英和王春凤（2020）的做法，本书将企业金融化偏离程度（EFIN）和金融资产投资收益（RETURN）作为门槛变量，考察在金融化偏离程度和金融资产投资收益的不同区间内，金融化对全要素生产率的影响是否存在多种均衡。黄贤环等（2019）认为，实体企业都应当存在一个最优的金融化水平，因此，企业实际金融化水平对拟合最优金融化水平的偏离是否会影响金融化与企业全要素生产率间的关系呢？并且，为实现实体经济长久稳定发展，实体企业在金融领域的投资行为不可损害其主业发展，因此，考虑金融资产投资所获收益对企业的贡献是否可以在某一区间内使金融化对企业全要素生产率产生正面影响？基于此，为进一步检验两种特定条件下，金融化与企业全要素生产率间的非线性关系，本书建立以下面板门槛模型：

$$TFP_{it} = \alpha_0 + \beta_1 FIN_{it}I(EFIN < \gamma_1) + \beta_2 FIN_{it}I(\gamma_1 \leq EFIN < \gamma_2) +$$

$$\beta_3 FIN_{it}I(EFIN \geq \gamma_2) + \sum_{j=1}^{10}\beta_j X_{it} + YEAR_{it} + IND_{it} + REG_{it} + \varepsilon_{it}$$

$$(5-2)$$

$$TFP_{it} = \alpha_0 + \beta_1 FIN_{it}I(RETURN < \delta_1) + \beta_2 FIN_{it}I(\delta_1 \leq RETURN < \delta_2) +$$

$$\beta_3 FIN_{it}I(RETURN \geq \delta_2) + \sum_{j=1}^{10}\beta_j X_{it} + YEAR_{it} + IND_{it} + REG_{it} + \varepsilon_{it}$$

$$(5-3)$$

其中，$I(\cdot)$ 代表指标函数，γ 和 δ 分别表示以企业金融化偏离程度和金融资产投资收益为门槛变量的具体门槛值，其他变量含义与模型1相同。

二 变量说明

(一)被解释变量

在企业全要素生产率(TFP)指标的测度方面，本书参考鲁晓东和连玉君(2012)和于新亮等(2017)，通过 LP 方法来计算。在微观全要素生产率的多种估算方法中，传统 OLS 法和固定效应法存在内生性问题和样本选择问题，OP 方法估计过程中为零的投资额样本将因无法估计而丢失，而 LP 方法以中间投入作为代理变量在一定程度上缓解了这类估计偏差及样本丢失问题。本书在后文中仍以科布－道格拉斯生产函数为基础，使用 OP 法重新估算企业全要素生产率进行稳健性检验，OP 法中的投资额采用企业固定资产投入(I_{it})衡量。

具体而言，采用 LP 方法估算企业全要素生产率所需指标包括产出增加值(Y_add_{it})、劳动力投入(L_{it})、资本投入(K_{it})及中间投入(M_{it})。参考已有文献，本书分别以企业员工总数和固定资产存量来衡量劳动力投入和资本投入，企业产出增加值和中间投入通过计算获得，具体计算公式参考于新亮(2017)：总产值＝营业收入＋库存－上期库存；产出增加值＝固定资产折旧＋支付的各项税费＋职工薪酬＋营业利润；中间投入＝总产值－产出增加值。并参考已有文献对上述变量进行平减处理，基期为 2001 年。

(二)核心解释变量

在企业金融化(FIN)指标的测度方面，本书参考 Demir(2009)、张成思和张步昙(2016)、张成思和郑宁(2020)，以金融资产在企业总资产中的占比来衡量实体企业金融化程度。企业的金融资产范畴具体为货币资金、交易性金融资产、投资性房地产、持有至到期投资、可供出售金融资产、应收股利和应收利息。

需要另外说明的是，在本书研究期内，财政部对界定企业金融资产的企业会计准则在 2006 年和 2017 年进行了两次修订，并分别制定了各类别上市或非上市企业准则执行的时限。因此，参考张瑾（2013）、谢家智等（2014）、张成思和郑宁（2020）等的计量方式，考虑到新会计准则实际执行时各公司在初期按照新规进行相关信息披露的时间差异，结合数据库财务数据可得性及特点，本书以前述金融资产范畴计算截至 2017 年的金融化指标，2018 年后的金融资产范畴在此前的基础上纳入债权投资、其他债券投资、其他权益工具投资和其他非流动金融资产四项新增科目。

（三）门槛变量

对金融化偏离程度（EFIN）的测度，借鉴 Richardson（2006）、黄贤环等（2019）的研究，线性拟合出最优企业金融化水平，并以实际金融化与拟合出的最优水平间的差额来度量企业金融化的偏离程度，其绝对值越大说明企业实际金融化水平偏离最优金融化水平的程度越大，绝对值越小说明企业实际金融化水平越接近最优水平。具体构建的拟合回归模型如下：

$$FIN_{it} = \alpha_0 + \alpha_1 FIN_{it-1} + \alpha_2 SIZE_{it-1} + \alpha_3 LIST_{it-1} + \alpha_4 GROWTH_{it-1} +$$
$$\alpha_5 LEV_{it-1} + \alpha_6 Cf_{it-1} + \alpha_7 ROA_{it-1} + YEAR_{it} + IND_{it} + \varepsilon_{it}$$

$$(5-4)$$

该模型中，FIN_{it}、FIN_{it-1} 分别表示本期和上期企业金融化水平，$SIZE_{it-1}$、$LIST_{it-1}$、$GROWTH_{it-1}$、LEV_{it-1}、Cf_{it-1}、ROA_{it-1} 分别表示上期公司规模、上市年限、企业成长性、资本结构、现金流情况和盈利能力。其中，$SIZE_{it-1}$ 为企业上期总资产，取自然对数；$LIST_{it-1}$ 为企业上市年份至上期年份的时间间隔加 1，取自然对数；$GROWTH_{it-1}$ 为上期营收增长率；LEV_{it-1} 为上期负债比上资产；Cf_{it-1} 为上期经营现金净流量在总资产中的占比，ROA_{it-1} 为上期净利润与总资产之比。

对企业金融资产投资收益（RETURN）的测度，参考张成思和张步昙（2016）、张成思和郑宁（2020）的研究，考虑到金融资产获利和营业利润为负值的情况会显著影响企业评估当年金融投资收益对利润的贡献，本书以经过营业利润标准化后的企业金融资产获利来衡量金融资产投资收益情况，即计算时以金融资产获利减去经营利润后再除以营业利润的绝对值。其中，金融资产获利指投资净收益、公允价值变动净收益、汇兑净收益、其他综合收益、利息收入扣除利息支出和对联营和合营企业的投资净收益的部分。

（四）控制变量

参考杜勇等（2017）、赵健宇和陆正飞（2018）、黄贤环和王瑶（2019）、胡海峰等（2020）的研究，考虑可能对企业全要素生产率产生影响的其他变量，本书选取的一系列控制变量主要包括企业规模（SIZE）、企业年龄（AGE）、董事会规模（INDIRECT）、第一大股东持股比例（TOP1）、机构持股比例（INHOLD）、企业成长性（GROWTH）、资本密度（KL）和资本结构（LEV）等企业层面控制变量及金融发展水平（FINDEV）和知识产权保护（TECH）等宏观层面控制变量。另外，在实证过程中，本书还以设置虚拟变量的方式实现对个体、时间、行业及地区四个维度的固定效应。上述指标数据均来自 Wind 上市公司数据库，企业所属行业类别采用证监会行业分类标准划分。本书主要变量定义及指标测度方式见表 5 – 1。

表 5 – 1　　　　　　　　　主要变量定义及指标测度方式

变量名称	变量符号	变量指标测度方式
企业全要素生产率	TFP	使用 LP 法测算，稳健性检验使用 OP 法测算
企业金融化	FIN	企业金融资产在总资产中的占比
企业规模	SIZE	企业资产总计取自然对数
企业年龄	AGE	企业成立年份至研究期当年的时间间隔取自然对数

续表

变量名称	变量符号	变量指标测度方式
董事会规模	INDIRECT	独立董事人数在董事会中的占比
第一大股东持股比例	TOP1	第一大股东持股比例
机构持股比例	INHOLD	机构投资者持股总数/总股本数
企业成长性	GROWTH	营业收入增长率
资本密度	KL	固定资产/员工总数，取自然对数
资本结构	LEV	负债总计/资产总计
金融发展水平	FINDEV	金融业产值/地区 GDP
知识产权保护	TECH	技术市场成交额/地区 GDP
金融化偏离程度	EFIN	企业金融化实际水平—拟合最优金融化水平
金融资产投资收益	RETURN	（企业金融资产获利—经营利润）/经营利润的绝对值
流动性供给	LIQUI	经营性现金净流量/资产总计
投融资期限错配	SFLI	［购建固定资产等投资活动现金支出－（长期借款本期增加额＋本期权益增加额＋经营活动现金净流量＋出售固定资产现金流入）］/总资产
实体资本配置效率	INVEFF	根据 Richardson（2006）的模型估算配置效率代理变量

三 数据来源、处理说明及描述性统计

本书研究样本为 2001—2019 年我国全部 A 股上市公司，原始数据均来自 Wind 数据库。上文变量部分详细说明了各变量原始数据的处理过程，由于门槛变量金融化偏离程度在估计时使用了滞后一期金融化数据，因此本书实际样本区间为 2002—2019 年。为避免极端值等异常数据对模型估计可能产生的不利影响，参考以往研究，进一步进行数据筛选及处理：第一，剔除金融、房地产行业企业；第二，剔除主要指标数据缺失的样本；第三，剔除 ST、ST* 的样本；第四，剔除资产负债率大于 1 的样本；第五，对所有连续变量在双侧 1% 分位处进行缩尾处理。本书主

要变量描述性统计见表 5 – 2。

表 5 – 2   主要变量描述性统计

变量符号	样本量	均值	标准差	最小值	P 25	P 50	P 75	最大值
TFP LP	29939	12.8090	0.8614	9.3858	12.2680	12.7906	13.3545	15.3908
FIN	29939	0.2226	0.1522	0.0118	0.1109	0.1813	0.2944	0.8498
SIZE	29939	21.8898	1.2205	19.1243	20.9952	21.7251	22.5942	26.0493
AGE	29939	2.6638	0.4563	0.0000	2.3979	2.7081	2.9957	4.1589
INDIRECT	29939	0.3608	0.0699	0.0000	0.3333	0.3333	0.4000	1.0000
TOP 1	29939	0.3638	0.1521	0.0838	0.2437	0.3450	0.4721	0.8132
INHOLD	29939	0.2536	0.2342	0.0000	0.0396	0.1805	0.4413	0.8493
GROWTH	29939	0.2075	0.4221	– 0.5309	0.0090	0.1330	0.2953	4.4533
KL	29939	12.4789	1.0925	9.2270	11.8313	12.4455	13.1055	16.4333
LEV	29939	0.4176	0.1990	0.0165	0.2587	0.4152	0.5693	0.9395
FINDEV	29939	0.0669	0.0390	0.0092	0.0362	0.0578	0.0791	0.1850
TECH	29939	0.0184	0.0333	0.0002	0.0030	0.0058	0.0148	0.1610
EFIN	25376	0.0000	0.0814	– 0.4873	– 0.0444	– 0.0080	0.0379	0.5998
RETURN	27142	– 0.5402	1.2855	– 3.8272	– 0.9998	– 0.9651	– 0.7575	19.3453
LIQUI	29938	0.0517	0.0687	– 0.1932	0.0119	0.0497	0.0916	0.2993
SFLI	29939	– 0.1034	0.1611	– 0.8494	– 0.1613	– 0.0720	– 0.0065	0.2780
INVEFF	22985	0.0000	0.0412	– 0.7031	– 0.0202	– 0.0065	0.0129	0.5153

表 5 – 2 的描述性统计结果显示,FIN 均值 0.2226,标准差 0.1522,最小值 0.0118,P 75 表示有 75% 的企业其金融化水平低于 29.44%,表明大部分企业金融资产持有未超过总资产的 30%,少数企业金融化程度高达 84.98%,企业金融资产持有情况较为普遍;EFIN 数据显示,其均值为 0.0000,标准差 0.0814,P 50 为 – 0.0080,表明有超过半数的企业金融化水平低于拟合最优金融化水平,最大值为 0.5998,说明部分企业

实际金融化水平显著高于拟合最优水平，存在过度金融化现象；RE-
TURN 均值 − 0.5402，标准差 1.2855，最小值和最大值分别为 − 3.8272
和 19.3453，75% 的企业标准化后的金融资产投资收益水平为负，个别
企业金融资产投资收益对企业利润的贡献水平较高。其他控制变量数据
特征均符合实际情况及预期。

第三节　主要实证结果分析

一　基准回归结果

本书首先考察企业金融化对全要素生产率的总体影响。初步考虑可
能存在的估计偏差、变量遗漏等内生性问题，引入控制变量和个体、年
份、行业和地区虚拟变量，利用模型（1）进行全样本估计，回归结果
对应于表 5 - 3 中的（1）列，结果显示 FIN^2 系数在 1% 的水平上显著为
负，FIN 系数在 1% 的水平上显著为正，说明企业金融化与全要素生产率
间呈显著倒 "U" 形关系，表明本书假设 1 成立，此时使样本企业全要
素生产率达到最高点的金融化水平 FIN 为 0.7827/（2 × 0.6073）=
0.6444，落于本书 FIN 样本区间内，表明两者间存在倒 "U" 形关系，
本书假设 1 得到验证。

表 5 - 3　　企业金融化对全要素生产率的影响及异质性回归结果

	Panel A：全样本及按企业所有制属性分组检验的回归结果				
变量	（1）	（2）	（3）	（4）	（5）
	全样本	中央国有	地方国有	民营企业	外资企业
	TFP_ LP	TFP_ LP	TFP_ LP	TFP_ LP	TFP_ LP
FIN	0.7827 ***	1.6212 ***	0.5364 **	0.6776 ***	0.9843
	(7.6322)	(4.9848)	(2.4314)	(5.5350)	(1.4715)

续表

	(1)	(2)	(3)	(4)	(5)
	全样本	中央国有	地方国有	民营企业	外资企业
变量	TFP_ LP	TFP_ LP	TFP_ LP	TFP_ LP	TFP_ LP
FIN^2	− 0. 6073 *** (− 4. 2417)	− 1. 6137 *** (− 3. 1535)	− 0. 0189 (− 0. 0541)	− 0. 5004 *** (− 3. 0762)	− 1. 7244 * (− 1. 7917)
SIZE	0. 4646 *** (35. 2866)	0. 4495 *** (13. 9922)	0. 4499 *** (18. 5989)	0. 4748 *** (27. 2089)	0. 5352 *** (4. 8299)
AGE	− 0. 0970 ** (− 2. 1816)	− 0. 0674 (− 0. 8443)	− 0. 0241 (− 0. 3109)	− 0. 1473 ** (− 2. 0323)	− 0. 8283 ** (− 2. 5308)
INDIRECT	− 0. 1157 (− 1. 1763)	0. 3316 (1. 4715)	− 0. 5387 *** (− 2. 9416)	0. 0139 (0. 1157)	− 0. 1489 (− 0. 2402)
TOP 1	0. 3796 *** (4. 5044)	0. 0024 (0. 0127)	0. 5503 *** (4. 2732)	0. 4772 *** (3. 5019)	0. 1622 (0. 4493)
INHOLD	0. 1100 *** (4. 0131)	0. 0691 (1. 1047)	0. 0783 (1. 5237)	0. 1705 *** (4. 2656)	0. 0838 (0. 6507)
GROWTH	0. 1979 *** (19. 6115)	0. 2287 *** (11. 6632)	0. 1968 *** (11. 3107)	0. 1842 *** (12. 0846)	0. 1728 *** (3. 2200)
KL	− 0. 0550 *** (− 4. 2956)	− 0. 0024 (− 0. 0876)	− 0. 0196 (− 0. 9335)	− 0. 0885 *** (− 4. 4518)	− 0. 2143 *** (− 2. 8732)
LEV	− 0. 8398 *** (− 17. 9855)	− 0. 7676 *** (− 7. 7313)	− 0. 9249 *** (− 10. 9291)	− 0. 7822 *** (− 11. 6382)	− 0. 8226 *** (− 3. 1487)
FINDEV	− 0. 0475 (− 0. 4984)	− 0. 1830 (− 0. 7948)	− 0. 0490 (− 0. 2751)	0. 0686 (0. 5261)	− 0. 6491 (− 1. 1668)
TECH	0. 1692 (1. 4681)	0. 2211 (0. 8023)	0. 4529 ** (2. 0906)	− 0. 0842 (− 0. 5403)	0. 5632 (1. 0511)
个体/时间	YES	YES	YES	YES	YES
行业/地区	YES	YES	YES	YES	YES
聚类到企业	YES	YES	YES	YES	YES

Panel A：全样本及按企业所有制属性分组检验的回归结果

	Panel A：全样本及按企业所有制属性分组检验的回归结果				
变量	（1）	（2）	（3）	（4）	（5）
	全样本	中央国有	地方国有	民营企业	外资企业
	TFP_ LP	TFP_ LP	TFP_ LP	TFP_ LP	TFP_ LP
Constant	3. 1890 *** (11. 6862)	3. 0146 *** (4. 8374)	2. 8525 *** (5. 5786)	3. 4240 *** (8. 9271)	4. 8138 *** (2. 7574)
Observations	29939	4685	9062	15434	758
R²	0. 8081	0. 8311	0. 8077	0. 7985	0. 8063
	Panel B：按企业所属区域及行业分组检验的回归结果				
变量	（1）	（2）	（3）	（4）	（5）
	东部地区	中部地区	西部地区	制造业	非制造业
	TFP_ LP	TFP_ LP	TFP_ LP	TFP_ LP	TFP_ LP
FIN	0. 6607 *** (5. 4225)	1. 0148 *** (4. 3922)	1. 0087 *** (3. 2636)	0. 7115 *** (5. 7795)	0. 9666 *** (5. 1608)
FIN²	− 0. 4455 *** (− 2. 6678)	− 1. 0516 *** (− 3. 0119)	− 0. 6076 (− 1. 3547)	− 0. 5332 *** (− 2. 9710)	− 0. 7806 *** (− 3. 2385)
SIZE	0. 4646 *** (27. 2970)	0. 4499 *** (17. 4825)	0. 4630 *** (13. 7208)	0. 4421 *** (27. 9018)	0. 5015 *** (22. 1907)
AGE	− 0. 0357 (− 0. 6469)	− 0. 0796 (− 0. 8640)	− 0. 2400 * (− 1. 8639)	− 0. 1199 ** (− 2. 0761)	− 0. 0351 (− 0. 4982)
INDIRECT	− 0. 1628 (− 1. 3878)	0. 0945 (0. 3849)	− 0. 0551 (− 0. 2132)	− 0. 0864 (− 0. 8226)	− 0. 1982 (− 0. 9930)
TOP 1	0. 3101 *** (2. 9040)	0. 5668 *** (2. 9809)	0. 4031 ** (2. 0364)	0. 3282 *** (3. 2217)	0. 3931 *** (2. 6807)
INHOLD	0. 0892 *** (2. 6313)	0. 1307 ** (2. 1376)	0. 1306 * (1. 8471)	0. 1480 *** (4. 4962)	0. 0393 (0. 8102)
GROWTH	0. 2082 *** (16. 2512)	0. 1614 *** (6. 8005)	0. 1977 *** (9. 2739)	0. 2308 *** (17. 5709)	0. 1608 *** (10. 8214)
KL	− 0. 0605 *** (− 3. 7572)	− 0. 0468 (− 1. 5187)	− 0. 0182 (− 0. 6173)	− 0. 0546 *** (− 3. 2836)	− 0. 0540 *** (− 2. 9106)

续表

变量	(1) 东部地区 TFP_ LP	(2) 中部地区 TFP_ LP	(3) 西部地区 TFP_ LP	(4) 制造业 TFP_ LP	(5) 非制造业 TFP_ LP
	Panel B：按企业所属区域及行业分组检验的回归结果				
LEV	-0.7812 *** (-13.0413)	-1.0423 *** (-10.4308)	-0.7721 *** (-7.3210)	-0.8911 *** (-15.6100)	-0.7641 *** (-9.5794)
FINDEV	-0.0814 (-0.6852)	-0.1054 (-0.4867)	0.1913 (0.7987)	-0.1051 (-0.8995)	0.0749 (0.4591)
TECH	0.2050 (1.4120)	0.2187 (0.8854)	-0.0433 (-0.1512)	0.1270 (0.9016)	0.2506 (1.2532)
个体/时间	YES	YES	YES	YES	YES
行业/地区	YES	YES	YES	YES	YES
聚类到企业	YES	YES	YES	YES	YES
Constant	3.1016 *** (8.5387)	3.1497 *** (6.5511)	2.9662 *** (4.5138)	3.8219 *** (12.8277)	2.2563 *** (4.5524)
Observations	20221	5432	4286	19771	10168
R^2	0.8021	0.7827	0.7918	0.8016	0.8135

注：*** 、** 和 * 分别表示在1%、5%和10%的水平下显著，括号内数值为估计结果对应 t 值；下同。

考察全样本回归下控制变量的情况，企业规模（SIZE）、第一大股东持股比例（TOP1）、机构持股比例（INHOLD）和企业成长性（GROWTH）的回归系数均在1%的水平上显著为正，表明企业规模的扩大、第一大股东持股比例的上升、机构持股比例的上升及企业营业收入增长率的升高均会对企业全要素生产率产生显著的促进作用；企业资本密度（KL）、资本结构（LEV）和企业年龄（AGE）的回归系数均显著为负，表明企业资本密度和资产负债率的升高以及企业年龄的增长会在一定程度上对企业全要素生产率产生负面影响；而董事会规模（INDI-RECT）、金融发展水平（FINDEV）和知识产权保护（TECH）对企业全要素生产率不具有显著影响。综合表 5 - 3 结果可以看出，在模型中引入控制变量和个体、年份、地区及行业虚拟变量，企业金融化与企业全要素生产率间的倒"U"形关系仍然成立，表明上述研究结论具有稳健性。从企业金融化水平统计数据看，处于拐点左侧的样本有 29328 个，而处于拐点右侧的样本有 611 个，说明大部分样本位于倒"U"形曲线拐点左侧，即大部分企业的金融投资行为对全要素生产率产生的是正向影响而非负面效应。因此，将企业金融化水平控制在适度范围，才能够充分发挥金融服务实体经济的本质功能，提升企业的生产效率。

二　基于异质性的分组研究

由于不同类型企业的金融化行为、抗风险能力、经营方式和所处区域环境等存在差异，对企业全要素生产率的影响也可能有所不同，因此本书将从企业所有制属性、企业所属行政区划以及企业所属行业特征出发进行分组检验，进一步对金融化在影响企业全要素生产率时可能存在的所有制、区域和行业异质性表现进行探讨。

第一，按企业所有制属性分组的检验结果。本书将样本分为中央国有企业、地方国有企业、民营企业和外资企业 4 种所有制类型进行分组检验。对于在万德（Wind）上市公司数据库中被归类于集体企业、公众企业和其他企业的少部分企业，本书借鉴王文和牛泽东（2019）的做法，将这些企业分别归入四种主要所有制类型。表 5 - 3 中 Panel A 第 (2) — (5) 列依次为中央国有企业、地方国有企业、民营企业和外资企业的检验结果，结果显示，除地方国有企业外，其他企业金融化 FIN^2 系数显著为负，说明在这三种所有制企业中金融化对全要素生产率的倒"U"形影响仍成立；而地方国有企业 FIN 系数显著为正，FIN^2 系数为负不显著，说明不存在显著的倒"U"形关系。本书认为，地方政府债务问题越发严重是可能的原因，考虑经营环境的不确定性，相较于中央国有企业和非国有企业，地方国有企业既缺乏前者广泛的融资渠道以及雄厚的资金实力，也缺乏后者专门可享受的扶持政策，因此这类企业通过金融投资来缓解不确定性和支持经营的倾向更强。从现有数据来看，地方国有企业目前的金融投资水平在一定程度上对其全要素生产率产生了积极作用，且暂时未见统计学意义上的显著拐点。此外，当中央国有企业、民营企业和外资企业的金融化水平超过倒"U"形曲线拐点的水平时，会对全要素生产率产生显著的负面影响。与基础回归中最有利的企业金融化水平 0.6444 相比，按企业所有制分组检验结果中，民营企业的对应拐点为 0.6771，相对较高；央企与国企的这一拐点为 0.5023，相对合适；外资企业的拐点为 0.2854，相对较低。

第二，按企业所属区域分组的检验结果。考虑到我国金融发展的集聚现象和样本企业的区域分布特征，本书参考以往研究，将金融化对微观企业全要素生产率作用效应的区域差异分为东部地区、中部地区和西部地区三个维度进行分组研究。表 5-3 Panel B 中的（1）—（3）列依次为东部、中部和西部地区回归结果，结果显示东部和中部地区的金融化 FIN 系数显著为正，FIN^2 系数显著为负，说明在东部和中部地区样本中金融化对企业全要素生产率的倒"U"形影响仍然成立；而西部地区 FIN 系数为正，FIN^2 系数为负不显著，说明不存在显著倒"U"形关系。本书认为可能的原因是，西部地区经济金融发展相较于东部及中部地区更为落后，资本市场发展的成熟度也不高，因此仍处于与其地区金融发展程度相同水平，企业金融化能够促进企业全要素生产率提升；而东中部地区经济更为发达，金融市场发展也较西部地区更为成熟，虚拟经济的快速发展也给该地区的实体经济带来了显著的负面影响，地区企业全要素生产率水平随着金融资产投资占比的上升呈现出先扬后抑的倒"U"形趋势。

第三，按企业所属行业分组的检验结果。除从所有制及区域异质性角度进行分组检验外，本书还按照所属行业将样本归类划分为制造业和非制造业样本进行分组研究。表 5 - 3 Panel B 中的 (4) 列、(5) 列分别为制造业和非制造业样本的回归结果，结果显示，制造业及非制造业的 FIN 系数均显著为正，FIN^2 系数显著为负，说明在行业分样本中金融化对企业全要素生产率的倒 "U" 形关系均成立。进一步观察各分样本拐点情况，制造业和非制造业的金融化水平拐点分别为 0.6672 和 0.6191，也就是说，在分样本中，制造业企业金融化水平超过 0.6672、非制造业企业金融化水平超过 0.6191 后，就可能对企业全要素生产率的提升产生不利影响，两种不同金融化水平相比而言，制造业企业的拐点较高。制造业企业日常生产经营相比非制造业企业更依赖长期的固定资产投入，也更易受宏观经济环境变化影响，这使这类企业通过持有金融资产来对冲风险和支持经营的意愿也更强 (张成思，2019)，从本书对应拐点来看，一定程度上造成了制造业企业整体金融化程度更高的结果。

综上所述，从企业所有制属性、所属行政区划以及所属行业特征出发进行分组检验的结果表明，企业金融化对企业全要素生产率的影响在三组分样本中均存在显著异质性。

三 门槛效应的进一步研究

前述研究表明，企业金融化与全要素生产率间呈显著倒 "U" 形关系，为进一步验证在金融化偏离程度和金融资产投资收益的不同区间内，金融化对全要素生产率的影响是否存在多种均衡，本书构建的以金融化偏离程度 (EFIN) 和金融资产投资收益 (RETURN) 为门槛变量的面板门槛模型回归结果见表 5 - 4。Panel A 为各变量自抽样检验结果，在依次进行单一、双重及三重门槛检验后，F 统计量对应 P 值显示，金融化偏离程度和金融资产投资收益的双重门槛效应均显著，说明企业金融化对其全要素生产率的影响会因其自身金融化偏离程度和金融资产投资收益的不同而呈现出显著差异。

表5-4　　　　　　　　　　面板门槛模型回归结果

		Panel A：面板门槛自抽样检验结果*					
		95%置信区间；BS300次					
门槛变量	门槛类型	门槛值	F值	P值	临界值		
					10%	5%	1%
EFIN	双重门槛	$\gamma_1 = -0.0541$, $\gamma_2 = 0.1203$	20.8683	0.0000	7.3874	9.0304	11.2675
RETURN	双重门槛	$\delta_1 = 0.7403$, $\delta_2 = 1.2376$	536.8882	0.0000	12.2458	16.5984	25.9751

	Panel B：面板门槛模型回归结果			
变量	(1)		(2)	
	TFP_LP		TFP_LP	
SIZE	0.4865 ***	(69.7112)	0.4686 ***	(75.0742)
AGE	0.0930 ***	(5.0009)	0.1564 ***	(10.1992)
INDIRECT	-0.1615 **	(-2.2287)	-0.0587	(-1.1003)
TOP1	0.2407 ***	(5.4467)	0.1530 ***	(3.8227)
INHOLD	0.1552 ***	(7.6453)	0.1419 ***	(7.6410)
GROWTH	0.2103 ***	(27.0045)	0.1563 ***	(22.4388)
KL	-0.0285 ***	(-5.0267)	-0.0161 ***	(-3.1460)
LEV	-0.8698 ***	(-29.9429)	-0.7627 ***	(-28.9838)
FINDEV	0.0692	(0.6057)	-0.0393	(-0.3664)
TECH	0.1202	(0.8898)	0.2096 *	(1.6581)
EFIN	—	—		
$(-\infty, \gamma_1)$	0.6023 ***	(9.7292)	—	—
$[\gamma_1, \gamma_2)$	0.4606 ***	(12.4278)	—	—
$[\gamma_2, +\infty)$	0.3558 ***	(9.6845)	—	—
RETURN	—	—		
$(-\infty, \delta_1)$	—	—	0.5686 ***	(19.4894)
$[\delta_1, \delta_2)$	—	—	-2.3584 ***	(-36.9205)
$[\delta_2, +\infty)$	—	—	-0.5757 ***	(-10.3281)
个体效应	YES	—	YES	
时间效应	YES	—	YES	
Constant	2.3422 ***	(16.7931)	2.4106 ***	(19.2544)
Observations	19286		19811	
R^2	0.5342		0.6057	

注：*由于篇幅所限，此处省略了EFIN和RETURN的单门槛和三门槛的检验结果。需要特别说明的是，Hansen（1999）提出的面板门槛模型仅适用于平衡面板，本书为非平衡面板数据，考虑到提取平衡面板会造成样本的大量丢失及样本选择偏误问题，采用王群勇和连玉君编写的 xthreg2 命令，在 Stata 17.0 中得到非平衡面板固定效应门槛模型（Fixed effect threshold model for unbalanced panel data）的回归结果。

由 Panel B 中对面板门槛模型（2）进行回归的结果显示，当金融化偏离程度在（－∞，－0.0541）区间内时，企业金融化对其全要素生产率的回归系数在1%的水平上显著为正，为0.6023；当金融化偏离程度在［－0.0541，0.1203）区间内时，企业金融化回归系数为0.4606且在1%的水平上显著；当金融化偏离程度在［0.1203，＋∞）区间内时，企业金融化对全要素生产率的回归系数为0.3558且在1%的水平上显著。说明从企业实际金融化水平偏离其最优金融化水平的程度来看，当金融化偏离程度低于－0.0541时，金融化对企业全要素生产率存在显著的正向影响。总的来看，随着微观企业实际金融化水平偏离最优金融化水平的程度上升，企业金融化对全要素生产率的积极作用显著下降。

由 Panel B 中对面板门槛模型（3）进行回归的结果显示，当金融资产投资收益在（－∞，0.7403）区间时，企业金融化对其全要素生产率的回归系数在1%的水平上显著为正，为0.5686；当金融资产投资收益在［0.7403，1.2376）区间时，企业金融化的回归系数为－2.3584，且在1%的水平上显著；当金融资产投资收益率在［1.2376，＋∞）区间时，企业金融化的回归系数为－0.5757，且在1%的水平上显著。说明从资产获利的角度来看，企业金融资产投资收益对企业利润的贡献过高会使金融化对企业全要素生产率的提升产生显著的抑制作用，即当企业金融资产投资收益大于0.7403时，企业金融化无法对全要素生产率产生显著的促进作用。总体来看，随着金融资产投资收益的增加，金融化对企业全要素生产率的影响由正向转变为显著的负向。从统计数据看，全样本中有21119个样本的金融资产投资收益低于0.7403，有1357个样本的金融资产投资收益率高于1.2376，即77.8%以上的企业金融投资收益率是低于0.7403的，其企业金融化水平有利于生产效率提高。因此，合理的金融资产收益率水平才可能有利于企业金融化对生产效率的提升，过高的金融资产投资收益不利于实体企业生产率提升。

第四节　影响机制分析

考虑到企业金融化与全要素生产率间特殊的非线性关系，通常使用的 Baron 和 Kenny（1986）三步骤逐步检验回归系数法在检验第三变量在解释变量与被解释变量间的中介作用时可能存在一定局限性，因此，为厘清中介模型中所有可能路径上的调节效应，本书参考杜运周等（2012）、董保宝（2014）和张祥建等（2015）的研究，借鉴 Edwards 和 Lambert（2007）的调节路径分析法，以流动性供给（LIQUI）、投融资期限错配（SFLI）和实体资本配置效率（INVEFF）作为中介变量检验金融化影响企业全要素生产率的作用机制，构建以下模型：

$$TFP_{it} = \alpha_0 + \alpha_1 FIN_{it} + \alpha_2 LIQUI_{it} + \alpha_3 FIN_{it}^2 + \alpha_4 FIN_{it} \times$$
$$LIQUI_{it} + \sum_{j=1}^{10} \beta_j X_{it} + YEAR_{it} + IND_{it} + REG_{it} + \varepsilon_{it} \tag{5-5}$$

$$LIQUI_{it} = \alpha_0 + \alpha_1 FIN_{it} + \alpha_2 FIN_{it}^2 + \sum_{j=1}^{10} \beta_j X_{it} + YEAR_{it} +$$
$$IND_{it} + REG_{it} + \varepsilon_{it} \tag{5-6}$$

$$TFP_{it} = \alpha_0 + \alpha_1 FIN_{it} + \alpha_2 SFLI_{it} + \alpha_3 FIN_{it}^2 + \alpha_4 FIN_{it} \times SFLI_{it} +$$
$$\sum_{j=1}^{10} \beta_j X_{it} + YEAR_{it} + IND_{it} + REG_{it} + \varepsilon_{it} \tag{5-7}$$

$$SFLI_{it} = \alpha_0 + \alpha_1 FIN_{it} + \alpha_2 FIN_{it}^2 + \sum_{j=1}^{10} \beta_j X_{it} +$$
$$YEAR_{it} + IND_{it} + REG_{it} + \varepsilon_{it} \tag{5-8}$$

$$TFP_{it} = \alpha_0 + \alpha_1 FIN_{it} + \alpha_2 INVEFF_{it} + \alpha_3 FIN_{it}^2 + \alpha_4 FIN_{it} \times \qquad (5-9)$$

$$INVEFF_{it} + \sum_{j=1}^{10} \beta_j X_{it} + YEAR_{it} + IND_{it} + REG_{it} + \varepsilon_{it}$$

$$INVEFF_{it} = \alpha_0 + \alpha_1 FIN_{it} + \alpha_2 FIN_{it}^2 + \sum_{j=1}^{10} \beta_j X_{it} + \qquad (5-10)$$

$$YEAR_{it} + IND_{it} + REG_{it} + \varepsilon_{it}$$

在上述模型中，TFP 为被解释变量企业全要素生产率，FIN 为解释变量企业金融化，LIQUI、SFLI 和 INVEFF 分别为本书认为金融化作用于企业全要素生产率可能的三种途径，即流动性供给效应、投融资期限错配效应和实体资本配置效应。中介变量的具体测度方式如表 5 - 1 (1) 所示：一是参考胡泽 (2013) 及段军山和庄旭东 (2021)，采用经营性现金净流量比上总资产衡量流动性供给 (LIQUI)，认为经营性现金流可以衡量企业在经营活动中产生现金的能力。从资金蓄水池效应的角度来看，企业金融资产配置在获得相应投资收益的同时，还能够通过迅速将强流动性金融性资产变现，及时为企业经营和技术创新提供所需资金，保证流动资金供给，缓解自身可能存在的融资约束，降低企业陷入财务困境的可能，继而在一定程度上影响企业全要素生产率。二是参考钟凯等 (2016) 的研究，采用资产负债表和现金流量表的一系列数据测度企业投融资期限错配指标 (SFLI)。从投融资期限错配效应的角度来看，认为金融资产配置可能对企业投融资期限错配问题产生影响，即企业出于应对外部融资困境等动机进行金融资产配置的行为，可能会挤占特定期限的信贷资金，从而影响企业投融资的期限错配情况，进而通过投融资期限错配对企业全要素生产率产生间接影响。三是参考肖珉 (2010)、陈德球等 (2017) 和程新生等 (2020) 的做法，首先基于 Richardson (2006) 模型估计出预期投资水平，再以当年实际投资与预期投资水平的差值作为企业资本配置效率的代理变量，残差大于 0 表示投资过度，小于 0 则表示投资不足。估计预期投资水平的模型如下所示：

$$INV_{it} = \alpha_0 + \alpha_1 INV_{it-1} + \alpha_2 TobinQ_{it-1} + \alpha_3 SIZE_{it-1} + \alpha_4 LIST_{it-1} + \qquad (5-11)$$

$$\alpha_5 LEV_{it-1} + \alpha_6 Cf_{it-1} + \alpha_7 RET_{it-1} + YEAR_{it} + IND_{it} + \varepsilon_{it}$$

其中，INV_{it}、INV_{it-1}分别表示本期和上期企业 i 在时间 t 的实体投资支出，通过购建与处置固定资产、无形资产和其他长期资产支付和收回的现金差除以总资产获得，$TobinQ_{it-1}$表示上期托宾 Q 值，通过总市值除以总资产求得，RET_{it}则表示上期个股收益率，其他变量含义与模型（4）相同。进而，从实体资本配置效应的角度来看，认为企业在金融领域的投资行为可能会挤占其对实物资产的投资，由于实物投资具有周期长、收益较低等特点，企业倾向于增加其在金融领域的投资，而过度的金融资产配置会通过挤出固定资产投入、创新投入等方面的资金，损害实体资本配置效率，进而对企业全要素生产率产生影响。

模型（5）、模型（7）和模型（9）能够综合检验被解释变量（全要素生产率）与解释变量（企业金融化）、调节变量（企业金融化）与解释变量（企业金融化）的交互项（金融化的平方）、中介变量（流动性供给、投融资期限错配和实体资本配置效率）、调节变量（企业金融化）及其与各中介变量交互项间的总效应。通过上述三个模型可以对企业金融化与其全要素生产率间的倒"U"形关系及各中介变量在其中的中介作用进行检验。

模型（6）、模型（8）和模型（10）则用于检验中介变量（流动性供给、投融资期限错配和实体资本配置效率）与解释变量（企业金融化）间受调节变量（企业金融化）的调节效应，实际是在检验企业金融化与中介变量间的非线性影响关系。变量间影响关系的具体检验结果见表 5-5。

表 5—5　　企业金融化、作用机制与全要素生产率

变量	(1) LIQUI	(2) LIQUI	(3) TFP_LP	(4) SFLI	(5) SFLI	(6) TFP_LP	(7) INVEFF	(8) INVEFF	(9) TFP_LP
SIZE	-0.0054 *** (-3.9079)	-0.0053 *** (-3.8951)	0.4723 *** (37.2608)	-0.0336 *** (-11.9025)	-0.0335 *** (-11.7712)	0.4492 *** (34.8289)	0.0018 ** (2.1055)	0.0018 ** (2.0266)	0.4669 *** (31.0094)
AGE	0.0164 *** (3.3317)	0.0169 *** (3.4294)	-0.1199 *** (-2.7848)	0.0145 (1.5013)	0.0189 * (1.9491)	-0.0971 ** (-2.2410)	-0.0040 (-0.9677)	-0.0033 (-0.8130)	-0.1202 * (-1.7240)
INDIRECT	-0.0120 (-1.1089)	-0.0125 (-1.1584)	-0.0948 (-1.0101)	0.0079 (0.3493)	0.0034 (0.1512)	-0.1084 (-1.1390)	-0.0094 (-1.1912)	-0.0093 (-1.1806)	-0.1949 (-1.4989)
TOPI	0.0006 (0.0718)	0.0008 (0.0924)	0.3756 *** (4.6467)	0.0598 *** (3.4981)	0.0613 *** (3.6357)	0.4058 *** (4.9816)	0.0096 * (1.6688)	0.0100 * (1.7378)	0.3220 *** (3.3624)
INHOLD	0.0165 *** (5.0276)	0.0164 *** (4.9724)	0.0881 *** (3.3731)	0.0641 *** (9.8679)	0.0627 *** (9.5858)	0.1392 *** (5.2401)	-0.0024 (-1.0636)	-0.0024 (-1.0771)	0.1460 *** (4.5107)
GROWTH	0.0081 *** (6.3266)	0.0080 *** (6.2657)	0.1873 *** (19.1277)	-0.0779 *** (-24.8716)	-0.0787 *** (-25.0695)	0.1534 *** (15.1849)	0.0052 *** (4.9235)	0.0051 *** (4.8706)	0.2147 *** (17.6086)
KL	0.0064 *** (6.3035)	0.0064 *** (6.3655)	-0.0638 *** (-5.0972)	-0.0001 (-0.0585)	0.0004 (0.2148)	-0.0562 *** (-4.4755)	-0.0069 *** (-8.6299)	-0.0068 *** (-8.5390)	-0.0343 ** (-2.2231)
LEV	-0.0122 ** (-2.3399)	-0.0117 ** (-2.2364)	-0.8185 *** (-18.2015)	0.1593 *** (15.0936)	0.1641 *** (15.5877)	-0.7494 *** (-16.5996)	-0.0020 (-0.6091)	-0.0015 (-0.4605)	-0.8910 *** (-15.8229)

续表

变量	(1) LIQUI	(2) LIQUI	(3) TFP_LP	(4) SFLI	(5) SFLI	(6) TFP_LP	(7) INVEFF	(8) INVEFF	(9) TFP_LP
FINDEV	-0.0039 (-0.2771)	-0.0041 (-0.2892)	-0.0430 (-0.4632)	0.1039*** (3.0416)	0.1024*** (3.0126)	0.0003 (0.0033)	0.0035 (0.2969)	0.0032 (0.2681)	0.0417 (0.3778)
TECH	0.0301* (1.7580)	0.0307* (1.7971)	0.1284 (1.1359)	-0.0816** (-2.0399)	-0.0759* (-1.9060)	0.1266 (1.1063)	0.0082 (0.5635)	0.0092 (0.6328)	0.0964 (0.7099)
FIN	0.0578*** (11.5209)	0.1090*** (8.7219)	0.6591*** (6.5771)	-0.4708*** (-39.4582)	-0.0117 (-0.3629)	0.5871*** (5.6104)	-0.0208*** (-5.7312)	0.0141 (1.3028)	0.7346*** (5.0214)
FIN×FIN	—	-0.0788*** (-4.5437)	-0.4745*** (-3.4138)	—	-0.7061*** (-13.2794)	-0.3521** (-2.1099)	—	-0.0588*** (-3.6295)	-0.5444** (-2.2114)
LIQUI	—	—	1.5743*** (13.7868)	—	—	—	—	—	—
FIN×LIQUI	—	—	-0.7873* (-1.9508)	—	—	—	—	—	—
SFLI	—	—	—	—	—	-0.7821*** (-16.2647)	—	—	—
FIN×SFLI	—	—	—	—	—	1.0282*** (8.7584)	—	—	—

续表

变量	(1)	(2)	(3)	(4)	(5)	(6)	(7)	(8)	(9)
	LIQUI	LIQUI	TFP_LP	SFLI	SFLI	TFP_LP	INVEFF	INVEFF	TFP_LP
INVEFF	—	—	—	—	—	—	—	—	0.7660*** (4.4575)
FIN×INVEFF	—	—	—	—	—	—	—	—	-1.9460* (-2.5645)
个体/时间	YES	YES	YES	YES	YES	YES	YES	YES	YES
行业/地区	YES	YES	YES	YES	YES	YES	YES	YES	YES
聚类到企业	YES	YES	YES	YES	YES	YES	YES	YES	YES
Constant	-0.0346 (-1.0932)	0.0005 (0.0195)	3.1764*** (12.0883)	1.3187*** (20.1492)	0.5009*** (8.4955)	3.4654*** (13.0565)	-0.1097*** (-4.6892)	0.0676*** (2.8548)	3.6234*** (8.8509)
Observations	29938	29938	29938	29939	29939	29939	22985	22985	22985
R^2	0.3907	0.3915	0.8157	0.3710	0.3824	0.8138	0.1536	0.1543	0.8152

表5-5前两列结果显示，金融化平方项与流动性供给显著负相关，说明金融化与流动性供给间呈倒"U"形关系，即随着企业金融资产持有在总资产中占比的逐步上升，企业经营性现金净流量在总资产中的比重呈现先上升后下降的趋势，说明过低或过高的金融资产持有都不利于企业的流动性，金融资产持有的不足可能会使企业失去通过金融资产获利来获取企业流动性资金的机会，而过度的金融化水平则会直接减少流动性资金的持有。结合图5-1可以看到，金融化与流动性供给间近似呈一种正向的线性关系，说明大部分企业样本处于倒"U"形曲线上金融化水平与流动性供给正相关的部分。（3）列总效应回归结果显示，在加入中介变量流动性供给以及金融化与流动性供给的交互项后，金融化二次项系数在1%的水平上显著为负，为-0.4745，该结果进一步验证了金融化与企业全要素生产率间的倒"U"形关系。流动性供给的回归系数在1%的水平上显著为正，为1.5743，表明流动性资金持有对企业全要素生产率存在显著的促进作用；中介变量与调节变量的交互项系数为负且在10%的水平上显著，说明企业金融资产持有会显著降低流动性供给对企业全要素生产率的促进作用。结合表5-5（2）列、（3）列和表5-3（1）列研究结果可以看到，金融化和流动性供给的倒"U"形关系经过流动性供给的中介作用影响企业全要素生产率。

表5-5（4）列、（5）列结果显示，金融化平方项与投融资期限错配显著负相关，说明金融化与投融资期限错配间存在倒"U"形关系，即随着企业金融资产持有比例的逐步上升，企业投融资期限错配程度呈先升后降的趋势，结合图5-2可以看到，金融化与投融资期限错配近似呈一种负相关的线性关系，说明本书大量企业样本处于倒"U"形曲线上金融化水平与投融资期限错配负相关的部分。（6）列总效应回归结果显示，在加入中介变量投融资期限错配以及金融化与投融资期限错配的交互项后，金融化二次项系数在5%的水平上显著为负，为-0.3521，

再次验证了金融化与企业全要素生产率间的倒"U"形关系。中介变量投融资期限错配的回归系数在1%的水平上显著为负,为 -0.7821,表明企业投融资期限错配对全要素生产率存在负面影响;中介变量与调节变量的交互项系数为1.0282,且在1%的水平上显著,说明企业金融资产持有在一定程度上缓解了投融资期限错配对企业全要素生产率的抑制作用。结合表5-5(5)列、(6)列和表5-3(1)列研究结果可以看到,金融化与投融资期限错配间的倒"U"形关系经由投融资期限错配的中介作用对全要素生产率产生了影响。

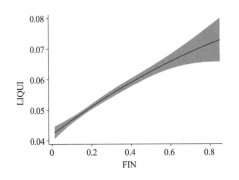

图5-1　金融化与流动性供给　　　图5-2　金融化与投融资期限错配

注:图中阴影部分为95%置信区间;下同。

表5-5(7)列、(8)列模型回归结果显示,金融化平方项与实体资本配置效率显著负相关,说明金融化与实体资本配置效率呈倒"U"形关系,即随着企业金融资产持有比例的升高,企业实体资本配置效率呈先升后降的趋势,说明企业金融化水平的上升在一定程度上能够促进实体资本配置效率的提升,但当企业出现过度金融化的情况时又会降低其资本配置效率,过度金融化会对资本配置效率产生负面影响;结合图5-3可以看到,金融化与实体资本配置效率间近似呈现一种负向的线性关系,说明大多数企业样本处于倒"U"形曲线上金融化水平与实体

资本配置效率负相关的部分。（9）列总效应回归结果显示，在加入中介变量实体资本配置效率以及金融化与实体资本配置效率的交互项后，金融化二次项系数在5%的水平上显著为负，为 - 0.5444，进一步验证了与全要素生产率间的倒"U"形关系。中介变量实体资本配置效率的回归系数在1%的水平上显著为正，为0.7660，表明实体资本配置效率上升可以直接促进企业全要素生产率的提升；中介变量与调节变量的交互项系数为 - 1.9460，且在5%的水平上显著，说明实体资本配置效率与全要素生产率间的关系会受企业金融化的权变影响。结合表5 - 5（8）列、（9）列和表5 - 3（1）列研究结果可以看到，企业金融化与实体资本配置效率间的倒"U"形关系经过实体资本配置效率的中介作用影响了全要素生产率。

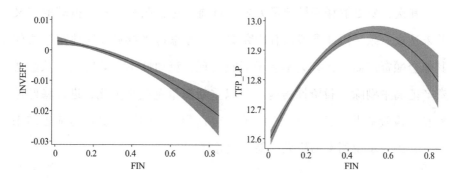

图5 - 3　金融化与资本配置效率　　图5 - 4　金融化与企业全要素生产率

结合各模型回归结果，综上所述，企业金融化与全要素生产率间的倒"U"形关系会通过流动性供给、投融资期限错配和实体资本配置效率的中介作用影响企业全要素生产率，验证了本书的假设2。

第五节　稳健性的进一步分析

为使研究结果更为稳健，在前文已使用固定效应及标准误聚类调整进行模型估计以缓解部分内生性问题的基础上，本书将从以下五个方面进一步进行稳健性检验。

一　稳健性检验Ⅰ：变更主要变量衡量方式

首先，变更被解释变量衡量方式。在估算企业全要素生产率的方法中，OP 方法和 LP 方法都能在一定程度上克服传统 OLS 方法面临的问题，因此本书以 OP 法重新度量后进行稳健性检验，检验结果如表 5 – 6 (2) 列所示。回归结果显示与 (1) 列所呈现的结果一致，企业金融化与其全要素生产率的二次项回归系数仍显著为负，表明随着企业金融资产持有比例的上升，企业全要素生产率先呈上升趋势而后呈下降趋势，控制变量估计结果也同前文一致，显示出本书研究结论的稳健性。

其次，变更解释变量衡量方式。目前，对企业金融资产范畴的定义并未达成一致，因此参考已有研究文献，考虑到"投资性房地产"相较其他金融资产而言具有更不易于回收变现、流动性不足等特点，从金融资产范畴中剔除"投资性房地产"以重新衡量企业金融化，进行稳健性检验，检验结果见表 5 – 6 (3) 列、(4) 列。回归结果显示与前述结果一致，进一步说明本书研究结果的稳健性。

表 5 – 6　　　　　　　企业金融化与全要素生产率

（变更变量测度及二维聚类标准误估计结果）

变量	(1)	(2)	(3)	(4)	(5)	(6)
	TFP_ LP	TFP_ OP	TFP_ LP	TFP_ OP	TFP_ LP	TFP_ OP
FIN	0.7827 ***	0.9055 ***	0.7770 ***	0.8964 ***	0.7827 ***	0.9055 ***
	(7.6322)	(8.4047)	(8.0240)	(8.4479)	(4.8938)	(6.1578)
FIN^2	− 0.6073 ***	− 0.4014 ***	− 0.6199 ***	− 0.4710 ***	− 0.6073 ***	− 0.4014 **
	(− 4.2417)	(− 2.6643)	(− 4.6511)	(− 3.1139)	(− 3.1728)	(− 2.0768)
控制变量	YES	YES	YES	YES	YES	YES

续表

变量	(1)	(2)	(3)	(4)	(5)	(6)
	TFP_ LP	TFP_ OP	TFP_ LP	TFP_ OP	TFP_ LP	TFP_ OP
个体/时间	YES	YES	YES	YES	YES	YES
行业/地区	YES	YES	YES	YES	YES	YES
聚类到企业	YES	YES	YES	YES	YES	YES
Constant	3. 1890 *** (11. 6862)	3. 9332 *** (12. 1111)	3. 2532 *** (12. 0067)	4. 0562 *** (12. 5168)	3. 1890 *** (7. 8861)	3. 9332 *** (9. 5741)
Observations	29939	28289	29939	28289	29939	28289
R^2	0. 8081	0. 7643	0. 8080	0. 7634	0. 8081	0. 7643

二 稳健性检验Ⅱ：二维聚类标准误

前文均在企业层面对误差项进行了聚类调整，本书进一步考虑误差项间在时间层面可能存在的自相关性和异方差问题，在此基础上在年度层面对标准误进行二维聚类调整，调整后的模型回归结果见表5－6（5）列、（6）列。检验估计结果显示，基础回归结果与前述估计结果一致，企业金融化分别与 LP 方法和 OP 方法衡量的被解释变量进行回归，其平方项系数估计值仍显著为负，控制变量估计结果也与前文一致，本书的研究结论未受影响。

三 稳健性检验Ⅲ：子区间估计

考虑2008年国际金融危机对中国企业持有金融资产的行为及其全要素生产率产生的影响，本书剔除金融危机当年及第二年，即2008年和2009年数据，考察子区间估计结果稳健性。表5－7（1）列、（2）列检验估计结果显示，主要变量及控制变量回归结果均未发生较大变化，估计结果与前文一致。

考虑样本企业上市时间，为保证样本企业至少有5年连续数据，本书参考张成思和郑宁（2020）的做法，剔除2016年及之后上市的企业样本。缩小企业样本量后的回归结果见表 5 – 7（3）列、（4）列，进一步表明了本书结论的稳健性。

表 5 – 7　　企业金融化与全要素生产率（子样本及 PSM 估计结果）

变量	(1) TFP_ LP	(2) TFP_ OP	(3) TFP_ LP	(4) TFP_ OP	(5) TFP_ LP	(6) TFP_ LP
FIN	0.7058 *** (6.6444)	0.8194 *** (7.2929)	0.8105 *** (7.6346)	0.9370 *** (8.3755)	0.9872 *** (3.8283)	0.9806 *** (3.7931)
FIN²	-0.5192 *** (-3.4899)	-0.3233 ** (-2.0657)	-0.6248 *** (-4.2411)	-0.4059 *** (-2.6069)	-0.5120 * (-1.8006)	-0.5040 * (-1.7660)
控制变量	YES	YES	YES	YES	YES	YES
个体/地区	YES	YES	YES	YES	NO	NO
行业/时间	YES	YES	YES	YES	YES	YES
聚类到企业	YES	YES	YES	YES	YES	YES
Constant	3.3193 *** (12.0905)	4.1668 *** (12.9207)	3.0712 *** (11.2753)	3.7875 *** (11.6756)	2.6763 *** (5.5721)	2.6774 *** (5.5850)
Observations	27665	26153	27299	25578	2057	2054
R²	0.8118	0.7682	0.8028	0.7522	0.5999	0.5984

四　稳健性检验Ⅳ：样本选择偏误问题

参考何瑛等（2019）和胡海峰等（2020）的应用，考虑样本选择偏误可能造成的影响，以是否过度金融化为被解释变量，采用倾向得分匹配法对对照组样本进行匹配，倾向得分匹配分别采用最近邻匹配方法和卡尺匹配法将控制变量均设定为协变量，使用 Logit 模型回归，在两组间进行 1∶4 有放回匹配，卡尺匹配中卡尺区间设定为 0.01%，结果显示两种匹配方式都较好地平衡了数据。使用匹配完成后进行回归，回归结果见表 5 – 7 后两列，考虑样本选择性偏误的情况后，主要变量回归结果仍与前文一致，金融化和企业全要素生产率间的倒"U"形关系显著成立。

五　稳健性检验Ⅳ：内生性问题

在模型估计中，不能忽视模型的内生性问题。在此主要考虑两个方面：第一，参考刘贯春等（2020）及谢富胜和匡晓璐（2020），构建动态面板模型进行估计，将核心解释变量 FIN 和其平方项的滞后 1 期，以及被解释变量 TFP 的滞后 1—2 期引入回归模型；进一步地，影响当期企业全要素生产率的因素也可能影响当期的企业金融化，因此，借鉴张成思和张步昙（2016）、刘贯春等（2018）的做法，将包括企业成长性（GROWTH）、资本结构（LEV）、企业金融化（FIN）在内的财务指标视为内生变量，并利用这些变量的滞后 2—3 期作为工具变量，采用系统 GMM 进行模型估计。回归结果见表 5 - 8（1）列、（2）列，二阶自相关与 Hansen 统计量结果表明模型残差项基本符合正态分布，并且选取的工具变量设定合适，说明该动态系统 GMM 模型回归结果较为可信。同时，主要变量回归结果与前文一致，说明本书结论具有稳健性。

第二，为进一步缓解企业金融化与全要素生产率间可能存在的反向因果问题，参考杜勇等（2017）的做法，以 FIN 和 FIN^2 的滞后一期（FIN_{t-1}，FIN_{t-1}^2）作为工具变量，采用工具变量两阶段最小二乘法（IV2SLS）缓解模型内生性问题，回归结果见表 5 - 8（3）—（8）列。其中，第一阶段结果显示，识别不足检验（Anderson canon. corr. LM 统计量）和弱识别检验（Cragg-Donald Wald F 统计量）均在 1% 的水平上拒绝原假设，过度识别检验（Sargan 统计量）显示恰好识别，进一步考察第一阶段 F 检验值相应 P 值，均接近于 0，相关结果均表明本书工具变量选取的有效性及计量结果的稳健性；且通过一阶段回归结果可以看到，所选工具变量均与解释变量高度相关。第二阶段回归结果显示，在考虑内生性问题后，金融化对企业全要素生产率的影响仍在 1% 的显著性水平上呈现倒"U"形，以上结果均进一步验证了本书的基本结论。

表5-8　　企业金融化与全要素生产率（动态系统GMM及IV 2SLS估计结果）

变量	(1)	(2)	第三阶段 (3)	第三阶段 (4)	第二阶段 (5)	第二阶段 (6)	第一阶段 (7)	第一阶段 (8)
	TFP_LP	TFP_OP	FIN	FIN^2	TFP_LP	FIN	FIN^2	TFP_OP
FIN	4.4413*** (2.6809)	5.4222** (2.2946)	—	—	0.9641*** (5.9827)	—	—	1.5036*** (8.7681)
FIN^2	-6.3345** (-2.2978)	-8.2759** (-2.1233)	—	—	-0.9122*** (-3.9385)	—	—	-1.0531*** (-4.3086)
LFIN	3.6093** (1.9760)	2.7665* (1.7094)	0.2451*** (17.8739)	-0.1235*** (-13.9325)	—	0.2209*** (15.4530)	-0.1397*** (-15.1867)	—
LFIN^2	-6.3688** (-2.0452)	-4.8294* (-1.7871)	0.3870*** (19.7458)	0.6636*** (52.3855)	—	0.4085*** (20.2235)	0.6738*** (51.8412)	—
LTFP	0.3727*** (3.0493)	0.4282*** (3.5922)	—	—	—	—	—	—
L2TFP	-0.0738** (-1.9916)	-0.1167** (-2.1747)	—	—	—	—	—	—
控制变量	YES	YES	YES	YES	YES	YES	YES	YES
个体/时间	YES	YES	YES	YES	YES	YES	YES	YES
行业/地区	NO	NO	YES	YES	YES	YES	YES	YES

续表

变量	(1)	(2)	第三阶段		第二阶段		第一阶段	
			(3)	(4)	(5)	(6)	(7)	(8)
	TFP_LP	TFP_OP	FIN	FIN^2	TFP_LP	FIN	FIN^2	TFP_OP
AR (1)	0.000	0.000	—	—	—	—	—	—
AR (2)	0.397	0.355	—	—	—	—	—	—
Hansen (p 值)	0.873	0.872	—	—	—	—	—	—
Constant	0.7182 (0.3886)	3.2572 (1.5099)	0.4659*** (12.1767)	0.2131*** (8.6150)	3.6761*** (18.7036)	0.4220*** (9.4518)	0.1743*** (6.0681)	4.1510*** (17.9758)
Observations	18043	14249	25377	25377	25377	22644	22644	22644
R^2	—	—	—	—	0.8153	—	—	0.7771

第六节　结论

本书以我国 2001—2019 年非金融 A 股上市公司数据为研究样本，探究了企业金融化对企业全要素生产率的影响效应与传导机制。研究结果显示：第一，总体上，企业金融领域资产配置行为与企业全要素生产率存在显著的倒"U"形关系。基于所有权属性、所属地区和所属行业分样本讨论发现，这种倒"U"形关系在中央国有企业、民营企业和外资企业、东中部地区企业以及制造业企业和非制造业企业中仍然成立，而在地方国有企业和西部地区企业中则不显著成立。第二，进一步分析发现，金融化对企业全要素生产率的影响具有门槛效应，金融化偏离程度及金融资产投资收益均存在一个合理区间，使在此区间内金融化对全要素生产率的积极作用最大。第三，影响机制检验发现，流动性供给、投融资期限错配和实体资本配置在企业金融化与企业全要素生产率之间均存在显著的中介效应。

第六章 金融资源错配与全要素
生产率损失效应

第一节 理论模型分析

本章基于增长核算框架，借鉴 Hsieh 和 Klenow（2009）、Aoki（2012）的研究，将表示要素资源错配的要素价格扭曲引入基本理论模型以扩展 Syrquin 的产出变动分解，实现要素资源错配问题与 Syrquin 产出分解的结合，将要素配置变动的贡献在传统分解基础上进一步分解为产出份额变动的贡献和要素价格扭曲变动的贡献，从而探究影响全要素生产率和产出变动的要素资源错配具体情况。同时，在这一理论框架基础上，将所有制、地区及行业差异引入其中，研究不同所有制、地区和行业分类下要素资源错配（主要是金融资源错配）对全要素生产率的效应。

一 基本设定

考虑经济中 N 个不同类别（所有制、地区或行业）的生产活动，假定类别 s（$s=1$，2，$\cdots$，N）内部所有企业有相同的生产函数，该类别 s 可视为由一个代表性企业进行生产，不同类别 s 则有不同的生产函数，且所有类别均使用两种要素投入：资本投入 K 和劳动力投入 L。根据

HsiehandKlenow（2009）的假设，由于企业均为价格的接受者，因此认为企业面临扭曲的价格，而这种扭曲通过从价税方式体现。具体地，竞争条件下要素（资本、劳动力）投入价格分别为 p_K、p_L，不同类别下企业各要素投入面临的价格扭曲分别为 τ_{Ks}、τ_{Ls}，因此类别 s 中的企业投入各要素面临的成本应为 $(1+\tau_{Ks})\,p_K$、$(1+\tau_{Ls})\,p_L$。

假定类别 s 中的企业遵循 Cobb-Douglas 生产函数：

$$Y_s = A_s K_s^{\alpha_s} L_s^{\beta_s} \qquad\qquad (6-1)$$

其中，Y_s、A_s、K_s、L_s 分别表示产出、全要素生产率、资本和劳动力投入，α_s 和 β_s 则分别表示类型 s 的资本和劳动力产出弹性。同 HK 模型不同，本书放松了 HK 模型规模报酬不变（$\alpha_s + \beta_s = 1$）的假设，即假设规模报酬可能递增也可能递减。

根据前文设定，类型 s 的代表性企业以利润最大化为目标，即：

$$\max_{K_s, L_s}\left[\, p_s Y_s - (1+\tau_{Ks})\,p_K K_s - (1+\tau_{Ls})\,p_L L_s \,\right] \qquad (6-2)$$

对于企业利润最大化问题求解，由其一阶条件可得：

$$p_s A_s \alpha_s K_s^{\alpha_s-1} L_s^{\beta_s} = (1+\tau_{Ks})\,p_K \qquad (6-3)$$

$$p_s A_s \beta_s K_s^{\alpha_s} L_s^{\beta_s-1} = (1+\tau_{Ls})\,p_L \qquad (6-4)$$

经济整体的最终产值 Y 应当由 N 个不同类别的产值加总得出，因此假设加总生产函数：

$$Y = F(Y_1,\ \cdots,\ Y_N) \qquad\qquad (6-5)$$

由其一阶条件可得：

$$\partial Y/\partial Y_s = p_s \qquad\qquad (6-6)$$

因此根据欧拉定理可得：

$$Y = \sum_{s=1}^{N} p_s Y_s \qquad\qquad (6-7)$$

假定总的投入要素量是外生的，即有约束条件：

$$K = \sum_{s=1}^{N} K_s,\ L = \sum_{s=1}^{N} L_s \qquad (6-8)$$

其中，K 和 L 分别表示资本和劳动的总投入。

接着基于前述设定定义一个包含价格扭曲的竞争均衡。

定义：假设 N 个不同类别的全要素生产率（A_s）、价格扭曲（τ_{K_s} 和 τ_{L_s}）、资本和劳动总投入（K 和 L）是给定的，那么包含价格扭曲的竞争均衡应满足：N 个不同类别内均满足其一阶条件式（6 - 3）和式（6 - 4）；满足式（6 - 5）到式（6 - 7）的加总生产函数；满足式（6 - 8）的约束条件。综上所述，可求得 K_s 和 L_s：

$$K_s = \frac{\dfrac{\alpha_s p_s Y_s}{(1 + \tau_{K_s}) p_k}}{\sum_j \dfrac{\alpha_j p_j Y_j}{(1 + \tau_{K_j}) p_K}} K, L_s = \frac{\dfrac{\beta_s p_s Y_s}{(1 + \tau_{L_s}) p_L}}{\sum_j \dfrac{\beta_j p_j Y_j}{(1 + \tau_{L_j}) p_L}} L \qquad (6-9)$$

定义类别 s 的资本绝对扭曲系数和相对扭曲系数：

$$\lambda_{K_s} = \frac{1}{1 + \tau_{K_s}}, \widetilde{\lambda_{K_s}} = \frac{\lambda_{K_s}}{\sum_{j=1}^{N} \left(\dfrac{v_j \alpha_j}{\widetilde{\alpha}}\right) \lambda_{K_s}} \qquad (6-10)$$

劳动力绝对扭曲系数和相对扭曲系数同理可得：

$$\lambda_{L_s} = \frac{1}{1 + \tau_{L_s}}, \widetilde{\lambda_{L_s}} = \frac{\lambda_{L_s}}{\sum_{j=1}^{N} \left(\dfrac{v_j \beta_j}{\widetilde{\beta}}\right) \lambda_{L_s}} \qquad (6-11)$$

接着设定类别 s 的产值在整体产值中的占比为 $v_s = p_s Y_s / Y$，类别 s 的产值占比 v_s 与要素产出弹性（α_s 或 β_s）乘积的加权和为 $\widetilde{\alpha}$，可得：

$$K_s = \frac{v_s \alpha_s}{\widetilde{\alpha}} \widetilde{\lambda_{K_s}} K, L_s = \frac{v_s \alpha_s}{\widetilde{\beta}} \lambda_{\widetilde{L_s}} L \qquad (6-12)$$

将式（6 - 11）推导可进一步得到资本和劳动力相对扭曲系数：

$$\lambda_{\widetilde{K_s}} = \frac{K_s / K}{v_s \alpha_s / \widetilde{\alpha}}, \widetilde{\lambda_{L_s}} = \frac{L_s / L}{v_s \beta_s / \widetilde{\beta}} \qquad (6-13)$$

其中，K_s / K 表示类别 s 所用资本量占总资本量的实际比例，同理 $L_s /$

L 表示类别 s 所用劳动力占总劳动力的实际比例；分母部分则表示资本（劳动力）有效配置时类别 s 所用量的理论比例。两者相比可表示类别 s 的资本（劳动力）错配程度。当这一比值大于 1 时说明资本过度使用，小于 1 时则说明资本使用不足。通过要素相对扭曲系数还可以看到，如果类别 s 的资本（劳动力）使用成本较低，即对应比值大于 1，那么就容易使要素过度使用；相反，成本较高时对应比值小于 1，就容易出现要素使用不足的情况。所以，通过式（6 - 13）我们建立了要素使用成本扭曲和资源错配间的联系，可以看到，各类别要素的合理配置应当使要素的使用量与其产出贡献相适配。

二　Syrquin 产出变动分解的扩展

在前文中，阐述了本书基本理论模型的设定，本节将借鉴陈永伟和胡伟民（2001）的研究，在 Syrquin（1986）原本的产出变动分解基础上对其进行扩展。

首先，将式（6 - 13）代入式（6 - 1），同时在等式两侧取对数可得：

$$\ln Y_s = \ln A_s + \ln\left[v_s\left(\frac{\alpha_s}{\tilde{\alpha}}\right)^{\alpha_s}\left(\frac{\beta_s}{\tilde{\beta}}\right)^{\beta_s}\right] + (\alpha_s\ln\widetilde{\lambda_{K_s}} + \beta_s\ln\widetilde{\lambda_{L_s}}) + \quad (6-14)$$

$$(\alpha_s\ln K + \beta_s\ln L)$$

可以看到，除全要素生产率和要素投入情况外，类型 s 的产出还受要素价格扭曲的影响。进一步地，定义经济总产出的变化量为 $\Delta\ln Y_t = \ln Y_t - \ln Y_{t-1}$，因此

$$\Delta\ln Y_t = \ln Y_t - \ln Y_{t-1} = \sum_{s=1}^{N}\frac{\partial\ln Y_t}{\partial\ln Y_{st}}(\ln Y_{st} - \ln Y_{st-1}) \quad (6-15)$$

$$= \sum_{s=1}^{N}\overline{v_{st}}\Delta\ln Y_{st}$$

其中，$\overline{v_{st}} = (v_{st} + v_{st-1})/2$。结合式（6 - 14）可进一步得：

$$\Delta \ln Y_t = \sum_{s=1}^{N} \overline{v_{st}} \Delta \ln Y_{st} = \sum_{s=1}^{N} \overline{v_{st}} \Delta \ln A_{st} + \sum_{s=1}^{N} \overline{v_{st}} \ln \left[\frac{v_{st}}{v_{st-1}} \bigg/ \left(\frac{\widetilde{\alpha_t}^{\alpha_s} \widetilde{\beta_t}^{\beta_s}}{\widetilde{\alpha}_{t-1}^{\alpha_s} \widetilde{\beta}_{t-1}^{\beta_s}} \right) \right] +$$

$$\sum_{s=1}^{N} \overline{v_{st}} \left(\alpha_s \ln \frac{\widetilde{\lambda_{K_{st}}}}{\widetilde{\lambda_{K_{st-1}}}} + \beta_s \ln \frac{\widetilde{\lambda_{L_{st}}}}{\widetilde{\lambda_{L_{st-1}}}} \right) + \sum_{s=1}^{N} \widetilde{v_{st}} \left(\alpha_s \ln \frac{K_t}{K_{t-1}} + \beta_s \ln \frac{L_t}{L_{t-1}} \right)$$

$$(6-16)$$

从式（6-16）可以看到，经济整体的产出变动一是来自全要素生产率的变动，即式（6-16）中最后一步的第一项至第三项；二是来自投入要素的变动，即式（6-16）中最后一步的第四项。其中，全要素生产率的变动又包括三个部分，式（6-16）第一项表示各类别全要素生产率的变动，第二项表示产出份额的变动，第三项则表示各类别要素价格扭曲的变动，后二者在 Syrquin 原本的产出变动分解中表示要素重新配置产生的效率变动，此处将价格扭曲考虑其中后将其分解，并进一步扩展了原本的产出变动分解。

三　特定类别产出缺口的估计

为进一步探究资源错配对产出的影响，计算类型 s 存在要素价格扭曲时的实际产出（Y）与不存在任何要素价格扭曲时的有效产出（$Y_{s(e)}$）之比：

$$\frac{Y}{Y_{s(e)}} = \prod_{s=1}^{N} \left[\frac{\left(\frac{v_{st} \alpha_s}{\widetilde{\alpha_s}} \widetilde{\lambda_{K_{st}}} K_t \right)^{\alpha_s} \left(\frac{v_{st} \beta_s}{\widetilde{\beta_s}} \widetilde{\lambda_{L_{st}}} L_t \right)^{\beta_s}}{\left(\frac{v_{st} \alpha_s}{\widetilde{\alpha_s}} K_t \right)^{\alpha_s} \left(\frac{v_{st} \beta_s}{\widetilde{\beta_s}} L_t \right)^{\beta_s}} \right]^{v_{st}} = \prod_{s=1}^{N} \left[\left(\widetilde{\lambda_{K_{st}}} \right)^{\alpha_s} \left(\widetilde{\lambda_{L_{st}}} \right)^{\beta_s} \right]^{v_{st}}$$

$$(6-17)$$

其中，$Y/Y_{s(e)}$ 表示实际产出与有效产出之比，无论该比值小于1还是大于1，都说明实际产出与有效产出间缺口较大，该比值接近1则表明其实际产出与有效产出缺口较小。

四 特定类别要素资源错配对全要素生产率的影响

基于上述分析，当我们进一步分析特定类型某要素价格扭曲对产出和全要素生产率产生的影响时，需要考虑到，除该特定类型外的其他类型，在这一特定类型要素价格扭曲发生变化后也会发生变化。为了解决这一问题，本书参考 Aoki（2012）的做法，通过式（6-10）和式（6-11）计算除特定类型外其他类型的要素价格相对扭曲系数：

$$K_{-s} = K - K_s = \sum_{n \neq s} K_n = \sum_{n \neq s} \frac{\upsilon_n \alpha_n}{\tilde{\alpha}} \widetilde{\lambda_{K_{-s}}} K \qquad (6-18)$$

$$\widetilde{\lambda_{K_{-s}}} = \left(\frac{\upsilon_{-s} \alpha_{-s}}{\tilde{\alpha}} \right)^{-1} \frac{K_{-s}}{K} \qquad (6-19)$$

其中，$\upsilon_{-s} = 1 - \upsilon_s$，$\alpha_{-s} = \sum_{n \neq s} (\upsilon_n / \upsilon_{-s}) \alpha_n$，接着可推导出仅由特定类型 s 的资本价格扭曲变动对产出和全要素生产率产生的影响，以资本为例即资本价格扭曲变动的贡献：

$$AEK_s = \overline{\upsilon_s} \alpha_s \ln \left(\frac{\widetilde{\lambda_{K_s}}}{\widetilde{\lambda_{K_{st-1}}}} \right) + \overline{\upsilon_{-s}} \, \overline{\alpha_{-s}} \ln \left(\frac{\widetilde{\lambda_{K_{-s}}}}{\widetilde{\lambda_{K_{-st-1}}}} \right) \qquad (6-20)$$

其中，$\overline{\upsilon_{-s}} = 1 - \overline{\upsilon_s}$，$\overline{\alpha_{-s}} = \sum_{n \neq s} (\overline{\upsilon_n} / \overline{\upsilon_{-s}}) \alpha_n$。劳动力价格扭曲变动的贡献同理可得：

$$AEL_s = \overline{\upsilon_s} \beta_s \ln \left(\frac{\widetilde{\lambda_{L_s}}}{\widetilde{\lambda_{L_{st-1}}}} \right) + \overline{\upsilon_{-s}} \, \overline{\beta_{-s}} \ln \left(\frac{\widetilde{\lambda_{L_{-s}}}}{\widetilde{\lambda_{L_{-st-1}}}} \right) \qquad (6-21)$$

第二节 全要素生产率和资本价格扭曲系数测算

一 数据来源与参数说明

本书选取 2001—2019 年中国资本市场全部 A 股上市公司数据作为研

究的原始样本，企业原始数据均来自万德（Wind）数据库。参考现有研究，对数据进行进一步筛选：首先，剔除金融业企业数据；其次，剔除关键指标数据缺失的样本，如企业总产值、增加值、员工总数、固定资产和平减指数等数值缺失或等于 0 的样本；最后，剔除当年被认定为财务状况异常的样本。此外，为对所属不同证监会行业分类进行全要素生产率测算，剔除 LP 方法下因数据缺失及异常而无法估计全要素生产率的行业样本，最终保留 13 个行业数据。

在资本产出弹性 α_s、劳动产出弹性 β_s 及企业全要素生产率 TFP_s 的测算方面，参考鲁晓东和连玉君（2012）、于新亮等（2017），选择采用 LP 方法（Levinsohn & Petrin，2004）进行测算。本书以企业员工总数衡量劳动力投入，资本投入使用企业固定资产存量衡量，企业产出增加值及中间投入的数据通过计算获得，具体计算公式：增加值 = 支付的各项税费 + 固定资产折旧 + 员工薪酬 + 营业利润；中间投入 = 营业收入 − 增加值；固定资产存量 = 固定资产账面价值；固定资产投入 = 固定资产增加值 + 固定资产折旧。同时参考已有文献，以地区工业生产者出厂价格指数及固定资产投资价格指数对上述变量进行平减处理，基年为 2001 年。本书分所有制、地区和行业类别的主要变量描述性统计如表 6 − 1 所示。

表 6 − 1　　　　　　　　　　各类别主要变量描述性统计

类别	产出增加值	资本投入	劳动投入	中间投入
中央国有企业	6157692441. 5088 （43713824814. 0407）	7127714865. 2091 （36506160987. 5540）	12298. 5108 （43747. 6120）	19222090245. 9365 （122121004460. 4280）
地方国有企业	1401621572. 1688 （4795695049. 3888）	1909233140. 8026 （5058387788. 3527）	5406. 6478 （10209. 7611）	5079937916. 1042 （22302457248. 6231）
民营企业	559321959. 5726 （1691529062. 1962）	510652590. 0104 （1425010119. 1008）	2684. 8307 （7072. 5556）	1676763070. 3500 （7199133992. 1292）

类别	产出增加值	资本投入	劳动投入	中间投入
外资企业	793918528. 8866 (1620817759. 8208)	646806542. 9792 (1482692988. 1548)	3220. 1953 (7832. 1119)	2005857963. 3099 (8261169745. 4561)
东部地区	1878585050. 6450 (19437145770. 2939)	1849741830. 5927 (16128208721. 3348)	4787. 8548 (20893. 0761)	6011530001. 5127 (55676647463. 0385)
中部地区	745827358. 7359 (1777623689. 9922)	1382132961. 1161 (3404749346. 9350)	4839. 7297 (8552. 9943)	2497568474. 7044 (7015952581. 7149)
西部地区	718972616. 8086 (1652490810. 4729)	1393086098. 7948 (4196662961. 4126)	3974. 3776 (6909. 6321)	2222997349. 6246 (5648391843. 6834)
东北地区	775915477. 3846 (1961187319. 2775)	2241141224. 9720 (9440154321. 1587)	4291. 7207 (6712. 2194)	2643665803. 2073 (7310428180. 2323)
农、林、牧、渔业	477919937. 5136 (1724451985. 9325)	751034002. 9165 (1518682998. 3425)	5123. 5814 (11430. 6803)	1477283618. 4106 (4614798322. 2017)
采矿业	19343748106. 1588 (98622944940. 0320)	17376337671. 0773 (74798828303. 3027)	26920. 6010 (79833. 4701)	46460931555. 7908 (258243208373. 9940)
制造业	863478004. 8730 (3231849278. 6251)	1121391288. 2114 (4085252872. 2295)	3929. 7060 (9294. 8642)	2944665858. 3620 (14433905605. 7587)
电力、热力、燃气及水生产和供应业	1724742780. 0684 (4363461078. 1583)	6778608217. 4218 (19688877894. 4661)	3100. 2505 (4090. 9509)	2486354472. 1395 (5660919908. 4344)
建筑业	6271382121. 8917 (22192246270. 0748)	2773115655. 1643 (8649496339. 1723)	18483. 5647 (54436. 3280)	33735021754. 3648 (119125731248. 2840)
批发和零售业	950698236. 1483 (2032468025. 9745)	755947752. 0798 (1301560936. 5604)	4733. 9949 (8320. 4403)	9430694334. 1524 (25549370279. 9350)
交通运输、仓储和邮政业	1859970742. 3400 (3648203099. 7956)	4430053622. 6850 (7828005541. 3105)	5681. 0895 (10667. 6407)	3679534639. 6442 (10161329953. 7165)
住宿和餐饮业	746243105. 5483 (1402338400. 2038)	765132047. 0223 (997019799. 8609)	5364. 4667 (7391. 0411)	882542666. 3529 (1449195693. 2448)
信息传输、软件和信息技术服务业	928067402. 3239 (7267403589. 2895)	1434860436. 3935 (16832220102. 3271)	2903. 1186 (14461. 3801)	1417573369. 9180 (9719195424. 0018)

续表

类别	产出增加值	资本投入	劳动投入	中间投入
房地产业	2398212376.5865 （8393780027.9604）	522690036.7943 （1389910832.7649）	2977.8427 （7529.9645）	4287283653.7540 （17956280220.7361）
科学研究和技术服务业	455162421.4638 （659660943.9531）	309120919.2667 （496271265.6152）	1756.1326 （2278.4446）	554662086.9157 （848809164.9240）
水利、环境和公共设施管理业	406400179.9564 （681170619.6813）	381036137.3823 （568927693.9987）	2185.7773 （7355.8143）	763055314.5275 （1374827038.5058）
卫生和社会工作	513854117.6612 （737979225.1079）	447744382.0630 （559199266.4370）	3924.5496 （6425.5176）	793720485.2664 （926525217.3720）

注：表中数据为样本均值，括号内数值为对应标准差。

根据表6-1，本书将总样本按照所有制、地区、行业三个类别进行划分，以便从不同角度研究金融资源错配对全要素生产率的减损效应，因此，所有制类型的划分参考王文和牛泽东（2019）的做法将本书所有样本企业归入四种主要所有制类型，即中央国有企业、地方国有企业、民营企业和外资企业；地区类型的划分参考现有研究分为东部地区、中部地区、西部地区及东北地区；行业分类采用证监会上市公司行业分类标准。

从主要变量分类别描述性统计中，可以看到，在4种所有制类型中，中央国有企业在资本投入、劳动力投入、中间投入及产出增加值方面的数值均为最高且远高于其他所有制类别，而民营企业均为最低；在4种地区分类中，东部地区的产出增加值和中间投入量远高于其他地区，劳动力投入方面中部地区最高，资本投入方面则是东北地区最高；进一步通过行业分类来看，采矿业在资本投入、劳动力投入、中间投入及产出增加值方面均处于最高水平，而科学研究和技术服务业则在资本投入、劳动力投入和中间投入方面均处于最低水平，水利、环境和公共设施管理业的产出增加值最少。

二　全要素生产率的测算

对于企业层面全要素生产率（TFP）的测算，参考鲁晓东和连玉君（2012）、于新亮等（2017）等现有文献，本书采用 LP 方法（Levin-sohnandPetrin，2003）测算全要素生产率水平。在全要素生产率的多种估算方法中，传统 OLS 法和固定效应法存在内生性问题和样本选择问题，容易产生估计偏差；OP 方法则由于要求代理变量和总产出间需始终保持单调线性关系，使估计过程中为零的投资额样本将因无法估计而丢失；随后，LP 方法则提出以中间投入作为代理变量，在一定程度上缓解了前述方法的估计偏差及样本丢失问题。因此，本书将以科布 – 道格拉斯生产函数为基础，采用 LP 方法估计生产函数，以求得资本产出弹性系数 α_s 以及劳动力产出弹性系数 β_s，再将估算出的弹性系数值代回生产函数得到相应全要素生产率水平。

具体地，使用 LP 方法测算要素产出弹性并估计企业全要素生产率的生产函数如下：

$$y\_\ add_{si} = \alpha_{si}k_{si} + \beta_{si}l_{si} + \varepsilon_{si} \qquad (6-22)$$

其中，$Y\_\ add_{si}$、K_{si} 和 L_{si} 分别表示类别 s 中企业 i 的产出增加值、资本投入和劳动力投入的对数值，ε_{si} 为随机扰动项。指标具体衡量方式及计算方法如前文"数据来源与参数说明"部分所述。各类资本及劳动产出弹性系数见表 6-2，同时参考李萌（2019）计算了资本产出弹性和劳动力产出弹性之和，数据显示本书所有分类均属规模报酬递减，具体地，在所有制类别中，中央国有企业值最大，地方国有企业值最小；地区分类中，中部地区值最大，东部地区值最小；行业类别中，住宿和餐饮业值最大，建筑业值最小。

表 6-2　　　　　　　　　　各类别资本及劳动产出弹性系数

类别	资本产出弹性		劳动产出弹性		产出弹性之和
中央国有企业	0.2694 ***	(0.0462)	0.3282 ***	(0.0392)	0.5975
地方国有企业	0.1959 ***	(0.0290)	0.2480 ***	(0.0253)	0.4438
民营企业	0.0986 ***	(0.0152)	0.4066 ***	(0.0165)	0.5052
外资企业	0.0970 **	(0.0447)	0.3649 ***	(0.0771)	0.4619
东部地区	0.1240 ***	(0.0155)	0.3662 ***	(0.0174)	0.4903
中部地区	0.2242 ***	(0.0407)	0.4358 ***	(0.0253)	0.6600
西部地区	0.1900 ***	(0.0441)	0.3219 ***	(0.0343)	0.5119
东北地区	0.2539 ***	(0.0702)	0.2623 ***	(0.0524)	0.5161
农、林、牧、渔业	0.3048 ***	(0.1043)	0.2080 ***	(0.0789)	0.5128
采矿业	0.3516 ***	(0.1340)	0.3676 ***	(0.0546)	0.7192
制造业	0.1950 ***	(0.0157)	0.3502 ***	(0.0189)	0.5453
电力、热力、燃气及水生产和供应业	0.4338 ***	(0.0993)	0.0178	(0.0421)	0.4517
建筑业	0.0863	(0.0608)	0.1409 **	(0.0579)	0.2272
批发和零售业	0.1114 **	(0.0504)	0.2783 ***	(0.0427)	0.3898
交通运输、仓储和邮政业	0.3661 ***	(0.0782)	0.3044 ***	(0.0518)	0.6704
住宿和餐饮业	0.7255 ***	(0.2342)	0.0383	(0.2924)	0.7638
信息传输、软件和信息技术服务业	0.0313	(0.0260)	0.6112 ***	(0.0331)	0.6425
房地产业	0.0868 **	(0.0369)	0.1797 ***	(0.0415)	0.2665
科学研究和技术服务业	0.2149	(0.1402)	0.4865 ***	(0.1062)	0.7014
水利、环境和公共设施管理业	0.2169 **	(0.0850)	0.2916 ***	(0.0737)	0.5086
卫生和社会工作	0.2626	(0.1952)	0.3024	(0.2342)	0.5650

进一步地，基于式（6-22）估算出各企业的全要素生产率。各类

别全要素生产率水平数据根据现有研究有多种测算方法，本书参考 Hsieh
和 Klenow（2009）、Brandt 等（2013）的做法，选择以产出增加值及员
工人数作为权数对各企业全要素生产率进行加权求和，得到各类别全要
素生产率。各类别全要素生产率计算结果见表 6-3、表 6-4、
表 6-5 和表 6-6。

对于各类所有制企业全要素生产率的测算，从表 6-3 以产出增加值
为权重的测算结果可以看到，各类所有制企业全要素生产率总体呈上升
趋势，仅在 2011 年出现了不同程度的"U"形变化。具体地，外资企业
的全要素生产率水平在研究期内均处于最高水平，19 年由 14.9241 上涨
至 16.6847；中央国有企业的全要素生产率水平在研究期内则均处于最
低水平，19 年间由 13.2287 上涨至 14.8806；而地方国有企业与民营企
业的全要素生产率水平在本书观测期内差距不大，2001 年分别为
14.1556、14.1485，2019 年分别上涨至 16.2231、16.1130。另外，从
表 6-4 以员工人数为权重的测算结果可以看到，全要素生产率处于最高
水平的外资企业和处于最低水平的中央国有企业间仍存在明显差距，不
同于以增加值为权重的测算结果数据变化特征，地方国有企业全要素生
产率水平从 2012 年开始持续略低于民营企业。总体来看，上述四种所有
制类型中，我国民营企业和地方国有企业生产率水平与外资企业生产率
水平的差距近年来正逐步缩小，中央国有企业自身生产率虽有所提高，
但和其他所有制类型相比仍差距较大。

对于各地区全要素生产率的测算，从表 6-3 以产出增加值为权重的
测算结果可以看到，各地区全要素生产率总体呈平缓上升趋势，同样也
在 2011 年小幅下降，之后恢复上涨趋势。具体来看，不同地区全要素生
产率差距变化明显，东部地区的全要素生产率水平始终处于最高位置，
研究期间由 15.7788 上涨至 17.2734；中部地区的全要素生产率水平则
始终处于最低位置，研究期间由 11.6818 上涨至 12.9648；而西部地区

表6-3　以产出增加值为权重的各所有制及地区全要素生产率

年份	中央国有企业	地方国有企业	民营企业	外资企业	年份	东部地区	中部地区	西部地区	东北地区
2001	13.2287	14.1556	14.1485	14.9241	2001	15.7788	11.6818	13.2994	12.5443
2002	13.2951	14.2619	14.2875	14.9734	2002	15.9023	11.7387	13.4555	12.6730
2003	13.4941	14.4159	14.4534	14.9469	2003	16.0492	11.9730	13.5745	12.8565
2004	14.3498	14.5378	14.4863	15.1814	2004	17.0725	12.0272	13.6794	13.0564
2005	14.4591	14.5672	14.5230	15.2091	2005	17.1970	12.0402	13.7477	13.1358
2006	14.5430	14.8032	14.5616	15.3813	2006	17.3316	12.2359	13.9727	13.6436
2007	14.5901	15.0475	14.9009	15.4506	2007	17.3194	12.3455	14.0746	13.8124
2008	14.4904	15.0439	14.9299	15.4021	2008	17.1420	12.3073	13.8673	13.4875
2009	14.4811	15.1721	15.0964	15.6058	2009	17.1538	12.3402	14.0381	13.3343
2010	14.6619	15.5088	15.2171	15.7478	2010	17.3275	12.4465	14.1825	13.4779
2011	13.5960	15.3358	14.9801	15.5515	2011	16.2578	12.2613	14.2424	12.9771
2012	14.8583	15.7184	15.2957	15.8828	2012	17.4244	12.4924	14.4544	13.3504
2013	14.8532	15.6519	15.3595	16.0227	2013	17.3446	12.4588	14.3689	13.5123
2014	14.8304	15.6732	15.4386	16.0746	2014	17.2786	12.4537	14.3391	13.5701
2015	14.7340	15.7555	15.5602	16.2774	2015	17.1695	12.4337	14.4382	13.5824
2016	14.7249	15.8741	15.7441	16.4083	2016	17.1282	12.5297	14.5538	13.7173
2017	14.7630	16.0525	15.8413	16.5585	2017	17.1582	12.7401	14.6961	13.7217
2018	14.8744	16.1749	16.0012	16.6292	2018	17.2743	12.9258	14.7911	13.7294
2019	14.8806	16.2231	16.1130	16.6847	2019	17.2734	12.9648	14.8962	13.8989

表 6 - 4　以员工人数为权重的各所有制及各地区全要素生产率

年份	中央国有企业	地方国有企业	民营企业	外资企业	年份	东部地区	中部地区	西部地区	东北地区
2001	12.7268	13.6118	13.7314	14.5283	2001	14.9446	11.3013	12.8754	12.1014
2002	12.6410	13.7163	13.8609	14.3028	2002	15.0125	11.3112	12.9203	12.2032
2003	12.7756	13.8447	14.0238	14.5018	2003	15.0670	11.4681	12.9869	12.3250
2004	13.3987	13.9434	14.0686	14.7588	2004	15.6771	11.5537	12.9906	12.4032
2005	13.4165	14.0161	14.0842	14.7873	2005	15.6641	11.6232	13.1164	12.3982
2006	13.5425	14.2154	14.0829	14.8939	2006	15.8279	11.7481	13.2776	12.7135
2007	13.6182	14.4242	14.3204	15.0344	2007	15.9107	11.9395	13.4565	12.8590
2008	13.4880	14.4680	14.4825	15.1026	2008	15.8508	11.9640	13.3969	12.8072
2009	13.5590	14.5651	14.6130	15.2808	2009	15.9638	11.9873	13.6418	12.8124
2010	13.7212	14.7662	14.7725	15.3889	2010	16.0392	12.0922	13.6849	12.9083
2011	13.0987	14.6323	14.5899	15.2131	2011	15.5230	11.9196	13.6619	12.5584
2012	13.6870	14.8694	14.9069	15.6088	2012	15.9755	12.1278	13.9015	12.8336
2013	13.8127	14.9833	15.0131	15.7458	2013	16.0605	12.1555	13.8960	12.8662
2014	13.8209	15.0374	15.0953	15.7236	2014	16.0352	12.1642	13.9867	13.0694
2015	13.8688	15.0075	15.1995	15.8005	2015	16.0909	12.1195	14.0001	13.0623
2016	13.9486	15.1917	15.3784	15.9659	2016	16.1718	12.2275	14.1717	13.3071
2017	14.0504	15.4079	15.4489	15.9921	2017	16.2373	12.3818	14.2389	13.4513
2018	14.1140	15.5182	15.6069	16.1081	2018	16.3327	12.4959	14.3419	13.3990
2019	14.1612	15.5752	15.6885	16.1887	2019	16.3766	12.5278	14.4095	13.4825

表6-5 以产出增加值为权重的各行业全要素生产率

年份	农、林、牧、渔业	采矿业	制造业	电力、热力、燃气及水生产和供应业	建筑业	批发和零售业	交通运输、仓储和邮政业	住宿和餐饮业	信息传输、软件和信息技术服务业	房地产业	科学研究和技术服务业	水利、环境和公共设施管理业	卫生和社会工作
2001	11.0604	11.1956	13.4096	11.1645	16.7779	15.0179	9.7435	4.5974	14.2148	16.5971	11.2898	12.9090	11.6744
2002	11.3987	11.1897	13.5721	11.2270	16.9657	15.1404	10.0843	4.4062	16.1790	16.7079	11.5332	12.6166	11.9736
2003	11.3522	11.3823	13.7589	11.3449	16.9254	15.2838	10.2730	4.2501	16.1832	16.8176	11.8711	12.6170	12.0816
2004	11.3532	12.2057	13.8747	11.3759	18.9200	15.4170	10.6511	4.4344	16.3495	17.0493	12.3222	12.6691	11.9409
2005	11.2455	12.3290	13.8810	11.6195	19.1794	15.4941	10.9488	4.3136	16.2666	17.3017	12.0939	12.7142	12.1884
2006	11.1721	12.4429	14.1064	11.7798	19.5188	15.7818	10.8451	4.7976	16.3554	17.7240	12.0377	13.0920	12.4694
2007	11.3253	12.5062	14.2054	11.8415	19.6418	16.0652	11.3894	5.0698	16.3722	18.2680	11.4660	13.0770	12.5427
2008	11.3036	12.4673	13.9928	11.4357	19.8618	16.1429	11.3075	5.1884	16.3211	18.4437	11.9004	12.9044	12.5457
2009	11.4288	12.4103	14.0114	11.7436	20.2049	16.3213	10.7150	5.3730	16.2832	18.5813	11.6729	13.0477	12.2534
2010	12.0591	12.5982	14.3066	11.8863	20.3512	16.5182	10.9975	5.3354	16.1342	18.8091	11.9239	13.1821	12.0517
2011	12.1564	11.3924	14.0852	11.4874	20.2300	16.2984	10.6240	5.0922	16.0828	18.5663	11.6788	13.3462	11.8628
2012	12.6855	12.7466	14.3198	11.9123	20.5695	16.6567	10.7920	5.4137	16.1507	19.2059	12.0216	13.6079	12.1146
2013	12.3808	12.7507	14.2903	12.1468	20.7565	16.6645	10.8973	5.2519	16.2467	19.3448	12.1750	13.6972	12.2886
2014	12.6351	12.7454	14.3020	12.2120	20.8597	16.6628	10.9947	5.2953	16.2846	19.4559	12.1991	13.6738	12.4370

续表

年份	农、林、牧、渔业	采矿业	制造业	电力、热力、燃气及水生产和供应业	建筑业	批发和零售业	交通运输、仓储和邮政业	住宿和餐饮业	信息传输、软件和信息技术服务业	房地产业	科学研究和技术服务业	水利、环境和公共设施管理业	卫生和社会工作
2015	13.0523	12.6171	14.3782	12.2100	20.9989	16.7918	11.0872	5.2297	16.1718	19.7568	12.4814	13.7908	12.6142
2016	13.4470	12.6359	14.4827	12.1809	21.0995	16.8585	11.1952	5.7528	16.0175	19.9267	12.4546	14.0288	12.8147
2017	13.1194	12.6583	14.6331	12.1723	21.1285	17.0458	11.3362	6.0373	16.0560	20.0577	12.5288	14.2540	12.9647
2018	12.9639	12.7866	14.7146	12.2418	21.2747	17.2872	11.3732	6.2169	16.1717	20.2677	12.6181	14.2276	13.2161
2019	13.6015	12.7762	14.7222	12.3796	21.4180	17.4136	11.5009	6.2702	16.2018	20.2871	12.6792	14.2861	13.2943

表 6 - 6　以员工人数为权重的各行业全要素生产率

年份	农、林、牧、渔业	采矿业	制造业	电力、热力、燃气及水生产和供应业	建筑业	批发和零售业	交通运输、仓储和邮政业	住宿和餐饮业	信息传输、软件和信息技术服务业	房地产业	科学研究和技术服务业	水利、环境和公共设施管理业	卫生和社会工作
2001	10.9416	10.8896	12.8349	10.4632	16.4325	14.6505	9.5729	4.3261	13.6665	15.9846	10.7837	11.4562	10.9664
2002	11.4889	10.8524	12.9164	10.3850	16.4908	14.7518	9.4907	4.4088	14.5421	16.2797	10.7733	11.6689	11.6192
2003	11.4488	10.9118	13.0433	10.4710	16.7789	14.8400	9.9007	4.2041	14.7593	16.3345	11.0497	12.0745	11.6783
2004	11.3924	11.7425	13.0988	10.5571	19.1520	14.9661	10.0145	4.3189	14.7451	16.3428	12.1434	12.2804	11.6708
2005	11.1527	11.6913	13.0840	10.6624	19.3759	15.0913	10.3507	4.1890	14.6949	16.5538	9.9716	12.1560	11.6154
2006	11.1858	11.8274	13.2635	10.8468	19.6387	15.2934	10.4018	4.5117	14.6257	17.1331	12.0123	12.4731	11.6732
2007	11.2783	11.8451	13.4555	10.9861	19.7165	15.4676	10.7225	4.7178	14.7112	17.3946	10.6960	12.2682	11.7203
2008	11.1320	11.7305	13.4582	10.7585	19.8406	15.5907	10.6162	4.9049	15.5192	17.5826	11.3470	12.2609	11.6033
2009	11.2505	11.8087	13.5211	11.0175	20.1250	15.7824	10.4109	5.2754	15.4730	17.9418	11.2094	12.5258	11.6701
2010	12.0707	11.9629	13.6749	11.0825	20.2638	15.9983	10.6238	5.1581	15.4696	18.1917	11.3696	12.7443	11.8032
2011	12.0847	11.9944	13.4602	10.7963	20.0714	15.8312	10.2474	4.8886	15.3094	17.9642	11.1398	12.8502	11.7602
2012	12.2484	11.9338	13.6678	11.2864	20.4060	16.1376	10.5415	5.2082	15.3410	18.5049	11.6505	13.0258	11.9281
2013	12.1203	11.8100	13.8056	11.4264	20.5820	16.2289	10.5681	5.1250	15.3887	18.6858	11.7793	13.0292	12.2404
2014	12.2927	11.7469	13.8313	11.6341	20.6994	16.3121	10.7578	5.0295	15.4343	18.8351	11.9039	13.2097	12.4169

续表

年份	农、林、牧、渔业	采矿业	制造业	电力、热力、燃气及水生产和供应业	建筑业	批发和零售业	交通运输、仓储和邮政业	住宿和餐饮业	信息传输、软件和信息技术服务业	房地产业	科学研究和技术服务业	水利、环境和公共设施管理业	卫生和社会工作
2015	12.1447	11.5803	13.8984	11.6504	20.8127	16.4078	10.7594	5.0437	15.4825	19.2540	12.2205	13.4609	12.6657
2016	12.5370	11.6706	14.0537	11.7021	20.8782	16.5498	11.0625	5.5802	15.5266	19.5279	12.2715	13.6465	12.8259
2017	12.6105	11.9001	14.1635	11.5915	20.9113	16.6911	11.2370	5.9572	15.5759	19.2760	12.4214	13.8441	12.9618
2018	12.5896	11.9765	14.2523	11.7134	21.0331	16.8159	11.2766	6.0125	15.6431	19.8401	12.4931	13.9197	13.1578
2019	13.0009	11.9492	14.2995	11.9079	21.1816	16.8981	11.3347	6.1528	15.7070	19.8991	12.6190	14.0337	13.0655

的全要素生产率水平则始终高于东北地区，2001 年分别为 13.2994、12.5443，2019 年分别上涨至 14.8962、13.8989。另外，从表 6-4 以员工人数为权重的估算结果可以看到，数据的变化特征与前述估算结果一致，不予赘述。总体来看，上述四种地区分类中，我国东部地区生产率水平始终远高于其他地区生产率水平。

从表 6-5 以产出增加值为权重的测算结果可以看到，各行业全要素生产率总体呈平稳上升趋势，由于行业异质性较大，不同行业全要素生产率水平相差较大。具体来看，本书样本中"建筑业"的全要素生产率始终处于最高水平，19 年从 16.7779 上涨至 21.4180；"房地产业"紧随其后，从 2001 年的 16.5971 上涨至 2019 年的 20.2871；"批发和零售业""信息传输、软件和信息技术服务业"生产率较为接近，2019 年分别上涨至 17.4136 和 16.2018；紧接着的是"制造业""水利、环境和公共设施管理业""农、林、牧、渔业""卫生和社会工作""采矿业""科学研究和技术服务业""电力、热力、燃气及水生产和供应业""交通运输、仓储和邮政业"，在 2019 年分别达到 14.7222、14.2861、13.6015、13.2943、12.7762、12.6792、12.3796、11.5009；而"住宿和餐饮业"的全要素生产率则始终处于最低水平，19 年从 4.5974 上涨至 6.2702，与其他行业生产率水平差距明显。另外，从表 6-6 以员工人数为权重的估算结果可以看到，其估计结果数据特征和前述所有制和地区类别估计结果一样，估算结果均稍小于以产出增加值为权重的估算结果，数据的变化特征与前述估算结果相近，不予赘述。总体来看，上述行业分类中，"建筑业"不仅生产率水平远高于其他行业，在本书研究期内均值高达 19.8254，而且其生产率上涨幅度也处于最高水平，19 年上涨了 27.66%；而"住宿和餐饮业"的生产率水平则远低于其他行业，均值仅为 5.1751；在所有行业中，"制造业"的生产率涨幅处于最低水平，19 年仅上涨 9.79%。

三 资本价格相对扭曲系数的计算

上文已通过估计生产函数得到资本产出弹性系数 α_s 和劳动产出弹性系数 β_s，本节将进一步根据式（6-13）计算各类别两种要素的价格相对扭曲系数。因本章主要研究金融资源错配对全要素生产率的减损效应，所以表6-7和表6-8仅列出了2001—2019年不同所有制、地区及行业类别下对应的资本价格相对扭曲系数。

从表6-7各所有制类型资本价格相对扭曲系数来看，不同所有制类型扭曲程度存在较大差异，但这种差距近年来正逐渐缩小。具体来看，我国民营企业和外资企业资本价格相对扭曲系数及其变化趋势都较为相近，民营企业资本相对扭曲系数从2001年的1.9923下降至2019年的1.8667，外资企业则从2001年的2.2767下降至2019年的1.6654，上述两种所有制类型历年资本价格相对扭曲系数都大于1，但可以看到这种扭曲近年均有明显的下降趋势，说明民营企业和外资企业对资本的过度使用情况均有所改善。而地方国有企业的资本扭曲系数除了在2002年下降至0.9980外，其余年份均大于1，说明配置到地方国有企业的资本是过多的，但从其变化趋势来看，2003—2006年有一个明显的上涨期，从1.0440上涨至1.4124，之后有所下降并逐步接近于1。而中央国有企业的资本相对扭曲系数在2001—2019年均小于1，资本扭曲程度每年变化较为平稳，未出现较大波动，所配置的资本稍低于它理论上能够利用的水平。可以看到，国有企业近年来通过资源整合在一定程度上改善了其资本价格扭曲程度，而民营企业和外资企业的资本价格扭曲程度高于国有企业，与多数研究结论有所不同，表明本书样本选取及测度方法上存在差异。综合来看，我国各所有制类型金融资源错配程度整体上是在不断改善的。

从表6-7各地区类型资本价格相对扭曲系数来看，不同地区资本扭曲程度存在的差异在逐步增大。具体来看，东部地区的资本价格相对扭曲系数在2001—2019年显著收敛于1，从2001年的1.1616下降至2019年的0.9212，说明该地区原本资本使用过多，但由于政策调整等因素，配置到东部地区的资本正逐步下降。中部地区的资本价格扭曲系数整体呈平稳上升态势并逐渐接近于1，从2001年的0.7898上涨至2019年的0.9912，说明配置到中部地区的资本在逐渐增多。而西部地区和东北地区资本价格相对扭曲系数在本书研究期间波动较大且均呈上升态势，西部地区资本价格相对扭曲系数总体呈上升趋势，从2001年的0.7313上涨至2019年的1.4965，东北地区也几乎是一路上涨，从2001年的0.6952上涨至2019年的1.5293，只在2013—2016年经历了小幅下降，说明配置到西部和东北地区的资本近年来超过了它们理论上能够利用的水平。总的来看，近年来东部地区和中部地区资本要素投入不足，而西部地区和东北地区资本要素投入相对于它们目前所能利用的水平来看稍显过度。并且，金融资源错配的程度与地区发展程度有密切联系，东部地区的上市公司获得金融资源的成本相较于其他地区更低，资本存在较低程度的过度使用，后期在我国结构性调整过程中，扭曲程度较高的问题得到了持续性改善；西部地区和东北地区的上市公司市场竞争程度不足，资源获取成本较高，而后出于地区发展的需要行政干预又较强，因此其金融资源扭曲程度有较大改善空间。

从表6-8各行业类型资本价格相对扭曲系数来看，不同行业类型扭曲程度存在明显差异。其中，"信息传输、软件和信息技术服务业"的资本价格相对扭曲系数在研究期内任何时段都高于其他行业但波动较大，其变化趋势主要可分为两段，一是从2001年的5.2926大幅上涨至2008年的25.3622，之后又逐渐下降至2019年的9.2600，经济社会发展及资本对该领域的偏好，导致该行业呈现出资本过度投入的情况。资本价格相对扭曲系数大于1的行业还包括"电力、热力、燃气及水生产和供应

表6-7　各所有制及地区资本价格相对扭曲系数

年份	中央国有企业	地方国有企业	民营企业	外资企业	年份	东部地区	中部地区	西部地区	东北地区
2001	0.8333	1.1025	1.9923	2.2767	2001	1.1616	0.7898	0.7313	0.6952
2002	0.9039	0.9980	1.8677	1.9491	2002	1.1927	0.7179	0.7099	0.6599
2003	0.8680	1.0440	1.8028	2.0375	2003	1.1262	0.7925	0.8259	0.7093
2004	0.8363	1.1813	2.1197	2.3299	2004	1.0738	0.7870	0.9776	0.7562
2005	0.8237	1.2710	2.0991	2.8299	2005	1.0508	0.8547	1.0005	0.7452
2006	0.8236	1.4124	1.9826	2.3860	2006	1.0300	0.8887	0.9694	0.9140
2007	0.8331	1.2746	2.0713	2.2645	2007	1.0087	0.9395	1.0666	0.9443
2008	0.8453	1.2838	1.8827	2.2639	2008	1.0107	0.8824	1.0766	1.0380
2009	0.8603	1.2378	1.7792	2.1509	2009	1.0005	0.9187	1.0633	1.0939
2010	0.8748	1.1759	1.8070	2.1696	2010	0.9884	0.9171	1.0586	1.2898
2011	0.8390	1.1700	1.9126	2.0048	2011	0.9853	0.8854	1.0801	1.3784
2012	0.7884	1.3290	2.1270	2.5919	2012	0.9578	0.9365	1.2624	1.5002
2013	0.7734	1.2942	2.1636	2.4346	2013	0.9403	1.0240	1.2829	1.5436
2014	0.7864	1.2476	2.0314	2.2048	2014	0.9507	1.0085	1.2333	1.4554
2015	0.8205	1.1285	1.7737	1.9286	2015	0.9536	0.9832	1.2550	1.3777
2016	0.8036	1.1109	1.7084	1.5402	2016	0.9451	0.9877	1.3250	1.3357
2017	0.7993	1.0828	1.7452	1.5431	2017	0.9319	0.9801	1.4589	1.3923
2018	0.7870	1.1163	1.7234	1.6405	2018	0.9233	1.0072	1.5212	1.4315
2019	0.7608	1.0897	1.8667	1.6654	2019	0.9212	0.9912	1.4965	1.5293

表6-8

各行业资本价格相对扭曲系数

年份	农、林、牧、渔业	采矿业	制造业	电力、热力、燃气及水生产和供应业	建筑业	批发和零售业	交通运输、仓储和邮政业	住宿和餐饮业	信息传输、软件和信息技术服务业	房地产业	科学研究和技术服务业	水利、环境和公共设施管理业	卫生和社会工作
2001	0.4463	0.7400	1.1174	1.1694	1.3242	0.8893	2.0052	0.3372	5.2926	2.7827	1.2993	1.2193	1.1381
2002	0.6742	0.7263	0.9417	1.1546	1.1650	0.7223	1.6804	0.4195	16.2746	2.3061	1.1330	0.8746	0.6592
2003	0.8933	0.7060	0.9380	1.3963	1.4566	0.6330	1.7903	0.6516	14.6903	2.4047	1.1076	1.1050	0.6672
2004	1.2188	0.6970	1.0521	1.7668	0.9240	0.7989	1.5224	0.6042	16.0887	2.4127	3.9911	2.4258	0.6162
2005	1.2725	0.6206	1.1842	1.8241	0.8565	0.8201	1.5291	0.7290	17.2017	2.4008	3.0507	2.7590	0.5812
2006	1.7258	0.5918	1.2683	2.2994	0.8030	0.7523	1.6743	0.6970	15.6989	1.7248	3.2192	2.5196	0.7681
2007	1.6960	0.5860	1.2428	2.4260	0.8407	0.6258	1.4772	0.6358	16.0382	1.3669	2.2726	2.0935	1.0372
2008	1.6850	0.5377	1.2718	2.5159	0.6302	0.6358	1.4939	0.6413	25.3622	1.0898	1.6497	2.0760	0.7451
2009	1.3412	0.5735	1.2049	2.2924	0.6099	0.4920	1.9696	0.5694	22.9092	0.9331	0.4514	1.8156	1.2427
2010	1.1814	0.5534	1.1453	3.0560	0.6552	0.4875	2.0095	0.5364	24.6433	0.8332	0.5948	1.7161	1.6190
2011	0.9842	0.4800	1.0742	2.8024	0.7191	0.5238	2.0336	0.4991	21.8121	0.8652	1.3721	1.4146	1.7499
2012	0.8374	0.5108	1.2897	2.7766	0.8104	0.6169	2.0970	0.5589	22.9125	0.7737	1.6149	1.4509	2.0747
2013	0.9145	0.5273	1.2565	3.0125	0.6964	0.5342	2.0233	0.7075	18.9584	0.7161	1.3837	1.4488	1.8397
2014	0.8712	0.5424	1.2079	3.0031	0.6333	0.5812	1.9573	0.7891	17.1057	0.6131	1.2390	1.5703	1.6630

续表

年份	农、林、牧、渔业	采矿业	制造业	电力、热力、燃气及水生产和供应业	建筑业	批发和零售业	交通运输、仓储和邮政业	住宿和餐饮业	信息传输、软件和信息技术服务业	房地产业	科学研究和技术服务业	水利、环境和公共设施管理业	卫生和社会工作
2015	0.7684	0.6515	1.0893	2.8838	0.5611	0.4924	1.7544	0.9045	13.0630	0.4381	0.8138	1.0969	1.1967
2016	0.7596	0.6477	1.0899	2.9427	0.5792	0.4238	1.4709	0.4970	11.3838	0.4106	0.8655	1.0360	0.6207
2017	0.9974	0.6034	1.1190	3.1815	0.6002	0.4141	1.4455	0.3584	11.0120	0.4889	1.0738	0.8839	0.7665
2018	1.1409	0.5443	1.1446	3.4047	0.6076	0.4141	1.5961	0.3499	10.4485	0.5424	1.0660	0.8560	0.6626
2019	1.0471	0.5365	1.2024	3.1827	0.5332	0.4077	1.3989	0.3277	9.2600	0.6081	1.0782	0.9956	0.8583

业""交通运输、仓储和邮政业""制造业""科学研究和技术服务业"
"农、林、牧、渔业",说明目前配置到这些行业的资本超出了它们理论
上可利用的水平,政府长期以来在供水供电、交通基础设施建设等民生
问题上较大的投入力度以及不断强调的制造业发展战略,都使这些行业
存在不同程度的要素使用过量情况。不过,随着我国供给侧结构性改革
实施成效的显现,要素相对扭曲程度明显有所改善。"水利、环境和公
共设施管理业""卫生和社会工作""房地产业""采矿业""建筑业"
"批发和零售业""住宿和餐饮业"等近年来的资本价格相对扭曲系数均
小于1,说明这些行业近年来资本利用情况有所不足,其中,"房地产
业"的资本错配程度改善最为明显,从2001年的2.7827下降至2019年
的0.6081,得益于政府对经济"脱实向虚"这一隐患的治理,可以看
到,以往热衷于投入房地产业的资本得到了明显减少。总体来看,我国
各行业分类金融资源错配程度得到了一定改善,大多数行业的资本价格
相对扭曲系数都逐步收敛于1。

四　产出缺口的计算

上文分别求得分类型各年份资本相对扭曲系数和劳动相对扭曲系数,
并着重分析了资本相对扭曲系数值及其变化趋势,本节将根据式(6-17)
进一步对实际产出与潜在产出之比以及产出缺口进行估算,基于不同类
别求得的具体估算结果如表6-9所示。

表6-9　基于不同类别计算的总体实际产出与潜在产出之比及产出缺口

年份	实际产出/潜在产出			产出缺口		
	所有制	地区	行业	所有制	地区	行业
2001	0.9712	0.9794	0.9622	0.0288	0.0206	0.0378
2002	0.9765	0.9756	0.9435	0.0235	0.0244	0.0565

年份	实际产出/潜在产出			产出缺口		
	所有制	地区	行业	所有制	地区	行业
2003	0.9741	0.9765	0.9422	0.0259	0.0235	0.0578
2004	0.9749	0.9854	0.9321	0.0251	0.0146	0.0679
2005	0.9638	0.9791	0.9287	0.0362	0.0209	0.0713
2006	0.9612	0.9803	0.9185	0.0388	0.0197	0.0815
2007	0.9643	0.9774	0.9277	0.0357	0.0226	0.0723
2008	0.9662	0.9799	0.9117	0.0338	0.0201	0.0883
2009	0.9727	0.9796	0.9283	0.0273	0.0204	0.0717
2010	0.9651	0.9801	0.9164	0.0349	0.0199	0.0836
2011	0.9651	0.9795	0.9230	0.0349	0.0205	0.0770
2012	0.9489	0.9735	0.8993	0.0511	0.0265	0.1007
2013	0.9471	0.9740	0.9054	0.0529	0.0260	0.0946
2014	0.9493	0.9766	0.9129	0.0507	0.0234	0.0871
2015	0.9676	0.9802	0.9396	0.0324	0.0198	0.0604
2016	0.9758	0.9836	0.9436	0.0242	0.0164	0.0564
2017	0.9734	0.9817	0.9349	0.0266	0.0183	0.0651
2018	0.9697	0.9804	0.9246	0.0303	0.0196	0.0754
2019	0.9667	0.9816	0.9244	0.0333	0.0184	0.0756

从表6-9可以看到，2001—2019年，按所有制和地区类型计算出的实际产出与潜在产出之比虽有小幅波动但变化不大，而按行业类型计算的实际产出与潜在产出之比则呈波动下降趋势。具体来看，我国所有制及行业分类下的要素错配近年来并没有得到显著改善，地区分类下的要素错配则得到了一定程度的改善，但也能够从产出缺口中看出，我国各所有制、地区和行业分类下的产出均存在一定的发展潜力。从2019年的水平来看，不增加要素投入而对各所有制间、各地区间、各行业间的资源配置扭曲现象进行纠正便能够使产出得到提升，特别是按行业分类

衡量的发展潜力巨大，纠正行业间资源错配可以提升产出 7.75%。

五 全要素生产率的分解

进一步地，为评估纠正资本和劳动力扭曲对各类别下的产出和全要素生产率的影响，根据式（6－16）对扩展的 Syrquin 进行分解。

从表 6－10 基于所有制计算出的生产率分解结果可以得出三个结论。首先，2002—2019 年，总的经济产出变动均值为 16.0222%，其中投入要素变动的贡献为 6.2316%，全要素生产率变动的贡献则达到 9.7906%，这说明我国原本依靠大量要素投入驱动的粗放型经济增长模式正在转向质量效率型经济增长模式。具体来看，投入要素变动的贡献从 2002 年的 8.5871% 波动下降至 2019 年的 1.1153%，全要素生产率变动的贡献从 2002 的 9.4856% 下降至 2019 年的 4.1053%，考虑总经济产出变动的下降，二者中全要素生产率变动对经济增长的贡献仍明显高于投入要素变动的贡献。其次，将全部所有制作为一个整体，进一步从全要素生产率增长的内部贡献进行分析，可以看到，2002—2019 年所有制全要素生产率增长贡献的均值为 9.9999%，要素配置变动的均值为 －0.2093%，说明促使各所有制全要素生产率增长的主要动力来源是技术创新，而要素配置变动对经济增长和全要素生产率的提升甚至产生了一定的负面影响。最后，进一步从要素配置变动的内部贡献情况分析，可以看到，相较于要素价格扭曲变动，产出份额变动是推动经济增长和产出增加的主要力量，要素价格扭曲变动则在其中产生了一定的负面作用，以 2019 年的计算结果来看，产出份额变动的贡献为 0.0488%，要素价格扭曲变动的贡献为 －0.5577%，对要素扭曲的纠正反而给经济增长和全要素生产率的提升带来了负面影响，并且，要素配置变动的贡献在大多数时候都是负值，说明长期来看这种金融资源的错配削弱了全要素生产率水平的提升。

表6-10　　　　　　基于所有制计算的生产率分解

（单位：%）

年份	总经济产出的变动	投入要素的变动	资本投入变动率	劳动力投入变动率	总TFP的变动	所有制TFP的变动	要素配置的变动	产出份额的变动	要素价格扭曲的变动
2002	18.0727	5.6614	2.9257	8.5871	9.4856	9.0283	0.4573	0.1084	0.3490
2003	23.0109	2.4294	3.6426	6.0720	16.9389	17.4215	-0.4826	0.0653	-0.5480
2004	65.1086	5.6645	8.2014	13.8659	51.2428	49.5995	1.6433	-1.4438	3.0871
2005	14.2610	4.2671	2.8771	7.1442	7.1167	7.7470	-0.6302	-0.3967	-0.2335
2006	16.2417	2.6935	1.0251	3.7186	12.5231	11.7977	0.7254	-0.5884	1.3138
2007	20.8384	3.1139	5.3600	8.4740	12.3644	12.8734	-0.5090	0.5157	-1.0247
2008	2.2692	2.5006	5.4961	7.9966	-5.7274	-5.9329	0.2054	-0.1597	0.3652
2009	16.4815	5.5678	5.5577	11.1255	5.3559	4.9543	0.4017	0.1205	0.2811
2010	27.8870	3.7672	3.7820	7.5492	20.3378	21.2079	-0.8701	0.0423	-0.9124
2011	-70.0680	-0.6440	1.5849	0.9409	-71.0089	-69.8927	-1.1161	0.6635	-1.7796
2012	97.9015	4.6688	6.2769	10.9457	86.9558	87.7466	-0.7908	-0.6506	-0.1401
2013	3.1164	2.5153	2.4514	4.9668	-1.8504	-0.8174	-1.0330	0.2897	-1.3226
2014	5.3199	2.6983	2.3984	5.0968	0.2231	0.6779	-0.4548	0.1391	-0.5939
2015	4.2762	2.4221	1.8372	4.2593	0.0169	-0.3110	0.3279	0.5814	-0.2535
2016	11.8972	2.2141	2.6920	4.9061	6.9911	7.2473	-0.2562	0.5319	-0.7881
2017	12.1318	0.7241	2.4494	3.1735	8.9583	9.4348	-0.4765	0.1352	-0.6116
2018	14.4325	0.6578	1.5732	2.2310	12.2015	12.6013	-0.3998	-0.0656	-0.3341
2019	5.2206	0.7772	0.3381	1.1153	4.1053	4.6142	-0.5089	0.0488	-0.5577

从表 6 - 11 基于地区计算的生产率分解结果可以得出三个结论。首先，2002—2019 年，总的经济产出变动均值为 13.8325%，其中投入要素变动的贡献为 5.7044%，全要素生产率变动的贡献则达到 8.1282%。具体来看，投入要素变动的贡献从 2002 年的 7.3053% 逐步下降至 2019 年的 0.9078%，全要素生产率变动的贡献则从 2002 的 11.5732% 下降至 2019 年的 1.1490%，同样考虑总经济产出变动的下降，两者中全要素生产率变动对经济增长的贡献显著高于投入要素变动的贡献。其次，将所有地区作为一个整体，分析全要素生产率增长的内部贡献，可以看到，2002—2019 年地区全要素生产率变动贡献的均值为 7.9165%，要素配置变动的均值为 0.2117%，说明各地区全要素生产率增长的主要动力仍来自技术创新，要素配置变动对经济增长和全要素生产率提升的促进作用十分有限。最后，从配置效应的内部贡献情况分析，要素价格扭曲的变动成为地区分类下推动经济增长和产出增加的主要力量，相对地，产出份额变动在其中产生的正面作用较小，以 2019 年的计算结果来看，要素价格扭曲变动的贡献为 0.0224%，产出份额变动的贡献为 - 0.0218%，纠正要素扭曲对经济增长和全要素生产率的提升产生了显著的正向作用，说明基于地区的金融资源错配改善在一定程度上促进了全要素生产率水平的提升。

从表 6 - 12 基于行业计算的生产率分解结果可以得出三个结论。首先，2002—2019 年，总的经济产出变动均值为 16.5072%，其中投入要素变动的贡献为 6.2884%，全要素生产率变动的贡献则达到 10.2188%。具体来看，投入要素变动的贡献从 2002 年的 9.0181% 下降至 2019 年的 1.0926%，全要素生产率变动的贡献则从 2002 的 14.7816% 下降至 2019 年的 4.6538%，同样考虑经济产出变动的下降，两者中全要素生产率变动对经济增长的贡献仍同上文计算结果一致，显著高于投入要素变动的贡献。其次，将全行业作为整体，进一步分析全要素生产率增长的内部

表6-11

基于地区计算的生产率分解

（单位：%）

年份	总经济产出的变动	投入要素的变动	资本投入变动率	劳动力投入变动率	总TFP的变动	所有制TFP的变动	要素配置的变动	产出份额的变动	要素价格扭曲的变动
2002	18.8785	3.8800	3.4253	7.3053	11.5732	12.0346	-0.4613	-0.0344	-0.4270
2003	21.8953	1.6698	4.2602	5.9301	15.9653	15.5141	0.4511	0.0477	0.4035
2004	96.7568	3.7497	9.5326	13.2823	83.4745	81.3679	2.1066	0.2697	1.8369
2005	16.7888	2.6842	3.3275	6.0118	10.7770	10.9087	-0.1317	0.1202	-0.2519
2006	19.1757	1.6536	1.1796	2.8332	16.3425	15.9203	0.4222	0.1771	0.2450
2007	8.4435	1.9110	6.1740	8.0850	0.3585	1.1980	-0.8394	-0.2723	-0.5671
2008	-8.4006	1.5444	6.3462	7.8906	-16.2912	-17.1663	0.8752	0.1273	0.7478
2009	11.7605	3.4286	6.3946	9.8233	1.9372	1.8247	0.1126	0.0675	0.0451
2010	23.7420	2.3183	4.3490	6.6673	17.0747	16.5834	0.4912	0.0758	0.4154
2011	-90.8073	-0.4026	1.8263	1.4237	-92.2310	-91.3734	-0.8576	-0.1644	-0.6932
2012	112.1014	2.9239	7.2117	10.1356	101.9658	101.3785	0.5873	0.2209	0.3664
2013	-2.7299	1.5585	2.8013	4.3598	-7.0897	-7.1765	0.0868	0.0551	0.0317
2014	-0.9517	1.6929	2.7311	4.4241	-5.3758	-5.7028	0.3270	0.0304	0.2967
2015	-4.9196	1.5582	2.0804	3.6386	-8.5581	-8.7639	0.2058	-0.0175	0.2233
2016	3.0115	1.4764	3.0309	4.5073	-1.4958	-1.7794	0.2836	0.0107	0.2729
2017	8.1776	0.4921	2.7496	3.2417	4.9360	4.8619	0.0741	0.0471	0.0270
2018	14.0063	0.4470	1.7643	2.2114	11.7949	11.7183	0.0766	0.0289	0.0477
2019	2.0568	0.5294	0.3784	0.9078	1.1490	1.1483	0.0007	-0.0218	0.0224

表 6 - 12　　基于行业计算的生产率分解

（单位：%）

年份	总经济产出的变动	投入要素的变动	资本投入变动率	劳动力投入变动率	总 TFP 的变动	所有制 TFP 的变动	要素配置的变动	产出份额的变动	要素价格扭曲的变动
2002	23.7997	5.8873	3.1307	9.0181	14.7816	16.7090	-1.9274	0.5854	-2.5128
2003	23.0408	2.4191	3.8597	-6.2789	16.7620	16.4206	0.3413	0.2080	0.1334
2004	54.6887	5.8451	8.9452	14.7903	39.8985	39.6339	0.2646	0.2455	0.0191
2005	15.3081	4.4880	3.0782	7.5662	7.7418	8.5175	-0.7757	-0.7392	-0.0365
2006	22.2935	3.0135	1.2155	4.2289	18.0646	18.6601	-0.5955	-0.5769	-0.0187
2007	20.9686	3.2671	5.5402	8.8073	12.1613	12.2218	-0.0605	0.5497	-0.6102
2008	-0.6561	2.6077	5.7188	8.3266	-8.9827	-8.2559	-0.7267	0.7798	-1.5066
2009	17.9275	5.5952	5.5921	11.1873	6.7402	3.7751	2.9651	3.0458	-0.0806
2010	27.7402	3.7007	3.6686	7.3693	20.3709	21.7243	-1.3533	-0.1886	-1.1647
2011	-46.8511	-0.6461	1.4776	0.8316	-47.6826	-46.1816	-1.5010	2.1527	-3.6537
2012	69.1226	4.4856	6.0356	10.5212	58.6014	57.2871	1.3142	-2.4146	3.7288
2013	8.3594	2.4632	2.3896	4.8528	3.5067	3.2515	0.2552	0.9077	-0.6525
2014	7.4621	2.6488	2.1675	4.8162	2.6459	2.8082	-0.1623	0.5107	-0.6730
2015	10.5674	2.3129	1.6765	3.9894	6.5780	4.6887	1.8893	2.0869	-0.1976
2016	11.9603	1.9918	2.4563	4.4481	7.5122	7.8821	-0.3699	0.5111	-0.8810
2017	12.1674	0.6058	2.3007	2.9066	9.2608	10.1141	-0.8533	-0.5392	-0.3141
2018	13.4836	0.6809	1.4784	2.1593	11.3243	12.3192	-0.9949	-0.2800	-0.7149
2019	5.7463	0.7730	0.3195	1.0926	4.6538	4.6886	-0.0348	0.0980	-0.1328

贡献情况，可以看到，2002—2019年行业全要素生产率变动贡献的均值为10.3480%，要素配置变动的均值为-0.1292%，证明促使各行业全要素生产率增长的主要动力来源也是技术创新，而要素配置变动对经济增长和全要素生产率的提升仍在一定程度上产生负面影响。最后，分析配置效应的内部贡献情况可以看到，产出份额变动是推动经济增长和产出增加的主要力量，要素价格扭曲变动在其中产生了一定的负面作用，2002—2019年产出份额变动的贡献为0.3857%，要素价格扭曲变动的贡献为-0.5149%，纠正要素扭曲对经济增长和全要素生产率提升产生了负面影响，且要素配置变动的贡献多数时候为负值，说明长期来看金融资源错配减弱了全要素生产率水平的提升。

第三节　金融资源错配导致的全要素生产率损失效应分析

一　时间维度上金融资源错配对全要素生产率的整体影响

基于上文对全要素生产率分解的研究，本节将通过式（6-20）和式（6-21）计算资本和劳动力价格相对扭曲变动的贡献，并首先按时间序列探究资源错配对全要素生产率和产出产生的影响。

从图6-1可以看到，资本价格扭曲变动贡献的波动幅度不大，在2004年对全要素生产率和产出的积极影响达到0.86%，而2011年的消极影响达到-1.03%。相较于资本价格扭曲变动的贡献，劳动力价格扭曲变动贡献的波动幅度较大，对全要素生产率和产出影响的最大值是在2004年的4.2%，最小值是在2011年的-1.81%。并且，早期这两种要素的价格相对扭曲变动对全要素生产率和产出有正面影响，但近年来这二者的影响都呈负面，说明对于我国不同所有制的资源错配问题，需继续积极培育劳动力市场、发展资本市场，其中特别是要改善由劳动力价格扭曲导致的资源错配。

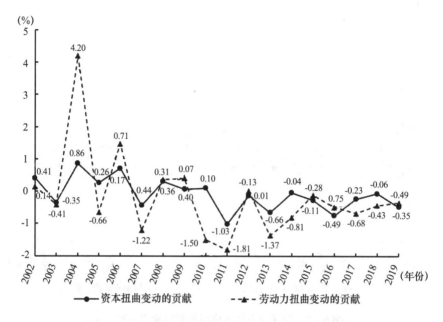

图 6 - 1　所有制视角要素价格相对扭曲变动的贡献

资料来源：由 Wind 数据库获取原始数据，通过式（6 - 20）和式（6 - 21）计算得出。

从图 6 - 2 可以看到，资本价格扭曲变动贡献的波动幅度非常小，且对全要素生产率和产出的贡献也较小，最小值为 2002 年的 - 0. 21%，最大值为 2004 年的 0. 19%。相较而言，劳动力价格扭曲变动贡献的波动幅度仍较大，对全要素生产率和产出的积极影响在 2004 年达到 3. 34%，消极影响在 2007 年达到 - 1. 17%。从近年来的数据可以看出，劳动力价格扭曲变动对全要素生产率和产出的贡献在多数年份都是正面的，而资本价格扭曲的变动则相反，说明对于我国不同地区间的资源错配问题，比起劳动力价格扭曲变动的贡献，纠正资本价格扭曲变动带来的资源错配对地区全要素生产率和产出的提升作用更为显著。

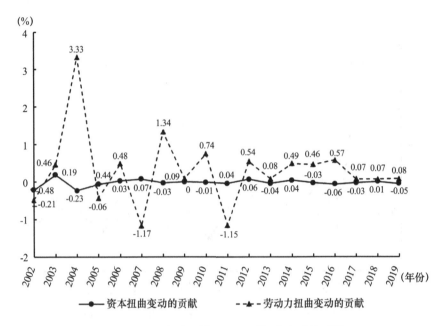

图 6 - 2　地区视角要素价格相对扭曲变动的贡献

资料来源：由 Wind 数据库获取原始数据，通过式（6 - 20）和式（6 - 21）计算得出。

从图 6 - 3 可以看到，资本价格扭曲变动贡献和劳动力价格扭曲变动贡献的波动幅度都不小，对全要素生产率和产出的贡献在大多数年份中方向一致。其中，资本价格扭曲变动贡献的最小值为 2002 年的 - 2.33%，最大值为 2012 年的 2.85%；劳动力价格扭曲变动贡献对全要素生产率和产出的消极影响在 2011 年达到 - 2.42%，积极影响则在 2012 年达到 1.76%。近年数据显示，两种要素价格扭曲变动的贡献波动幅度均逐渐减缓，但对全要素生产率和产出仍有负面影响，说明对于不同行业间的资源错配问题，纠正劳动力和资本价格扭曲变动带来的资源错配都能对全要素生产率和产出产生不同程度的促进作用。

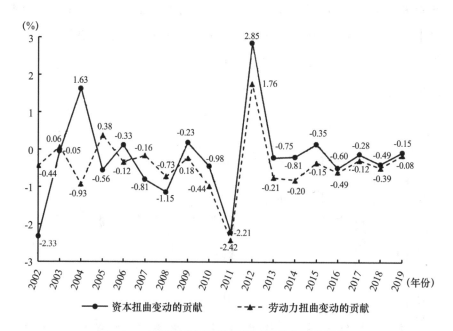

图 6 – 3　地区视角要素价格相对扭曲变动的贡献

资料来源：由 Wind 数据库获取原始数据，通过式（6 – 20）和式（6 – 21）计算得出。

二　各类别金融资源错配对全要素生产率的减损效应

继续分析根据式（6 – 20）和式（6 – 21）算出的资本和劳动力价格相对扭曲变动的贡献，本节进一步按各细分类别探究资源错配对全要素生产率和产出产生的影响。

由于篇幅所限，图 6 – 4 仅呈现了各细分类别 2002—2019 年的要素价格相对扭曲变动贡献的平均值。

首先，从图 6 – 4 我们可以看到，在所有制分类下，中央国有企业和民营企业的要素价格相对扭曲变动对全要素生产率和产出产生较大的负面影响。其中，资本价格扭曲变动的负面影响分别达到平均每年 – 0.0362%和 – 0.0798%；劳动力价格扭曲变动的负面影响甚至分别达到平均每年 – 0.1587%和 – 0.1894%，其产生的消极作用远大于其他所有制经济要素扭曲变动产生的积极作用，因此，所有制要素价格扭曲带来的资源错配对经济整体的全要素生产率和产出都产生了明显的减损作用，纠正资源错配可以在一定程度上降低这种负面作用，以促进全要素生产率和产出的提升。

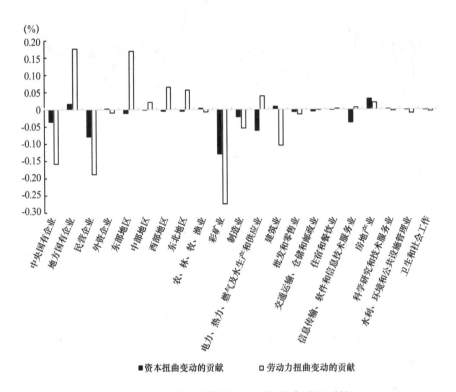

图6-4 各类别要素价格相对扭曲变动的贡献

资料来源：由 Wind 数据库获取原始数据，通过式（6-20）和式（6-21）计算得出。

其次，在地区分类下，资本价格扭曲变动对全要素生产率和产出的影响程度有所不同且均呈负面，而劳动力价格扭曲变动的影响程度也各不相同但都呈正面。其中，东部、中部、西部和东北地区的资本价格扭曲变动的贡献分别为平均每年 -0.0109%、-0.0020%、-0.0051% 和 -0.0050%，因此从整体来看，由资本价格扭曲带来的金融资源错配对地区全要素生产率和产出存在显著的减损效应。此外，贡献均为正说明劳动力价格扭曲的纠正可以有效提高地区全要素生产率和产出，并且这种提升作用不容小觑，劳动力扭曲变动平均每年可以对地区经济增长产生 0.1687%、0.0204%、0.0645%、0.0556% 的贡献。

最后，在行业分类下，"农、林、牧、渔业""建筑业""房地产业""科学研究和技术服务业"的资本价格扭曲变动贡献是正向的，说明在这类行业中改善资本价格扭曲会对提升全要素生产率和产出有显著的积极作用，特别是"房地产业"的正向贡献，平均每年达 0.0305%；而其他行业资本扭曲变动贡献均为负值，说明这类行业中的资本价格扭曲变动对其行业发展不利。劳动力价格扭曲变动贡献为正的行业包括"电力、热力、燃气及水生产和供应业""住宿和餐饮业""信息传输、软件和信息技术服务业""房地产业"，说明在这类行业中纠正劳动力价格扭曲可以有效促进全要素生产率和产出的提高，特别是"电力、热力、燃气及水生产和供应业"的正向贡献，平均每年达到 0.0379%。可以看到，要素价格扭曲变动贡献为负的行业占大多数，行业资源错配对全要素生产率和产出都产生了明显的减损作用，并且，从整体来看，由于少量的正面作用被抵消，要素价格扭曲的变动对行业全要素生产率和产出的负面影响较为严重。

第四节 结论

本章参考 Hsieh 和 Klenow（2009）、Aoki（2012）的研究，将所有制、地区及行业差异引入本书基本模型设定，同时对要素价格相对扭曲系数进行定义，并扩展了 Syrquin 的产出变动分解，以此研究不同所有制、地区和行业分类下要素价格相对扭曲（要素资源错配，主要是金融资源错配）对全要素生产率的减损效应。

　　研究结果显示：首先，以资本价格相对扭曲程度衡量的各所有制类型金融资源错配程度均在不断改善，其中外资企业的资本价格相对扭曲程度高于民营企业、地方国有企业和中央国有企业；各地区类型金融资源错配程度与地区经济发展水平相关，西部地区和东部地区近年来金融资源错配程度逐渐加深，而东部地区和中部地区金融资源错配程度改善明显；各行业类型金融资源错配程度整体上得到了一定改善，信息传输、软件和信息技术服务业的金融资源错配程度在所有行业中处于最高位置。其次，产出缺口的计算结果显示，纠正基于不同类别计算的要素价格扭曲导致的资源错配可以使本书样本下的产出提升1%—10%。再次，进一步地，通过对全要素生产率的分解我们发现，相较于投入要素变动而言，全要素生产率变动对经济产出的贡献明显更大；而全要素生产率增长的内部贡献中，要素配置变动的贡献显著低于特定类别（所有制、地区或行业）全要素生产率变动的贡献，甚至在多数情况下会对经济增长和全要素生产率的提升产生一定的负面影响；要素配置变动的内部贡献情况显示，基于所有制和行业分类下的生产率分解结果表明，相较于要素价格扭曲变动，产出份额变动成为推动经济增长和产出增加的主要力量，而基于地区分类下的分解结果则表明要素价格扭曲变动是推动地区经济增长和产出增加的主要力量，产出份额变动的贡献较小。最后，通过分析金融资源错配对全要素生产率的减损效应发现，所有制各要素价格扭曲带来的资源错配对经济整体的全要素生产率和产出都产生了明显的减损作用；在地区分类下，资本价格扭曲变动对全要素生产率和产出的影响均呈负面，而劳动力价格扭曲变动对全要素生产率和产出的影响则均呈正面；在行业分类下，多数行业要素价格扭曲变动贡献为负，少量正面作用被抵消，减损作用明显，因此要素价格扭曲的变动对行业全要素生产率和产出的负面影响较为严重。

　　研究结果表明，整体来看金融资源错配对我国全要素生产率和产出提升仍存在显著的负面影响，因此需纠正不同所有制、地区和行业间的资本价格扭曲程度，促进金融资源配置效率的提升。另外，从本书所得数据变化趋势不难看出，近年来各所有制、地区和行业资本价格相对扭曲的改善情况良好，全要素生产率变动对经济增长的贡献总体高于投入要素变动的贡献，说明依靠大量要素投入驱动的粗放型经济增长模式正在转向质量效率型经济增长模式，金融资源错配程度的降低在一定程度上激发了我国经济增长的潜力，对助力全要素生产率和产出的增加具有重要意义。

第七章 结论与金融异化的治理建议

第一节 主要结论

一 中国金融异化的典型表现和特征

基于对金融异化的界定，本书中的金融异化包含了两个层面，一个是宏微观层面的金融"脱实向虚"，另一个是金融资源在部门间的错配。我国金融异化主要表现为宏观层面的金融"脱实向虚"带来的资产价格泡沫、微观层面企业"脱实向虚"导致的过度追求金融资产配置而忽视实体主营业务发展，以及金融资源在不同行业、地区、所有制间的配置失衡。通过国内外案例对比研究发现，我国的金融异化是金融抑制下"影子银行"催生出的金融异化发展。因此，我国的金融异化特征一方面体现为宏观总量上金融部门与实体经济部门的整体失衡，另一方面体现为结构上金融资源在不同部门间的配置失衡，于是金融服务科技创新能力不足的同时金融体系也面临着风险，这也是金融异化对全要生产率产生影响的逻辑起点。

二 金融"脱实向虚"对宏观全要素生产率的影响

利用我国30个省（自治区、直辖市）（西藏和港澳台除外）的面板数据，采用 DEA-Malmquist 指数法测算了我国各省（自治区、直辖市）

的全要素生产率指数及其分解指数，将金融发展、金融结构、金融"脱实向虚"代理变量纳入模型，通过构建动态面板模型，采用2006—2016年的面板数据分析了金融发展和金融结构对全要素生产率的影响以及其通过技术进步和技术效率的作用机制。研究结论显示：第一，金融发展对全要素生产率具有非线性影响，这种非线性受金融部门与实体经济部门之间的增长差异影响。金融发展有利于促进全要素生产率的提升，但金融"脱实向虚"将会抑制全要素生产率提升，只是金融发展的积极作用相对金融"脱实向虚"的作用更明显，掩盖了金融"脱实向虚"的负面影响。因此，在金融与实体经济协调发展的基础上进一步提升金融发展水平将有利于促进全要素生产率提升和经济健康发展。第二，金融发展对全要素生产率的影响主要体现在技术进步上，当金融发展同实体经济部门的发展差异控制在一定范围内时，金融发展水平的提高有利于促进技术进步，进而促进全要素生产率提升。第三，金融结构对全要素生产率的影响显著为正，资本市场融资比例的上升有利于促进全要素生产率的提升。金融结构对全要素生产率的影响主要体现在技术效率上，资本市场融资比例的上升有利于促进技术效率的提升。

三　企业金融化对全要素生产率的影响

以我国2001—2019年非金融A股上市公司数据为研究样本，探究微观层面的金融异化对全要素生产率的影响，论证了企业金融化对企业全要素生产率的影响效应与传导机制。研究结果显示：第一，总体上，企业金融领域资产配置行为与企业全要素生产率存在显著的倒"U"形关系。基于所有权属性、所属地区和所属行业分样本讨论发现，这种倒"U"形关系在中央国有企业、民营企业和外资企业、东中部地区企业以及制造业企业和非制造业企业中仍然成立，而在地方国有企业和西部地区企业中则不显著成立。第二，进一步分析发现，金融化对企业全要素生产率的影响具有门槛效应，金融化偏离程度及金融资产投资收益均存在一个合理区间，使在此区间内金融化对全要素生产率的积极作用最大。第三，影响机制检验发现，流动性供给、投融资期限错配和实体资本配置在企业金融化与企业全要素生产率之间均存在显著的中介效应。

四　金融错配带来的全要素生产率损失效应

整体来看，金融资源错配对我国全要素生产率和产出提升仍存在显著的负面影响，因此需纠正不同所有制、地区和行业间的资本价格扭曲程度，促进金融资源配置效率的提升。另外，从本书所得数据变化趋势不难看出，近年来各所有制、地区和行业资本价格相对扭曲的改善情况良好，全要素生产率变动对经济增长的贡献总体高于投入要素变动的贡献，说明依靠大量要素投入驱动的粗放型经济增长模式正在转向质量效率型经济增长模式，金融资源错配程度的降低在一定程度上激发了我国经济增长的潜力，对助力全要素生产率和产出的增加具有重要意义。首先，以资本价格相对扭曲程度衡量的各所有制类型金融资源错配程度均在不断改善，其中外资企业的资本价格相对扭曲程度高于民营企业、地方国有企业和中央国有企业；各地区类型金融资源错配程度与地区经济发展水平相关，西部地区和东部地区近年来金融资源错配程度逐渐加深，而东部地区和中部地区金融资源错配程度改善明显；各行业类型金融资源错配程度整体上得到了一定改善，信息传输、软件和信息技术服务业的金融资源错配程度在所有行业中处于最高位置。其次，产出缺口的计算结果显示，纠正基于不同类别计算的要素价格扭曲导致的资源错配可以使本书样本下的产出提升1%—10%。再次，进一步地，通过对全要素生产率的分解可以发现，相较于投入要素变动而言，全要素生产率变动对经济产出的贡献明显更大；而全要素生产率增长的内部贡献中，要素配置变动的贡献显著低于特定类别（所有制、地区或行业）全要素生产率变动的贡献，甚至在多数情况下会对经济增长和全要素生产率的提升产生一定的负面影响；要素配置变动的内部贡献情况显示，基于所有制和行业分类下的生产率分解结果表明，相较于要素价格扭曲变动，产出份额变动成为推动经济增长和产出增加的主要力量，而基于地区分类下的分解结果则表明要素价格扭曲变动是推动地区经济增长和产出增加的主要力量，产出份额变动的贡献较小。最后，通过分析金融资源错配对全要素生产率的减损效应发现，所有制各要素价格扭曲带来的资源错配对经济整体的全要素生产率和产出都产生了明显的减损作用；在地区分类下，资本价格扭曲变动对全要素生产率和产出的影响均呈负面，而劳动力价格扭曲变动对全要素生产率和产出的影响则均呈正面；行业分类下，多数行业要素价格扭曲变动贡献为负，少量正面作用被抵消，减损作用明显，因此要素价格扭曲的变动对行业全要素生产率和产出的负面影响较为严重。

第二节　金融异化的治理建议

一　加强金融监管，化解金融风险和提升实体经济效率

金融异化的核心在于"脱实向虚"，带来金融风险的积累和实体经济效率的损失。因此，金融异化的治理要从监管入手，既有利于防范和化解金融风险，也有利于引导金融服务实体经济。金融监管的强化要与时俱进，面对金融混业经营趋势加大、金融业开放水平提升和行业竞争加剧的趋势，金融的监管要更注重强调各监管部门的合作与协调。监管模式上要从被动监管变为主动监管、从静态监管变为动态监管，激发市场活力，引导资金服务实体经济。金融监管的强化要有的放矢，重点关注影子银行、互联网金融和资管行业等，防止货币宽松和利率低下的大环境中金融资源进一步"脱实向虚"，滞留在金融部门投机炒作和自我

服务。一方面，金融监管应加强识别和防范金融运行中的投机行为和高杠杆风险，防止金融资源在金融市场空转带来的金融泡沫、产业空心化和不合理的金融资产投资高收益，增强实体企业发展主业的动力，促进实体企业效率提升；另一方面，对实体企业也应该进行合理的监管和审查，提升上市企业金融投资的资金来源和回报率等相关金融财务信息披露质量，防止实体经济企业金融投资水平过高，超过合理的范围。

二 建立促进实体经济发展的市场环境，引导金融服务实体经济发展

金融异化的治理在于引导金融回归服务实体经济，其中实体经济部门自身的健康发展和盈利能力提升也是关键，那么营造有利于实体经济部门发展的环境也显得极为重要。建立促进实体经济发展的市场环境，优化营商环境建设，完善研发投入机制体制，才能有利于提升实体部门的盈利能力和创新动力，进而保证资本市场融资进入技术创新部门并推动技术进步，降低金融结构对技术进步带来的负效应。第一，要大力营造适合创新的良好市场环境，激发整个社会的创新活动。营造宽松便利的市场准入环境，实施市场准入负面清单制度，清除那些阻碍统一市场建设和公平竞争的做法和制度，支持中小企业、民营企业发展，激发各类市场微观主体的活力。第二，要优化营商环境，打破行政垄断；加快各类要素的市场化改革，减少和避免市场垄断；完善市场机制的监管体制，提升微观企业经营活动效率。第三，着重创造有利于微观企业主体的创新机制，加大国家研发强度以科技创新的正外部效应，带动和提升企业研发能力提升，实现对核心技术"瓶颈"的突破；重点强化产学研的内在激励机制，建立良好的高等院校、地方政府和企业合作协同机制，将科技创新资源同人、财、物有机结合，促进科技成果的转化。

三 进一步推动金融市场化改革，提高金融发展促进全要生产率提升的适应性

进一步推动金融市场化改革，引导社会闲散资金和投资性货币资金流向，畅通金融资源流向实体经济的渠道，减少投融资链条拉长导致的实体企业"脱实向虚"和追求过度金融化，充分发挥适度金融化对企业全要素生产率的积极作用，提升金融服务实体经济的效率。第一，加快推进我国资本市场的完善和发展，在不断完善市场机制的基础上提升直接融资比重，有利于促进技术效率提升，强化技术效率提升对全要素生产率的作用。近年来，我国资本市场的改革一直在推进，但是面临经济转型的需要，资本市场的改革和发展也是提升金融适应性的重点，关键是要在通过股权市场提供风险资本以及促进创新能力提升上做足够的努力。在新一轮科技革命不断演变，经济发展转向创新驱动，经济增长更多地依靠全要素生产率提升的关键时期，要充分发挥金融适应性对全要素生产率的促进作用，就需要发展与此相适应的股权市场，强化金融对创新的支持。在推进股票注册制改革的同时，要把严格的退市制度作为注册制的保障，努力形成市场把好进入关口、监管畅通退出出口的良好可持续的监管体制。此外，在股权投资基金方面要拓宽长期资金来源，加大私募股权投资的对外开放度，促进股权投资基金向长期化发展转型。第二，在我国间接融资主导的金融体系中，推进银行体系的多样化发展和建立良好的秩序也是金融市场化改革的重点。其中，关键是要营造有利于中小银行发展的制度环境，依据最优金融结构理论，一般大银行服务大型企业效率更高，中小银行服务中小企业效率更高，因此推动中小银行回归服务实体经济本源的有力途径之一就是引导中小银行服务当地企业尤其是中小企业，避免中小银行和大型银行之间的无序竞争。

四 建立金融促进科技创新的长效机制，激发创新动力

引导金融回归服务实体经济发展、促进科技创新和全要素生产率提升的核心是构建金融资本与科技创新的深度融合机制。第一，要充分发挥政策性金融的优势，适当引导金融资源进入科技型企业，如可以通过政府引导基金发挥杠杆作用，通过贷款贴息和构建风险资金池进行担保风险补偿等，引导金融支持科技创新。第二，完善和发展多层次资本市场建设，通过开发多种金融工具协同创新，提高直接融资比例，借助资本市场股权融资等方式为科技创新提供长期资金支持，支持和引导科技企业发行"创投债"等获取专项资金支持。第三，鼓励商业银行完善科技金融组织体系，给予全方位政策建设专门服务科技创新的支行，在考核机制方面优化科技金融相关产品和业务人员的考核机制，在产品设计方面结合科技创新的阶段特征、金融需求和风险进行创新，探索更加灵活的信贷产品定价和本息归还方式，创新信贷支持科技的服务方式。第四，要积极开发和完善科技产品的相关体系，为科技型企业从研发、生产到销售的各个环节做好保险保障，既有利于科技企业获得金融支持，也有利于推进科技型企业的成果转化。第五，构建起金融体系与科技创新彼此促进的良性循环机制。一方面，金融机构要在科技手段的支持下实现数字化转型，充分利用大数据、人工智能等金融科技手段，高效整合资源，减少信息不对称，促进金融资源与科技创新企业的对接，为科技型企业通过创新的金融产品提供贷款支持、风险资金以及信用保险等更丰富的金融服务。另一方面，科技型企业在获得金融支持后要持续地从基础研究向商业应用发展，实现科技成果的有效转化，促进效率提升和经济高质量发展。

五 建立金融支持民营企业发展的长效机制，激发企业活力

民营企业是我国市场经济的重要组成部门，金融异化对其形成的冲

击和影响必然不利于其生产效率提升和整个宏观效率提升。建立金融支持民营企业发展的长效机制，对于激发企业活力，充分发挥市场在金融资源配置中的作用，扭转金融错配，促进效率提升，具有重要意义。第一，建立金融发展支持民营企业的长效机制，最重要的是保证市场的公平竞争秩序，强调民营企业和国有企业在市场中的平等竞争关系，消除因所有制差异导致的金融资源在配置上的不合理和扭曲状态，坚持市场在资源配置中发挥决定作用。第二，通过立法清除非市场行为对民营企业公平竞争的不利影响和干扰，尤其是要优化对中小企业的法律法规。通过完善目前的法律，明确针对中小企业的国家担保体系的建设，可以通过规定财政对支持中小企业的金融机构给予定向补贴等方式引导金融支持中小企业发展。通过法律法规完善民营企业的信息披露，并加大执法力度，民营企业难以获得金融支持，一方面是所有制差异导致的资源配置失衡，另一方面也有民营企业自身不诚信、信息披露不全面导致不能获得市场信任的因素，因此健全中小企业的信息披露机制并加大执法力度有利于以中小企业为主的民营企业获得市场融资信任。第三，创新融资方式。在直接融资方面，在政策制定和监管措施上都要提出有利于投融资双方进行长远发展的行为规范，如细化规定上市、退市和锁定期中企业在未来一定时间内的具体表现，出台明确的规定限制机构投资者利用科创板等新制度进行套利；要积极拓展债券市场尤其是探索促进中小企业发展的高收益债券市场，同时积极发挥民营企业债券支持工具的作用，积极探索民营企业的信用缓释工具，促进其更好地获得金融支持。在间接融资体系方面，激发金融机构对民营企业发展的支持也并非只是扩张信贷规模、增加负债率和融资成本，更在于改进融资模式使企业的资金快速周转，如以应收账款、库存和预付款融资为核心的供应链融资模式可以减少信息不对称，有利于企业提高融资效率，因此在这一模式中可以继续结合不同的产业和企业特征，利用数字技术创新信贷产品，促进金融、信用和商业的紧密契合。第四，激发金融机构的活力，引导金融机构长效发展理念，以战略眼光去看待民营企业的各种风险，才能降低短期行为给民营企业金融资源配置失衡造成的冲击。一方面，银行要完善现有的追责制度，结合自身发展和客户发展的综合战略，建立对应的分层次的不良资产容忍度，缓解信贷人员风险责任和企业发展融资需求之间的目标冲突；另一方面，银行可进一步丰富和完善贷款产品中的期限政策，开发适合中小民营企业的中长期授信产品。第五，民营企业自身要提升经营管理水平赢得市场信任。民营企业应当努力健全现代企业管理制度，坚持高质量发展原则和理念，为企业发展构建合理的长远目标，加深对资本市场的认识，根据自身条件选择合适的资产配置，平衡好金融资产投资与主营业务投入之间的关系；始终坚持把经营重心放在实业上，保持合理的研发投入与实物资产投资，并在将资金投入金融市场时，充分考虑到金融资产风险和期限结构的合理搭配。

六 厘清政府与市场的关系，降低金融资源错配

在金融与实体经济的关系中，厘清政府与市场的关系，让二者协调地发挥作用，至关重要。充分发挥市场在金融资源配置中的决定作用，同时让政府在市场配置金融资源失灵的地方积极发挥作用，兼顾效率和公平，才能有利于降低金融资源错配率。一方面，金融市场化程度提高，效率高的企业就可以更好地获得金融支持，并因此促进效率的提升，获得更好的发展。因此，处理金融市场化改革除原有的金融部门进行市场化改革，更应该强化"增量改革"，即增加国有金融部门无法触及的企业和领域，充分发挥民营金融的作用，充分借助普惠金融和科技金融手段，让民营金融更好地支持民营企业和小微企业发展。此外，要进一步推动利率市场化，通过资金价格的市场化定价更好地衔接资金供需双方的信息。另一方面，政府在金融市场化过程导致的无序和失灵问题中应

该更好地发挥监督协调作用，而非直接对金融资源配置的行为进行过多的直接干预。例如，政府的工作重点应当是为金融资源配置研究制定相应的体制规则、健全相关法律制度和金融制度，为金融资源配置提供良好的运行环境，强化对金融机构和微观企业不合理的金融行为的监管。

第三节　进一步研究展望

本书基于金融异化的现实问题，重点分析了我国金融异化的现实情况与特征，基于此，重点论证了金融"脱实向虚"和金融资源错配对全要素生产率的影响效应及作用机理，是对金融异化影响全要素生产率的进一步探讨。但是，随着经济发展阶段的变化和金融制度改革的不断深化，金融异化的表现、程度和影响因素也会发生变化，金融异化对经济高质量发展的影响也会有新的效应和作用机理。因此，如何在动态变化中抓住主要和核心问题，在金融发展影响经济高质量发展的相关问题中进行理论机制和实证检验的完善，并提出合理有效的政策建议，是后续课题可以进一步完善的方向。

参考文献

中文文献

安磊、沈悦、徐妍：《房价上涨如何影响实体企业债务融资——兼论房地产调控政策的实施效果》，《当代经济科学》2018 年第 5 期。

张成思、张步昙：《再论金融与实体经济：经济金融化视角》，《经济学动态》2015 年第 6 期。

成义：《能源企业跨界搞金融要谨慎》，《中国石化》2017 年第 7 期。

白钦先、谭庆华：《论金融功能演进与金融发展》，《金融研究》2006 年第 7 期。

白云霞、邱穆青、李伟：《投融资期限错配及其制度解释——来自中美两国金融市场的比较》，《中国工业经济》2016 年第 7 期。

蔡昉：《中国经济增长如何转向全要素生产率驱动型》，《中国社会科学》2013 年第 1 期。

蔡跃洲、付一夫：《全要素生产率增长中的技术效应与结构效应——基于中国宏观和产业数据的测算及分解》，《经济研究》2017 年第 1 期。

陈德球、陈运森、董志勇：《政策不确定性、市场竞争与资本配置》，《金融研究》2017 年第 11 期。

陈刚、李树、刘樱：《银行信贷、股市融资与中国全要素生产率动态》，《经济评论》2009 年第 6 期。

陈启斐、吴建军：《金融发展与技术进步：一项来自中国省级数据的研究》，《经济评论》2013 年第 6 期。

陈启清、贵斌威：《金融发展与全要素生产率：水平效应与增长效应》，《经济理论与经济管理》2013 年第 7 期。

陈诗一、王祥：《融资成本、房地产价格波动与货币政策传导》，《金融研究》2016 年第 3 期。

陈晖婷、朱锐、宋志刚等：《金融改革对全要素生产率的影响研究——基于五个国家级金融改革试验区的经验数据》，《中国管理科学》2018 年第 9 期。

陈中飞、江康奇：《数字金融发展与企业全要素生产率》，《经济学动态》2021 年第 10 期。

成思危：《虚拟经济与金融危机》，《管理科学学报》1999 年第 1 期。

程新生、武琼、刘孟晖等：《企业集团现金分布、管理层激励与资本配置效率》，《金融研究》2020 年第 2 期。

董保宝：《风险需要平衡吗：新企业风险承担与绩效倒 U 型关系及创业能力的中介作用》，《管理世界》2014 年第 1 期。

杜勇、张欢、陈建英：《金融化对实体企业未来主业发展的影响：促进还是抑制》，《中国工业经济》2017 年第 12 期。

杜运周、张玉利、任兵：《展现还是隐藏竞争优势：新企业竞争者导向与绩效 U 型关系及组织合法性的中介作用》，《管理世界》2012 年第 7 期。

段军山、庄旭东：《金融投资行为与企业技术创新——动机分析与经验证据》，《中国工业经济》2021 年第 1 期。

方先明、权威：《影子银行规模变动的金融资产价格效应》，《经济理论与经济管理》2018 年第 2 期。

付志鸿、胡援成：《房地产投资信贷扩张与我国经济增长》，《江西社会科学》2013 年第 1 期。

郭福春、许嘉扬：《金融发展、全要素生产率与城乡收入差距——基于中国省级面板数据的实证分析》，《社会科学战线》2015 年第 7 期。

郭庆旺、贾俊雪：《中国全要素生产率的估算：1979—2004》，《经济研究》2005 年第 6 期。

韩珣、李建军：《金融错配、非金融企业影子银行化与经济"脱实向虚"》，《金融研究》2020 年第 8 期。

何瑛、于文蕾、杨棉之：《CEO 复合型职业经历、企业风险承担与企业价值》，《中国工业经济》2019 年第 9 期。

侯层、李北伟：《金融科技是否提高了全要素生产率——来自北京大学数字普惠金融指数的经验证据》，《财经科学》2020 年第 12 期。

胡海峰、窦斌、王爱萍：《企业金融化与生产效率》，《世界经济》2020 年第 1 期。

胡奕明、王雪婷、张瑾：《金融资产配置动机："蓄水池"或"替代"？——来自中国上市公司的证据》，《经济研究》2017 年第 1 期。

胡泽、夏新平、余明桂：《金融发展、流动性与商业信用：基于全球金融危机的实证研究》，《南开管理评论》2013 年第 3 期。

黄达：《金融学》（第二版），中国人民大学出版社 2003 年版。

黄贤环、王瑶：《实体企业资金"脱实向虚"与全要素生产率提升："抑制"还是"促进"》，《山西财经大学学报》2019 年第 10 期。

黄贤环、王瑶、王少华：《谁更过度金融化：业绩上升企业还是业绩下滑企业？》，《上海财经大学学报》2019 年第 1 期。

黄宪、黄彤彤：《论中国的"金融超发展"》，《金融研究》2017 年第 2 期。

黄燕萍：《金融发展、人力资本与全要素生产率》，《厦门大学学报》（哲学社会科学版）2016 年第 2 期。

黄智淋、董志勇：《我国金融发展与经济增长的非线性关系研究——来自动态面板数据门限模型的经验证据》，《金融研究》2013 年第 7 期。

江合宁、吴业男：《农村合作金融异化的经济法反思》，《甘肃社会科学》2010 年第 6 期。

靳来群：《所有制歧视所致金融资源错配程度分析》，《经济学动态》2015 年第 6 期。

孔行、刘治国、于渤：《使用者成本、住房按揭贷款与房地产市场有效需求》，《金融研究》2010 年第 1 期。

况伟大：《利率对房价的影响》，《世界经济》2010 年第 4 期。

李国璋、刘津汝：《产权制度、金融发展和对外开放对全要素生产率增长贡献的经验研究》，《经济问题》2011 年第 2 期。

李浩举、程小可、郑立东：《经济政策不确定性、营运资本管理与企业价值》，《中央财经大学学报》2016 年第 3 期。

李健、盘宇章：《金融发展、实体部门与全要素生产率增长——基于中国省级面板数据分析》，《经济科学》2017 年第 5 期。

李健、卫平：《民间金融、城市化与创新能力实证》，《中国人口·资源与环境》2015 年第 2 期。

李顺彬、田珺：《货币政策适度水平、融资约束与企业金融资产配置——对"蓄水池"与"替代"动机的再检验》，《金融经济学研究》2019 年第 2 期。

李扬：《影子银行体系发展与金融创新》，《中国金融》2011 年第 12 期。

梁斌：《收入分配差距对房地产价格的影响研究——基于异质性 DSGE 模型的模拟分析》，《金融与经济》2011 年第 6 期。

梁斌：《银行信贷首付约束与中国房地产价格研究》，《国际金融研究》2011 年第 3 期。

梁强：《土地财政、金融发展与全要素生产率》，《经济经纬》2017 年第

4 期。

廖涵、谢靖：《金融发展对全要素生产率的空间溢出效应分析》，《学习
　　与探索》2017 年第 6 期。

林东杰、崔小勇、龚六堂：《金融摩擦异质性、资源错配与全要素生产
　　率损失》，《经济研究》2022 年第 1 期。

林毅夫、孙希芳、姜烨：《经济发展中的最优金融结构理论初探》，《经
　　济研究》2009 年第 8 期。

刘宾、陈波：《经济金融化与美国收入分配差距的扩大：理论与实证分
　　析》，《上海金融》2019 年第 12 期。

刘贯春：《金融资产配置与企业研发创新："挤出"还是"挤入"》，《统
　　计研究》2017 年第 7 期。

刘贯春、刘媛媛、张军：《经济政策不确定性与中国上市公司的资产组
　　合配置——兼论实体企业的"金融化"趋势》，《经济学（季刊）》
　　2020 年第 5 期。

刘贯春、张军、刘媛媛：《金融资产配置、宏观经济环境与企业杠杆
　　率》，《世界经济》2018 年第 1 期。

刘海明、曹廷求：《宏观经济不确定性、政府干预与信贷资源配置》，
　　《经济管理》2015 年第 6 期。

刘骏民：《论虚拟经济的研究》，《环渤海经济瞭望》2000 年第 5 期。

刘骏民：《虚拟经济与当前的通货紧缩》，《南开经济研究》2000 年第
　　5 期。

刘珺、丁楹、马岩：《从股票市场指数高波动性观察虚拟经济发展对新
　　经济周期理论的悖离》，《金融研究》2010 年第 3 期。

刘民权、孙波：《商业地价形成机制、房地产泡沫及其治理》，《金融研
　　究》2009 年第 10 期。

卢峰、姚洋：《金融压抑下的法治、金融发展和经济增长》，《中国社会

科学》2004 年第 1 期。

鲁晓东、连玉君：《中国工业企业全要素生产率估计：1999—2007》，《经济学（季刊）》2012 年第 1 期。

陆岷峰：《金融支持我国实体经济发展的有效性分析》，《财经科学》2013 年第 6 期。

吕健：《影子银行推动地方政府债务增长了吗》，《财贸经济》2014 年第 8 期。

罗良文、孙小宁：《金融发展对工业企业全要素生产率的影响——基于研发创新投入的分析》，《江汉论坛》2020 年第 1 期。

罗文波、安水平：《资本市场融资、经济增长与产业结构升级——基于中国省际面板数据的检验》，《证券市场导报》2012 年第 4 期。

马光荣、李力行：《金融契约效率、企业退出与资源误置》，《世界经济》2014 年第 10 期。

马勇、吴雪妍：《银行信贷如何影响房价?》，《金融评论》2018 年第 3 期。

马勇、张航：《金融因素如何影响全要素生产率?》，《金融评论》2017 年第 5 期。

缪锦春：《金融发展对 TFP 增长的影响机制与地区差异——基于 DEA-Malmquist 方法的分解检验》，《学习与实践》2015 年第 9 期。

潘海英、王春凤：《实体企业金融化抑制了企业创新吗? ——基于高质量发展背景下企业创新双元视角》，《南京审计大学学报》2020 年第 2 期。

冉芳、谭怡：《数字金融、创新投入与企业全要素生产率》，《统计与决策》2021 年第 15 期。

冉芳、张红伟：《我国金融与实体经济非协调发展研究——基于金融异化视角》，《现代经济探讨》2016 年第 5 期。

任曙明、吕镯：《融资约束、政府补贴与全要素生产率——来自中国装备制造企业的实证研究》，《管理世界》2014 年第 11 期。

盛学军、于朝印：《中国农村合作金融异化语境下的法律制度重构》，《社会科学》2010 年第 12 期。

宋敏、周鹏、司海涛：《金融科技与企业全要素生产率——"赋能"和信贷配给的视角》，《中国工业经济》2021 年第 4 期。

苏治、方彤、尹力博：《中国虚拟经济与实体经济的关联性——基于规模和周期视角的实证研究》，《中国社会科学》2017 年第 8 期。

孙琳琳、任若恩：《中国资本投入和全要素生产率的估算》，《世界经济》2005 年第 12 期。

孙凤娥、田治威：《险资举牌与实体企业金融化："抑制剂"还是"内推篇"》，《证券市场导报》2021 年第 10 期。

谭小芬、张文婧：《经济政策不确定性影响企业投资的渠道分析》，《世界经济》2017 年第 12 期。

王爱俭：《虚拟经济与实体经济的关系研究》，《现代财经》（天津财经学院学报）2003 年第 1 期。

王爱俭、陈杰：《中国虚拟经济规模适度性研究——基于资本市场效率视角的分析》，《财贸经济》2006 年第 8 期。

王国静、田国强：《金融冲击和中国经济波动》，《经济研究》2014 年第 3 期。

王红建、曹瑜强、杨庆等：《实体企业金融化促进还是抑制了企业创新——基于中国制造业上市公司的经验研究》，《南开管理评论》2017 年第 1 期。

王红建、李青原、邢斐：《经济政策不确定性、现金持有水平及其市场价值》，《金融研究》2014 年第 9 期。

王欢、邢天才：《金融摩擦对经济波动的影响研究——基于金融加速器理论视角》,《经济与管理》2021 年第 2 期。

王林辉、袁礼:《资本错配会诱发全要素生产率损失吗》,《统计研究》
2014 年第 8 期。

王少华、郭伟、黄贤环:《中国实体企业金融化适度性的甄别模型构建
与运用》,《江西财经大学学报》2020 年第 4 期。

王文、牛泽东:《资源错配对中国工业全要素生产率的多维影响研究》,
《数量经济技术经济研究》2019 年第 3 期。

王小腾、徐璋勇、刘潭:《金融发展是否促进了"一带一路"国家绿色
全要素生产率增长?》,《经济经纬》2018 年第 5 期。

王晓明:《什么是今天中国的"住房问题"》,《探索与争鸣》2016 年第
9 期。

王志刚、龚六堂、陈玉宇:《地区间生产效率与全要素生产率增长率分
解 (1978—2003)》,《中国社会科学》2006 年第 2 期。

吴晓求:《实体经济与资产价格变动的相关性分析》,《中国社会科学》
2006 年第 6 期。

伍超明:《对目前我国股市与实体经济关系的一种解释——基于虚拟经济
与实体经济关系模型的分析》,《上海经济研究》2004 年第 5 期。

伍超明:《货币流通速度的再认识——对中国 1993—2003 年虚拟经济与
实体经济关系的分析》,《经济研究》2004 年第 9 期。

伍超明:《虚拟经济与实体经济关系研究——基于货币循环流模型的分
析》,《财经研究》2004 年第 8 期。

项卫星、李宏瑾:《银行信贷扩张与房地产泡沫:对东亚金融危机教训
的反思》,《东北亚论坛》2005 年第 2 期。

肖珉:《现金股利、内部现金流与投资效率》,《金融研究》2010 年第
10 期。

谢百三、王巍:《我国商业银行在房地产热潮中的两难选择》,《国际金

融研究》2005 年第 3 期。

谢富胜、匡晓璐：《制造业企业扩大金融活动能够提升利润率吗？——以中国 A 股上市制造业企业为例》，《管理世界》2020 年第 12 期。

谢富胜、李安、朱安东：《马克思主义危机理论和 1975—2008 年美国经济的利润率》，《中国社会科学》2010 年第 5 期。

谢家智、王文涛、江源：《制造业金融化、政府控制与技术创新》，《经济学动态》2014 年第 11 期。

谢千里、罗斯基、张轶凡：《中国工业生产率的增长与收敛》，《经济学（季刊）》2008 年第 3 期。

徐晔、宋晓薇：《金融集聚、空间外溢与全要素生产率——基于 GWR 模型和门槛模型的实证研究》，《当代财经》2016 年第 10 期。

许罡、朱卫东：《金融化方式、市场竞争与研发投资挤占——来自非金融上市公司的经验证据》，《科学学研究》2017 年第 5 期。

颜新艳、马妍妍、俞毛毛：《非金融企业金融化行为与全要素生产率——基于合理性分析的视角》，《管理现代化》2020 年第 5 期。

杨友才：《金融发展与经济增长——基于我国金融发展门槛变量的分析》，《金融研究》2014 年第 2 期。

杨筝：《实体企业金融化与全要素生产率：资源优化还是资源错配？》，《贵州社会科学》2019 年第 8 期。

姚耀军：《金融发展与全要素生产率增长：区域差异重要吗？——来自中国省级面板数据的经验证据》，《当代财经》2012 年第 3 期。

叶祥松、晏宗新：《当代虚拟经济与实体经济的互动——基于国际产业转移的视角》，《中国社会科学》2012 年第 9 期。

于新亮、程远、胡秋阳：《企业年金的"生产率效应"》，《中国工业经济》2017 年第 1 期。

于新亮、冯霄汉、康琢等：《新冠肺炎疫情、社保减免与企业全要素生产产率》，《经济科学》2022 年第 4 期。

余凯：《中国房地产价格上涨的内生机制研究》，《云南财经大学学报》
2007 年第 4 期。

俞毛毛、马妍妍：《信贷期限错配视角下企业金融化动因分析》，《金融
论坛》2020 年第 6 期。

张宝林、潘焕学：《影子银行与房地产泡沫：诱发系统性金融风险之
源》，《现代财经》（天津财经大学学报）2013 年第 11 期。

张成思：《金融化的逻辑与反思》，《经济研究》2019 年第 11 期。

张成思、刘贯春：《中国实业部门投融资决策机制研究——基于经济政策
不确定性和融资约束异质性视角》，《经济研究》2018 年第 12 期。

张成思、张步昙：《中国实业投资率下降之谜：经济金融化视角》，《经
济研究》2016 年第 12 期。

张成思、郑宁：《中国实体企业金融化：货币扩张、资本逐利还是风险
规避？》，《金融研究》2020 年第 9 期。

张成思、郑宁：《中国实业部门金融化的异质性》，《金融研究》2019 年
第 7 期。

张帆：《金融发展影响绿色全要素生产率的理论和实证研究》，《中国软
科学》2017 年第 9 期。

张杰、李勇、刘志彪：《出口促进中国企业生产率提高吗？——来自中国
本土制造业企业的经验证据：1999—2003》，《管理世界》（月刊）
2009 年第 12 期。

张杰、李勇、刘志彪：《出口与中国本土企业生产率——基于江苏制造业
企业的实证分析》，《管理世界》2008 年第 11 期。

张瑾：《非金融业上市企业持有金融资产规模影响因素探究》，硕士学位
论文，上海交通大学，2013 年。

张军、金煜：《中国的金融深化和生产率关系的再检测：1987—2001》，

《经济研究》2005年第11期。

张佩、马弘：《借贷约束与资源错配——来自中国的经验证据》，《清华大学学报》（自然科学版）2012年第9期。

张祥建、徐晋、徐龙炳：《高管精英治理模式能够提升企业绩效吗？——基于社会连带关系调节效应的研究》，《经济研究》2015年第3期。

张小波：《我国金融"脱实向虚"的综合判断与分析》，《经济理论与经济管理》2021年第7期。

张晓朴、朱太辉：《金融体系与实体经济关系的反思》，《国际金融研究》2014年第3期。

赵健宇、陆正飞：《养老保险缴费比例会影响企业生产效率吗?》，《经济研究》2018年第10期。

赵勇、雷达：《金融发展与经济增长：生产率促进抑或资本形成》，《世界经济》2010年第2期。

郑玉歆：《全要素生产率的测算及其增长的规律——由东亚增长模式的争论谈起》，《数量经济技术经济研究》1998年第10期。

钟凯、程小可、张伟华：《货币政策适度水平与企业"短贷长投"之谜》，《管理世界》2016年第3期。

仲文娜、朱保华：《中国影子银行"跨市场"风险传染研究》，《上海金融》2021年第6期。

周彬、谢佳松：《虚拟经济的发展抑制了实体经济吗？——来自中国上市公司的微观证据》，《财经研究》2018年第11期。

庄子罐、邹金部、刘鼎铭：《金融冲击、去杠杆与中国宏观经济波动》，《财贸经济》2022年第1期。

［日］野口悠纪雄：《泡沫经济学》，曾寅初译，日本经济新闻社1992年版。

英文文献

Acemoglu D. , "Technology, Unemployment and Efficiency", *Europen Economic Review*, Vol. 41, No. 3 – 5, 1997.

Aigner D. , Lovell C. A. K. , Schmidt P. , "Formulation and Estimation of Stochastic Frontier Production Function Models", *Journal of Econometrics*, Vol. 6, No. 1, 1977.

Alessandra, Guariglia, et al. , "Internal Finance and Growth: Microeconometric Evidence on Chinese Firms", *Journal of Development Economics*, Vol. 96, No. 1, 2011.

Allen F. , Gale D. , "Financial Markets, Intermediaries, and Intertemporal Smoothing", *Federal Reserve Bank of Philadelphia*, 2000.

Almeida H. , Campello M. , Cunha I. , et al. , "Corporate Liquidity Management: A Conceptual Framework and Survey", *Annual Review of Financial Economics*, Vol. 6, No. 1, 2014.

Amaral P. S. , Quintin E. , "Limited Enforcement, Financial Intermediation, and Economic Development: A Quantitative Assessment", *International Economic Review*, Vol. 51, No. 3, 2010.

Ang J. B. , "Does Foreign Aid Promote Growth? Exploring the Role of Financial Liberalization", *Review of Development Economics*, Vol. 14, No. 2, 2010.

Aoki S. , "A Simple Accounting Framework for the Effect of Resource Misallocation on Aggregate Productivity", *Journal of the Japanese and International Economies*, Vol. 26, No. 4, 2012.

Arizala F. , Cavallo E. , Galindo A. , "Financial Development and TFP

Growth: Cross-Country and Industry-Level Evidence", *Applied Financial Economics*, Vol. 23, No. 6, 2013.

Bagehot, W. , *A Description of the Money Market*, Henry King Publishers, London, 1873.

Banker R. D. , Charnes A. , Cooper W. W. , "Some Models for Estimating Technical and Scale Inefficiencies in Data Envelopment Analysis", *Management Science*, Vol. 30, No. 9, 1984.

Baron R. M. , Kenny D. A. , "The Moderator-Mediator Variable Distinction in Social Psychological Research: Conceptual, Strategic and Statistical Consideration", *Journal of Personality and Social Psychology*, Vol. 51, No. 6, 1986.

Bartelsman E. , Dobbelaere S. , Peters B. , "Allocation of Human Capital and Innovation at the Frontier: Firm-Level Evidence on Germany and the Netherlands", *Tinbergen Institute Discussion Papers*, 2013.

Barth J. R. , Caprio G. , Levine R. , "Bank Regulation and Supervision: What Works Best?", *Policy Research Working Paper Series*, Vol. 13, No. 2, 2001.

Bekaert G. , Harvey C. R. , Lundblad C. , "Financial Openness and Productivity", *SSRN Electronic Journal*, Vol. 39, No. 1, 2010.

Berkes E. , Panizza U. , Arcand J. L. , "Too Much Finance or Statistical Illusion: A Comment", *Iheid Working Papers*, 2015.

Blackburn K. , Hung V. T. Y. , "A Theory of Growth, Financial Development and Trade", *Economica*, Vol. 65, No. 257, 1998.

Bolton P. , Santos T. , Scheinkman J. A. , "Outside and Inside Liquidity", *Quarterly Journal of Economics*, 2011.

Brandt L. , Tombe T. , Zhu X. , "Factor Market Distortions Across Time, Space and Sectors in China", *Review of Economic Dynamics*, 2013.

Campello M. , Giambona E. , Graham J. R. , et al. , "Liquidity Management and Corporate Investment During A Financial Crisis", *Review of Financial Studies*, Vol. 24, No. 6, 2011.

Caselli F. , Gennaioli N. , "Dynastic Management", *Economic Inquiry*, Vol. 51, 2013.

Castro F. , Kalatzis A. E. G. , Martins-Filho C. , "Financing in an Emerging Economy: Does Financial Development or Financial Structure Matter?", *Emerging Markets Review*, Vol. 23, 2015.

Cecchetti S. , Kharroubi E. , "Reassessing the Impact of Finance on Growth", BIS Working Papers, 2012.

Cecchetti S. G. , Kharroubi E. , "Why Does Financial Sector Growth Crowd Out Real Economic Growth?", Social Science Electronic Publishing, 2013.

Chang, Roberto, Velasco, et al. , "Financial Frictions and Unconventional Monetary Policy in Emerging Economies", *IMF Economic Review*, Vol. 65, No. 1, 2017.

Charnes A. , Cooper W. W. , Rhodes E. , "Measuring the Efficiency of Decision Making Units", *European Journal of Operational Research*, Vol. 2, No. 6, 1978.

Charnes A. , Cooper W. W. , "Chance Constraints and Normal Deviates", *Publications of the American Statistical Association*, Vol. 57, No. 297, 1962.

Chenery H. B. , Robinson S. , Syrquin M. , *Industrialization and Growth: A Comparative Study*, New York: Oxford University Press, 1986.

Chou, Y. K. , and M. S. Chin, "Financial Innovations and Technological Innovations as Twin Engines of Economic Growth", Working Paper of Department of Economics, University of Melbourne, 2004.

Christiano L. J. , Motto R. , Rostagno M. , "Risk Shocks", *American Economic Review*, Vol. 104, No. 1, 2014.

Chuah L. L. , Loayza N. V. , Nguyen H. , "Resource Misallocation and Productivity Gaps in Malaysia", *Ha Nguyen*, 2018.

Deidda L. , Fattouh B. , "Banks, Financial Markets and Growth", *Journal of Financial Intermediation*, Vol. 17, No. 1, 2008.

Del Negro M. , Primiceri G. E. , "Time Varying Structural Vector Autoregressions and Monetary Policy: A Corrigendum", *Review of Economic Studies*, Vol. 82, No. 4, 2015.

Ductor, L. and D. Grechyna, "Financial Development, Real Sector, and Economic Growth", *International Review of Economics and Finance*, Vol. 37, 2015.

Edwards J. R. , Lambert L. S. , "Methods for Integrating Moderation and Mediation: Ageneral Analytical Framework Using Moderated Path Analysis", *Psychological Methods*, Vol. 12, No. 1, 2007.

Epstein G. A. , Jayadev A. , "The Rise of Rentier Incomes in Oecd Countries: Financialization, Central Bank Policy and Labor Solidarity", *Financialization and the World Economy*, Vol. 39, 2005.

Farrell M. J. , Farrell J. , Nolanfarrell M. , et al. , "The Measurement of Productive Efficency", *Journal of the Royal Statistical Society Series A*, Vol. 120, 1957.

Fisher M. , Gilles C. , "Around and Around: The Expectations Hypothesis",

Journal of Finance, 1998.

Gatto M. D., Liberto A. D., Petraglia C., "Measuring Productivity", *SSRN Electronic Journal*, 2008.

Goldsmith, R. W., *Financial Structure and Development*, New Haven: Yale University Press, 1969.

Gollin D., Parente S. L., Rogerson R., "Farm Work, Home Work and International Productivity Differences", *Review of Economic Dynamics*, Vol. 7, No. 4, 2004.

Graff M., Karmann A., "What Determines the Finance-Growth Nexus? An Endogenous Growth Model and Empirical Evidence", Dresden Discussion Paper Series in Economics, 2003.

Hansen B. E., "Threshold Effects in Non-Dynamic Panels: Estimation, Testing, and Inference", *Journal of Econometrics*, Vol. 93, No. 2, 1999.

Hiseh, C-T, Klenow, P. J., "Misallocation and Manufacturing TFP in China and India", *Quarterly Journal of Economics*, Vol. 124, No. 4, 2009.

Honohan P., "Financial Sector Policy and the Poor: Selected Findings and Issues", *World Bank Publications*, Vol. 43, 2004.

Hulten C. R., "Total Factor Productivity: A Short Biography", NBER Working Papers, Vol. 51, No. 3, 2000.

Jorda O., Schularick M., Taylor A. M., "Leveraged Bubbles", Working Paper, 2015.

Jorgenson D., Griliches Z., "The Explanation of Productivity Change", *Review of Economic Studies*, Vol. 34, 1967.

Krippner, G., R., "The Financialization of the American Economy", *Socio Economic Review*, Vol. 3, No. 2, 2005.

Keynes J. M. , "The General Theory of Employment, Interest and Money", *Foreign Affairs* (*Council on Foreign Relations*), Vol. 7, No. 5, 1936.

Kim M. , Oh J. , Shin Y. , "Misallocation and Manufacturing Tfp in Korea", *Social Science Electronic Publishing*, Vol. 99, No. 2, 2016.

Kindleberger C. P. , Aliber R. Z. , *Manias Panics and Crashes: A History of Financial Crises*, John Wiley & Sons, 2000.

King R. G. , Levine R. , "Finance and Growth: Schumpeter Might be Right", *Quarterly Journal of Economics*, Vol. 108, 1993.

Levine R. , "Bank-Based or Market-Based Financial Systems: Which is Better?", *Journal of Financial Intermediation*, Vol. 11, No. 4, 2002.

Levine R. , "Finance and Development: Issues and Experience: Alberto Giovannini, Ed (Cambridge University Press, New York, 1993)", *Journal of International Economics*, Vol. 37, No. 3 – 4, 2004.

Levine R. , "Finance and Growth: Theory, Evidence, and Mechanisms", *Handbook of Economic Growth*, *Edited by Philippe Aghion & Steven Durlauf*, Amste Rdam: Elsevier, 2005.

Levine R. , "International Financial Liberalization and Economic Growth", *Review of International Economics*, Vol. 9, No. 4, 2001.

Levine R. , "Napoleon, Bourses, and Growth in Latin America", Inter-American Denelopment Bank, Research Department, 1997.

Malmquist S. , "Index Numbers and Indifference Surfaces", *Trabajos De Estadistica*, Vol. 4, No. 2, 1953.

Mckinnon, R. I. , *Money and Capital in Economic Development*, Washington, D. C. : Brookings Institution Press, 1973.

Midrigan, V. , and D. Y. Xu, "Finance and Misallocation: Evidence From

Plant-Level Data", *American Economic Review*, Vol. 104, No. 2, 2014.

Mitchell L. E. , "Financialism: A Lecture Delivered at Creighton University of Law", *Creighton Law Review*, Vol. 43, 2010.

Moll, B. , "Productivity Losses From Financial Frictions: Can Self-Financing Undo Capital Misallocation ", *American Economic Review*, Vol. 104, No. 10, 2014.

Nyasha S. , Odhiambo N. M. , "Financial Development and Economic Growth Nexus: A Revisionist Approach", *Economic Notes*, Vol. 47, No. 1, 2018.

Omri A. , Daly S. , Chaibi A. , et al. , "Financial Development, Environmental Quality, Trade and Economic Growth: What Causes What in Mena Countries", Working Papers, 2015.

Orhangazi O. , "Financialization and Capital Accumulation in the Non-Financial Corporate Sector: A Theoretical and Empirical Investigation on the us Economy: 1973 – 2003 ", *Cambridge Journal of Economics*, Vol. 32, No. 6, 2008.

Orhangazi, Ozgur, "Financialization of the United States Economy and its Effects on Capital Accumulation: A Theoretical and Empirical Investigation", University of Massachasetts Amherst, Pro Quest Dissertation Publishing, 2006.

Patrick H. T. , "Financial Development and Economic Growth in Underdeveloped Countries", *Economic Development and Cultural Change*, Vol. 14, No. 2, 1966.

Perez C. , "The Double Bubble at the Turn of the Century: Technological Roots and Structural Implications", *Financial Market Research*, Vol. 33, No. 4, 2013.

Petrin A. , Poi B. P. , Levinsohn J. , "Production Function Estimation in Stata Using Inputs To Control for Unobservables", *Stata Journal*, Vol. 4, No. 2, 2004.

Restuccia D. , Yang D. T. , Zhu X. , "Agriculture and Aggregate Productivity: A Quantitative Cross-Country Analysis", *Journal of Monetary Economics*, Vol. 55, No. 2, 2008.

Richardson S. , "Over-Investment of Free Cash Flow", *Review of Accounting Studies*, Vol. 11, No. 2 - 3, 2006.

Rioja F. , Valev N. , "Does One Size Fit All?: A Reexamination of the Finance and Growth Relationship", *Journal of Development Economics*, Vol. 74, No. 2, 2004.

Rousseau P. L. , Wachtel P. , "What is Happening To the Impact of Financial Deepening on Economic Growth?", *Social Science Electronic Publishing*, Vol. 49, No. 1, 2011.

Schumpeter, J. A. , *The Theory of Economic Development*, Cambridge: Harvard University Press, 1912.

Smith B. B. D. , "Some Consequences of Credit Rationing in an Endogenous Growth Model", *Journal of Economic Dynamics and Control*, Vol. 17, No. 1 - 2, 1993.

Solow R. M. , *Technical Progress and Productivity Change*, Cambridge, The Mit Press, 1957.

Song Z. , Storesletten K. , Zilibotti F. , "Growing Like China", *American Economic Review*, Vol. 101, No. 1, 2011.

Stiglitz J. E. , "Risk and Global Economic Architecture: Why Full Financial Integration may be Undesirable", National Bureau of Economic Research,

Vol. 100, No. 1, 2010.

Stulz R. M. , "Rethinking Risk Management", *Journal of Applied Corporate Finance*, Vol. 9, No. 3, 1996.

Syverson C. , "What Determines Productivity?", *Journal of Economic Literature*, Vol. 49, 2011.

Tobin J. , "Liquidity Preference as Behavior Towards Risk", *Review of Economic Studies*, Vol. 25, No. 2, 1958.

Vollrath D. , "How Important are Dual Economy Effects for Aggregate Productivity?", *Journal of Development Economics*, Vol. 88, No. 2, 2009.

Whited T. , Zhao J. , "The Misallocation of Finance", *Journal of Finance*, Vol. 5, 2021.